PIERRE BAUDIN ET Dr L. NASS

LA RANÇON DU PROGRÈS

PARIS
Société d'Edition et de Publications
Librairie FÉLIX JUVEN
13, Rue de l'Odéon, 13

PARIS. — IMP. E. ROUILLARD, 23, RUE SERPENTE

LA

RANÇON DU PROGRÈS

PIERRE BAUDIN ET Dr L. NASS

LA RANÇON DU PROGRÈS

PARIS
Société d'Édition et de Publications
Librairie Félix JUVEN
13, rue de l'Odéon, 13

LA RANÇON DU PROGRÈS

INTRODUCTION

> « Nous vivons de l'ombre d'une ombre. De quoi vivra-t-on après nous ?... Une seule chose est sûre, c'est que l'humanité tirera de son sein assez d'illusions pour qu'elle remplisse ses devoirs et accomplisse sa destinée. Elle n'y a pas failli jusqu'ici ; elle n'y faillira pas dans l'avenir. »
>
> (E. RENAN, *Dialogues philosophiques.*)

> « C'est la pauvre âme humaine avec ses appétits, ses intérêts, ses passions destructives..., ses incohérences..., ses crimes..., oui ! mais avec la lourde fatalité de ses misères aussi... Et il faut la plaindre... plus qu'il ne convient de la haïr... »
>
> (OCT. MIRBEAU, *Les Affaires sont les Affaires*, acte II, scène V. Lucien.)

Le progrès ! Mot magique qui fait passer dans l'âme du peuple un courant d'énergie. Le progrès ! Qu'est-ce que le progrès ? Est-ce l'un de ces vocables vagues et indéfinissables qui, jetés dans les harangues politiques, servent à toutes les causes, à toutes les thèses, à tous les sophismes et à toutes les vérités ? Est-ce ce drapeau en loques que les orateurs, les tribuns, les batteurs d'estrades s'arrachent devant la foule crédule ? Oui, c'est le progrès déjà, car le pro-

grès en soi n'existe pas. Le progrès suppose la comparaison de l'état actuel avec un état antérieur. Et l'abus de la rhétorique, le charlatanisme lui-même, l'outrance de la mise en scène publique, ce débat institué devant le peuple afin de gagner sa confiance, cela est le progrès par rapport au silence mortel du despotisme.

Mais déjà on aperçoit la rançon dont ce progrès politique se paye. Elle est dans la logomachie facile, dans ces formules purement conventionnelles qui dominent une époque, et dont ni la liberté ni l'instruction n'arrivent à triompher. Elle est dans le douloureux effort que la société doit faire pour réparer les excès de ses destructions. La tyrannie des corporations a disparu sous le premier souffle de la Révolution. Le travail est libéré. Mais le travail ne peut se passer d'une organisation. Et plus d'un siècle n'a pas suffi à nous procurer l'organisation sociétaire qui conférera aux ouvriers l'éducation et la sécurité.

De même la Révolution détruit tous les obstacles qui s'opposent à la réalisation de son double but : libération de l'individu et unité nationale. Elle déchaîne toutes les forces égoïstes. Elle impose au monde la règle du maximum de l'effort. Elle met à néant toutes les conventions et les restrictions qui assujettissent l'activité de l'homme. Elle voue le travail à la concurrence, elle crée l'industrie, elle est la source de la découverte scientifique. Mais parallèlement, elle soumet individus et forces économiques à la raison d'Etat nationale. Elle institue la lutte de l'esprit de liberté contre l'esprit de tyrannie, elle fonde l'Empire. La nation est dans la caserne. Il y a une science officielle ; nulle liberté d'écrire et de parler. La vendange révolutionnaire est au pressoir. Cet excès de despotisme travaille cependant au progrès politique.

Les monarchies reçoivent le reflux de la démocratie. L'ère des constitutions s'ouvre. Le type-sujet s'efface derrière le type-citoyen.

Est-ce à dire que la France installe définitivement le régime de la justice et de la liberté? Non point. Elle est imprégnée de l'esprit napoléonien. Elle ne trouve la sécurité que sous un maître. Elle poursuit lentement le rêve d'une unité absolue, d'abord au profit de l'Eglise, puis contre l'Eglise. Par de courts repos, elle espère trouver l'équilibre entre ces deux forces contraires, mais la trêve ne dure pas. L'Eglise, portée par son principe même à la conquête du pouvoir politique, par des voies directes ou indirectes renouvelle ses entreprises.

L'Etat passe de la défensive à l'offensive hardie. Il fait servir à ses desseins les lois du Consulat et de l'Empire. La constitution de l'an VIII reste son statut fondamental. Tous les gouvernements le respectent et en tirent les instruments de leur action. Et cette action tend, par tous les moyens, à effacer la représentation des minorités.

Le morcellement administratif de la France rend facile l'œuvre des préfets et de l'armée nombreuse de fonctionnaires auxquels ils commandent.

L'effet de ce système sur la vie du pays est la centralisation à outrance.

Les intérêts divers se branchent sur ce courant à double sens qui vient de Paris et aboutit à Paris.

Les mœurs doivent naturellement suivre les intérêts. La comédie humaine abandonne la scène provinciale. Elle déserte les campagnes pour les villes, et les villes pour Paris. La variété des races s'efface et leur expression se fond dans un caractère tyrannique et convenu. Nulle classe n'échappe au mouvement. L'opposition aurait pu en tirer bénéfice si elle avait mis toute sa vertu à reconstituer la châtellenie familiale. Le « cabinet des antiques » a été déserté par sa jeunesse, la bourgeoisie républicaine est abandonnée par la sienne.

Les syndicats ouvriers, en remettant leur direction à une minorité fanatique délibérant à Paris, participent à ce rush *centraliste. L'effervescence parisienne, avec ses contagions psychiques, les atteint même aux extrémités du territoire. Ainsi les personnalités les plus traditionnalistes comme les plus modernes abdiquent leur intégralisme pour concourir à l'unique volonté. Rien ne résiste à l'attraction du monstrueux encéphale.*

En retour, ces éléments disparates se rapprochent du pouvoir. Ils se placent plus souvent à la portée de sa main. Ils l'influencent dans une certaine mesure ; mais ils subissent sa contrainte dans une mesure certaine. Les hommes qui les représentent obéissent fatalement aux mobiles d'ambition et de convoitise qui nous entraînent à la conquête du bien-être. Par eux se déforment ainsi et se compliquent leurs idées et les évolutions dont ils se croient les auteurs véritables.

C'est au milieu de ces conflits et de ces enchevêtrements de passions et d'intérêts que le progrès cherche sa voie. Dans certains pays, il ne la rencontre que dans la discipline et par l'ordre. Chez nous, il croit la reconnaître hors de l'équilibre social et dans un défaut d'ordre politique à peu près permanent.

Le progrès scientifique procure à l'humanité des conquêtes plus stables et plus franches que le progrès politique. Il lui a permis d'abord d'explorer complètement la terre, de connaître l'étendue exacte de son domaine. En se mêlant à sa vie politique et économique, il l'oriente vers des travaux pacifiques. Il la détourne des violences et des rapines. Mais cette transformation ne s'accomplit pas sans dommages.

Le progrès recrute à la richesse un nombre toujours plus grand d'individus et de peuples. Au fur et à mesure qu'il se glisse, sur une terre nouvelle, dans une intelligence jusque là hors de sa portée, il la fait entrer dans le vertige universel. Les vertus premières s'atténuent. La cohésion initiale des sociétés s'affaiblit. La famille se désagrège. La cupidité règne. Les mœurs défaillent. L'égoïsme triomphe.

C'est cette loi de décroissance de l'énergie que déploraient les auteurs latins quand ils parlaient de la corruption des mœurs.

Le monde ancien ne connaissait pas la discipline de paix qui s'est peu à peu établie parmi les nations civilisées et il satisfaisait par la guerre son appétit de richesses.

Aux guerres civiles qui, à presque toutes les époques, ont bouleversé Rome, s'ajoutèrent les guerres extérieures, plus rémunératrices, d'où les généraux revenaient, rapportant les trésors des peuples d'Orient vaincus. Ce n'est que sous Auguste que cette multitude italienne prit lentement le dégoût des troubles et des aventures, et se résigna au patient travail.

Mais les coutumes qui avaient fait la grandeur de Rome ont à jamais disparu. La guerre, pendant deux siècles, avait maintenu dans les classes élevées le goût de la vaillance et de la force. Quand se fut épuisé ce dernier stimulant de l'ambition, la société romaine s'affaissa et alla se perdre dans la déca-

dence gréco-byzantine. Ainsi le progrès conduit à la décadence.

Les sociétés modernes offrent à notre examen une courbe moins franche et moins précipitée. Leurs entreprises ne sont pas resserrées dans une zone relativement étroite. Leur mélange se fait d'une manière continue. Les guerres s'espacent, mais la science a rendu les hommes mobiles et trépidants. Ils ne tiennent plus au sol. Leur volonté est plus changeante. Le temps a plus de prix pour eux, et ils prétendent accomplir en un jour l'œuvre qui, autrefois, demandait des années. Leur équilibre moral est, à chaque instant, détruit. Faut-il le regretter? Ce serait regretter les diligences ou les véhicules en usage au temps des rois mérovingiens. Les chemins de fer et les paquebots à grande vitesse ont commencé l'œuvre que l'automobilisme accentue et que l'aviation va élargir encore. La machine libère l'homme de son esclavage originel. Sa destinée s'affirme. Le voici maître des éléments. Que l'orgueil de cette royauté submerge sa conscience primitive; qu'il laisse s'affaiblir en lui les notions de devoir et de conservation; qu'il perde en valeur d'avenir ce qu'il gagne en valeur présente; qu'il dépense et épuise plus vite les ressources de l'espèce, ce sont là des faits certains. L'important est qu'il les connaisse.

Le progrès scientifique a des conséquences d'ordre secondaire, mais non négligeables.

Il entraîne à une recherche outrancière de la vérité les esprits les moins préparés à la discerner. Il fait éclore l'innombrable fourmillement des faux savants qui s'enivrent des thèses les plus hardies, étant incapables d'y mêler le degré de doute qui les tem-

père. Il accrédite auprès des masses la demi-connaissance qui fait prendre des hypothèses scientifiques pour des axiomes. Il fournit à l'égoïsme et au vice un masque de vertu ou de justice. Il donne au crime des instruments perfectionnés.

Les esprits mystiques ne sont pas fermés à la conception scientifique, mais la science, en pénétrant en eux, ne fait que se glisser à la place du dieu qui règne dans le sanctuaire. Elle vit là en usurpatrice, étant l'objet du même culte, et y recevant les mêmes sacrifices.

Quand nous disons que nous avons foi en la science, nous voulons exprimer une confiance dans la certitude des méthodes scientifiques, de la discussion scientifique. D'autres ont la foi. *Ils croient en la science comme en une déesse bonne aux hommes et qui leur doit la révélation de l'au delà. Toute proposition revêtue du caractère scientifique les subjugue comme une formule sacrée. Ils ne conçoivent pas la vérité relative et toujours un peu mêlée de provisoire. Ils la sanctifient, ils la béatifient, ils l'inscrivent sur l'autel parmi les principes éternels.*

Cette foi confère la quiétude comme toutes les croyances mystiques. Il est périlleux de troubler le bonheur de ces âmes religieuses. Elles sont prêtes aux croisades, aux autodafés. Elles ont horreur du vide et du scepticisme. En vérité, elles sont innombrables. Leur passion peut, à certaines heures, se déchaîner dans la vie publique. Elles se donnent aux prêcheurs laïcs, aux calvinistes de la politique.

Esprits immobiles, il faut les ranger au premier rang des adversaires les plus violents du progrès véritable. Possédés d'un démon dogmatique qui les rend impropres à observer les multiples faces de la vie, ils sont soupçonneux et vindicatifs comme des prêtres. Ils ont volontiers recours à la persécution, et, s'ils dominent dans l'Etat, ils requièrent contre leurs adversaires toutes ses forces organiques. Rien n'est pour eux plus naturel que de manier à leur tour les instruments de l'inquisition et du fanatisme. Ils auraient volontiers brûlé le livre de M. Henri Poincaré : La valeur de la science, *parce que l'éminent mathématicien y démonte le mécanisme subtil du raisonnement scientifique. Le progrès de la science chemine à travers les ruines des vérités scientifiques.*

« Il y a des lois inéluctables avec lesquelles on ne transige pas. Ces lois sont infiniment précises ; si celles que nous énonçons sont approximatives, c'est parce que nous les connaissons mal... » Ce principe, qui est le seul certain, le seul que rien ne trahit et que nulle découverte ne démentira jamais, loin de les satisfaire, les déconcerte. Et c'est vraiment ici qu'éclate la barbarie de ces Mamelucks de la science. Ils la voient dans ses abstractions au lieu de la considérer dans ses effets certains. Voulant tout expliquer par les moyens insuffisants de leur intelligence, ils se perdent dans les infinies complications des théories et des problèmes, alors que les résultats seuls sont accessibles à leur entendement. « Ce que la science peut atteindre, dit M. Henri Poincaré, ce ne sont pas les choses elles-mêmes, comme le pensent les dogmatistes naïfs, ce sont seulement les rapports entre les choses ; en dehors de ces rapports, il n'y a pas de connaissable[1]. »

Mais ces fanatiques mystiques et scientistes, ne sont pas seuls à méconnaître la véritable portée

1. *Henri Poincaré.* La science et l'hypothèse. *E. Flammarion, in-18 j., p. 4.*

de la science. Il est aussi des cerveaux moins simplistes et qui font un abus dangereux des hypothèses et des systèmes provisoires sur lesquels elle s'appuie pour avancer.

Un inspecteur primaire est séduit par l'ingénieux et, du reste, admirable livre du docteur Gustave Le Bon : La Naissance et l'Evanouissement de la matière ; *il s'empare des aperçus métaphysiques que l'auteur nous ouvre aux frontières de sa démonstration, et il échafaude là-dessus tout un système de morale, d'éducation et de pédagogie. Rançon payée à l'erreur par la diffusion scientifique.*

Les anthropologistes affirment que rien, dans les mesures prises jusqu'ici, n'autorise à penser que le cerveau de la femme est inférieur au cerveau de l'homme. Dès lors, le féminisme transcendental est fondé, aussi absurde que le misogynisme de nos aïeux. Il précipite au fond de la conscience populaire une forme d'anarchie, la plus redoutable du reste, l'anarchie dans la famille, l'anarchie dans l'intimité de l'amour. Il associe et confond dans le même mobile et la vertu et le vice. Il édicte la destruction de la race par l'avortement, et il enseigne la stérilisation de la volupté.

Le dévergondage des mœurs, le déséquilibre des cerveaux, ce sont les rançons énormes par lesquelles l'humanité acquitte sa dette envers la science.

Ainsi la pauvre âme humaine, Prométhée héroïque, a brisé ses chaînes, mais n'échappe point pour cela à son affreux supplice. Elle défend ses conquêtes anciennes et s'élance vers des sphères plus hautes. Mais elle sait que chacune d'elles lui réserve des tortures nouvelles. Elle n'a plus le soulagement d'expliquer ses supplices par les divins maléfices. Sa clairvoyance est telle qu'elle peut pro-

clamer d'avance la certitude des misères que chacun de ses efforts lui apportera. Mais rien ne l'arrête. La fatalité qui pèse sur elle la soumet à cette sublime volonté du progrès.

Ce livre s'adresse au plus grand nombre. Il est fait pour rappeler à ceux qui vouent à la religion du progrès un culte mystique, que leur dieu exige lui aussi des victimes. Ce dieu ne distribue ni l'absolue justice ni l'absolu bienfait. Pour qu'il devienne vraiment profitable, il veut être compris. Il ne libère pas l'humanité des lois de la nature. Bien au contraire, il les aggrave. Il suppose que l'humanité, prise dans sa masse, se hausse en moralité, en altruisme, en intelligence et en force. Le progrès précipite la sélection des individus, des sociétés et des races. Il cherche sa vie par tous les moyens. Il n'épargne pas les faibles, il utilise tous les génies et tous les déchets au profit d'une fin inconnue.

En dressant ce bilan sommaire des tributs que le progrès prélève sur l'humanité, nous avons considéré principalement ses effets sur la société française. On en devine les raisons. Notre nation est le groupe social que nous connaissons le mieux et qui se prête le plus complaisamment à notre observation. D'autre part, la France, étant la plus idéaliste et la plus nerveuse des nations, est aussi celle où le progrès provoque les actions et les réactions les plus sensibles.

N'est-ce pas chez elle que les vieilles disciplines souffrent de la plus rapide destruction et que les nouvelles ont le plus grand besoin de défenseurs ? N'est-ce pas elle dont la conservation importe le plus au progrès de l'univers ? Et n'est-ce pas elle aussi qui, par une singulière contradiction, ayant la plus nette conscience de son utilité, prend le moindre souci de sa pérennité?

Atteinte par l'alcoolisme, la tuberculose et plus encore le malthusianisme calculateur, elle voit fondre ses ressources physiologiques et, par conséquent, les contingents de sa défense et de son expansion. Son caractère historique et ses formes politiques impriment à la plupart des œuvres populaires, qui, ailleurs, tendent à l'organisation éducative et raisonnable du travail, une allure tumultueuse et une méthode inféconde.

Cette étrange nation fut et demeure encore la plus effective ouvrière du progrès. Abandonnant aux autres les profits moraux et matériels, elle semble assumer la charge des expériences les plus hardies, des risques révolutionnaires et des plus pénibles labeurs. Elle déconcerte toujours les jugements de l'univers. Elle s'en étonne et elle a tort. Ses plus proches voisins ne sont pas préparés à la comprendre. Ils l'admirent et la dénigrent, ils affectent de mépriser sa faiblesse et, du fond de leur hérédité, monte une voix lointaine qui leur souffle la haine et la crainte.

Mais il émane de son histoire et de sa pensée un tel prestige que son influence ne cesse de s'affirmer et de s'étendre.

Elle a assumé aux regards du monde la représentation du droit et de l'humanisme.

Puisse ce personnage maîtriser son être moral et lui faire accepter les devoirs individuels qu'il implique: le dévouement à la race et la persévérance à la développer et à la perpétuer.

Il s'agit là de la vertu instinctive la plus élémentaire, mais la plus essentielle, sans laquelle les autres ne sont que mensonges et artifices méprisables.

PREMIÈRE PARTIE

LE PROGRÈS DANS LA SOCIÉTÉ MODERNE

CHAPITRE PREMIER

ASSOCIATION ET SYNDICATS

I

L'Association

La société est un fait qui résulte de l'instinct de sociabilité. Les premiers progrès ont tendu à organiser la société en Etat. Mais dans l'Etat, l'instinct de société porte les individus à former des groupements particuliers soit pour leur plaisir, soit pour la défense de leurs intérêts, soit pour toute autre cause. Le groupe ainsi constitué est une association. L'intérêt de l'Etat à connaître toute association est évident, De là, la nécessité de régler le droit d'association.

L'Etat n'a d'abord voulu connaître l'association que pour la proscrire ; puis le progrès l'a amené à l'adapter à ses fins. Au début, ce droit était exceptionnel. Aujourd'hui, il est la règle générale, et, seules, les associations dont la cause est contraire aux bonnes mœurs ou à l'ordre public sont interdites.

La liberté d'association dans l'ordre politique est inséparable de la vie d'une république démocratique. Mais ses abus ne sont pas indifférents à l'action du pays dans le monde. Comme nous l'avons indiqué déjà, la Révolution a libéré le travail et toutes les forces économiques. C'est donc l'effort économique qui marque essentiellement le degré de l'intensité énergique de la nation. Si la politique entretient celle-ci dans un trouble permanent du libre jeu de ses facultés, si elle devient une diversion d'habitude au travail, elle devient elle-même une cause d'affaiblissement.

Les pays latins sont enclins à donner aux discussions publiques une place démesurée ; elles satisfont leur goût pour la parole ; elles leur offrent l'occasion de la mise en scène. Il est aussi dans leur nature d'être intolérants. Le catholicisme qui les a pétris les a éloignés autant qu'il est possible du respect de la liberté de conscience. Ils sont donc accessibles aux propagandes violentes.

La vie moderne ne s'accommode guère d'une politique oratoire et de contrainte. Elle suit l'impulsion première de la Révolution qui émancipe l'esprit et sollicite des hommes le maximum de leur effort dans l'exercice du droit d'association comme dans les actes individuels ou collectifs de la nation. Il semble même qu'il s'y accuse davantage. L'association est la cellule la plus jeune du corps social, c'est notre dernier né. C'est la nation, mais vue de plus près, avec un grossissement singulier de ses qualités et de ses défauts.

L'association formée pour la bienfaisance est généreuse, idéaliste au superlatif. L'association pour des idées est violente, combative, fanatique. L'association pour des intérêts pousse l'égoïsme au delà des limites du bon sens. Ici, plus que partout ailleurs, les inconvénients de l'association ressortent en un relief singulier.

C'est d'abord la diminution de l'esprit d'individualisme. La tutelle du groupe, sa communauté amollit l'individu. Elle l'habitue à s'en remettre aux autres du soin de le défendre et de le faire avancer. Il perd le stimulant de l'intérêt personnel. Il noie son originalité. Il ne se gouverne plus, il abdique. Sa délibération se trouve même enchaînée à une volonté anonyme et, le plus souvent, irresponsable. Il perd ses qualités essentielles, puisqu'il ne se plie plus ni aux circontances, ni au temps, ni aux sentiments du milieu, ni aux intérêts supérieurs du pays. Il est inflexible.

Souvent aussi, il obéit à une raison déraisonnable, à un parti, c'est-à-dire à une autre association dont l'intérêt est étranger ou divergent ou seulement tangent. Souvent encore, il suit un courant brutal ou il cède à une menace ou à une violence ou à l'artifice d'un orateur habile ou malhonnête. En résumé, il trahit consciemment ou inconsciemment sa propre cause. L'individu, en ce cas, souffrira pour son compte en même temps que l'association. Mais la plupart du temps il aura contribué à créer un malaise dans le corps social tout entier.

En association, les qualités de l'homme diminuent au profit de ses instincts et de ses passions. Mais l'association est une nécessité sociale d'autant plus impérieuse que l'individu est plus faible. La formation des syndicats ouvriers est donc un grand, un très grand progrès.

II

Les Syndicats, le Syndicalisme

Il se trouve encore des personnes qui regrettent le temps où les ouvriers ne pouvaient ni se coaliser ni se syndiquer. Elles s'appuient sur l'opinion des hommes de la Révolution. Nul n'ignore, en effet, que, pendant le cours des grands événements qui changeaient la face du monde, les corporations restèrent l'objet d'une suspicion légale.

Les révolutionnaires de 1789 ne s'intéressaient aux ouvriers que pour les libérer des corporations favorables à la routine, à la tradition et aux maîtres. Dire que les ouvriers n'ont pas bénéficié de la Révolution est absurde. Mais, devant l'immensité de sa tâche, elle parut redouter les troubles, les grèves et les coalitions. Il ne faut pas oublier que, peu de temps avant la réunion des Etats généraux, une grève violente avait allumé un incendie dans le faubourg Saint-Antoine.

L'Assemblée Constituante ne pouvait, du reste, voir la masse ouvrière comme capable de s'éclairer et de débattre sur ses propres intérêts. Nulle culture, même élémentaire, ne l'avait préparée à remplir son rôle social. Enfin, la déclaration qu'on va lire décèle l'état d'esprit des Constituants. L'ennemi est pour eux toute idée de fédéralisme, de caste, de classe. Leur volonté est de briser toutes les fonctions intérieures, matérielles ou morales qui s'opposent à l'unité :

« Partout, dit-elle dans une adresse au peuple, où, sous l'empire de la liberté, l'homme jouit de tous les droits dont la société ne peut le priver sans injustice, l'esprit de corps ne saurait être conservé sans danger ; il tend sans cesse à séparer son intérêt de l'intérêt commun ; tous les moyens de réunion qu'on lui laisse sont des armes offensives. » (10 avril 1790.) Chapelier, parlant au nom du comité de constitution, répète que, les corporations ayant été abolies, « il « n'y a plus que l'intérêt particulier de chaque indi- « vidu et l'intérêt général » (14 juin 1791). L'antipathie contre les associations de toute nature n'a cessé de se manifester. Le 11 septembre 1789, le comité de police fait défense aux garçons apothicaires, sous peine d'être poursuivis comme perturbateurs du repos public, de s'assembler pour délibérer sur leurs intérêts communs. Des peines sévères sont édictées contre les ouvriers des villes et des campagnes (juin et octobre 1791). Le droit de s'associer pour débattre le taux du salaire, conséquence de la liberté du travail, est considéré comme la négation même de cette liberté.

Par la loi du 14 juin 1794, la Convention interdit toute coalition d'ouvriers ou de patrons ayant pour objet la modification des conditions du travail ou l'élévation des salaires. Les patrons et les ouvriers étaient, à cet égard, soumis aux mêmes obligations.

Les pénalités inscrites dans le code pénal contre les coalitions ouvrières ne restèrent pas lettre morte. De 1825 à 1847, il y eut 125 coalitions poursuivies : les prévenus furent au nombre de 7.148, dont 4.460 furent condamnés à la prison. De 1849 à 1864, il y eut 1.144 coalitions poursuivies et 6.812 prévenus, dont 4.845 furent condamnés à la prison [1].

C'est seulement par la loi du 25 mai 1864 que le droit de coalition et de grève fut inscrit dans notre

1. — Rapport de M. Colliard, député, sur les différends collectifs entre patrons et ouvriers et l'arbitrage obligatoire.

législation ; mais la coalition et la grève restent passibles de pénalités, si elles ont été amenées ou maintenues, à l'aide de violence, voies de fait, menaces ou manœuvres frauduleuses (art. 414). La peine est plus forte, en vertu de l'article 415, lorsqu'il y a eu « plan concerté » pour amener les sortes de coalitions déjà punies par l'article 414 ; elle est augmentée encore par l'article 416, quand le plan concerté a été suivi de l'emploi « d'amendes, défenses, proscriptions, interdictions ayant porté atteinte au libre exercice de l'industrie et du travail ».

Ce droit a été considérablement renforcé et rendu d'un exercice plus facile par les lois qui ont, en 1881, institué la liberté de la presse. Enfin, la loi de la liberté de réunion en 1884 a autorisé la formation des syndicats professionnels et abrogé l'article 416 du code pénal. C'est l'un des grands actes du droit public moderne.

Dans la mémorable circulaire adressée aux préfets le 25 août 1884, M. Waldeck-Rousseau définissait ainsi son œuvre :

« La pensée dominante du gouvernement et des Chambres, dans l'élaboration de cette loi, a été de développer parmi les travailleurs l'esprit d'association. Le législateur a fait plus encore. Pénétré de l'idée que l'association des individus suivant leurs affinités professionnelles est moins une arme de combat qu'un instrument de progrès matériel, moral et intellectuel, il a donné aux syndicats la personnalité civile pour leur permettre de porter au plus haut degré leur bienfaisante activité. »

L'augmentation des grèves en nombre et en intensité, depuis 1889, est indéniable. Voici, d'ailleurs, d'après la statistique annuelle des grèves, établie depuis 1893 par les soins de l'Office du travail, le nombre des grèves, des grévistes et des établissements atteints par les grèves de 1893 à 1907 :

Années	Nombre de grèves	Nombre d'établissements atteints	Nombre de grévistes
1893.	634	4.286	170.123
1894.	391	1.731	54.576
1895.	405	1.298	45.801
1896.	476	2.178	49.851
1897.	356	2.568	68.875
1898.	368	1.967	82.065
1899.	739	4.290	176.772
1900.	902	10.253	222.714
1901.	523	6.970	111.414
1902.	512	1.820	212.704
1903.	567	3.246	123.151
1904.	1.026	17.250	171.097
1905.	830	5.302	77.666
1906.	1.309	19.637	438.466
1907.	1.275	8.365	197.961

Alors qu'antérieurement à 1899, la moyenne annuelle des grèves était de 438 et celle des grévistes de 79.000, ces moyennes se sont élevées, de 1899 à 1906, à 801 pour les grèves et à 192.000 pour les grévistes ; l'augmentation est de 83 p. 100 pour les grèves, de 143 p. 100 pour les grévistes. Le maximum a été atteint, en 1906, avec les chiffres énormes de 1.309 grèves, 19.637 établissements atteints et 438.466 grévistes. Le mouvement, d'ailleurs, ne semble pas s'arrêter, puisque 1907 accuse un total de plus de 1.250 grèves[1].

Les anarchistes voient dans la grève non pas une agitation professionnelle, mais une façon d'entraîner

1. Rapport Colliard, déjà cité.

les ouvriers pour la révolution. L'influence anarchiste s'est surtout fait sentir dans la préparation du 1er mai 1906 que certains bourgeois, par trop timorés, envisagèrent comme un nouvel an 1000. Ce mouvement fut décidé au Congrès de Bourges de 1904. « En décrétant le mouvement pour la journée de huit heures, déclarait le secrétaire de la C. G. T., le Congrès fera œuvre de révolution. » On sait quelle fut l'issue de ce mouvement : il déchaîna 205 grèves intéressant 202.507 ouvriers et occasionna 3.570.033 journées de chômage.

L'Allemagne impériale accuse le même phénomène que la France républicaine, ainsi que l'établit le tableau suivant :

Années	Nombre de grèves	Nombre d'établissements atteints	Nombre d grévistes
1893.	116 1	»	9.356 1
1894.	130 1	»	7.318 1
1895.	204 1	»	14.032 1
1896.	483 1	»	128.808 1
1897.	578 1	»	63.119 1
1898.	985 1	»	60.190 1
1899.	1.288	7.121	99.333
1900.	1.433	7.440	122.803
1901.	1.056	4.561	55.262
1902.	1.060	3.437	53.912
1903.	1.374	7.000	85.603
1904.	1.870	10.321	113.480
1905.	2.403	14.481	408.145
1906.	3.328	16.246	272.218

Les anarchistes jouent un rôle effacé dans les syndicats allemands ; pourtant, le nombre des grèves a augmenté considérablement. M. Charles Rist, professeur à la Faculté de droit de l'Université de

1. Statistique non officielle, lock-out compris.

Montpellier, en a donné une explication intéressante dans la *Revue d'économie politique* de mai 1907. D'après lui, l'influence *dominante* à laquelle obéiraient les fluctuations des grèves serait l'état d'activité plus ou moins grande de l'industrie, activité dont les ouvriers s'apercevraient à travers les fluctuations du chômage. Quand les exportations augmentent dans un pays, la proportion des chômeurs baisse et le nombre des grèves s'élève; de même, la chute des exportations s'accompagne d'une recrudescence de chômage et d'une diminution du nombre des grèves. Ce rapprochement saisissant pour la France et l'Allemagne l'est moins pour l'Angleterre, ainsi qu'on le verra dans le tableau ci-dessous :

Années	Nombre des grèves	Nombre des chômeurs par suite de grèves
1890	1.040	392.981
1891	906	266.885
1892	700	236.798
1893	615	634.301
1894	929	325.248
1895	745	263.123
1896	926	198.190
1897	864	230.267
1898	711	253.907
1899	719	180.217
1900	648	188.538
1901	642	179.546
1902	442	256.667
1903	387	116.901
1904	354	87.208
1905	358	93.503
1906	486	217.773

Il ressort de ce tableau que le nombre des grèves a diminué de plus de moitié depuis dix ans en

Angleterre ; pourtant, les exportations n'ont cessé d'augmenter. M. Charles Rist explique cette anomalie par le fait qu'en Angleterre les ouvriers ne font pas grève pour faire grève. Pendant les périodes de prospérité, ils savent obtenir de leurs patrons des augmentations ; par contre, dans les périodes de crises, sachant qu'ils seront facilement remplacés, ils évitent de se montrer trop exigeants.

Des statistiques établissent qu'en Angleterre les variations de salaires résultant de grèves sont une infime minorité par rapport aux variations de salaires à l'amiable :

1897.	7,4	p. 100 avec grèves	contre 92,6	sans
1905.	2,1	—	97,9	—
1906.	4,9	—	95,1	—

Ce que nous ne trouvons ni en Allemagne ni en France, ce sont des organes permanents de conciliation, comme il en existe en Angleterre. Grâce à eux, plus de 400.000 ouvriers anglais ont vu leurs salaires augmenter pacifiquement, sans grève, en 1906.

La loi du 27 décembre 1892 a organisé en France, à l'état facultatif, le seul mode qui soit rationnel, l'*arbitrage* et la *conciliation*. Mais le succès de cette loi a été jusqu'ici extrêmement médiocre.

D'après la direction du Travail, l'application de la loi sur la conciliation et l'arbitrage a été, au cours de l'année 1907, constatée dans 250 différends : dans 16 d'entre eux, avant toute cessation de travail. Le nombre des grèves de l'année ayant été de 1.275, la proportion des recours à la loi a donc été de 19,61 p. 100. Cette proportion avait été de 23,07 en 1906, et de 24,36 en moyenne pour les quatorze premières années de l'application de la loi.

Ces grèves incessantes donnent-elles du moins satisfaction aux ouvriers et compensent-elles les privations qu'elles occasionnent ?

D'après M. Colliard (rapport déjà cité), le mouvement du 1er mai 1906 déchaîna 295 grèves intéressant 202.500 ouvriers et occasionna 3.570.033 journées de chômage. Le résultat fut désastreux pour les ouvriers et surtout pour leurs organisations. Seule, la Fédération du Livre, qui représente le mieux à la C. G. T. la tendance opposée aux anarchistes, s'en tira à son avantage. Sur les 73 grèves qu'elle conduisit pour l'obtention de la journée de neuf heures (les autres corporations demandaient celle de huit), elle obtint 31 succès et 21 transactions sans compter les succès obtenus par les commissions mixtes ou les transactions amiables dans 59 autres localités.

Quant aux grèves engagées par les autres corporations, elles se traduisirent par 139 échecs intéressant 131.759 ouvriers, 36 transactions intéressant 47.140 ouvriers et 47 succès intéressant seulement 8.097 ouvriers. Les organisations sortirent très éprouvées du mouvement, elles perdirent beaucoup d'adhérents, et restèrent longtemps désemparées ; beaucoup ne s'en sont pas encore relevées.

La plupart des corporations ouvrières qui ont cessé le travail ne se sont pas contentées de faire « la grève des bras croisés », ce qui était leur droit ; elles ont, en mainte occasion, porté atteinte à la liberté individuelle de ceux qui désiraient travailler ; elles ont voulu faire la grève obligatoire.

M. Waldeck-Rousseau avait hautement déclaré que le droit d'un seul ouvrier à travailler était aussi respectable que celui de cent ouvriers à ne pas travailler. M. Jaurès était jadis de cet avis, ainsi qu'en témoigne un discours qu'il prononça, le

23 février 1893, au sujet de la grève de Rive-de-Gier :

« Vous allez voir, Messieurs, que j'ai sur ce point une théorie plus gouvernementale encore que la vôtre ; car, à mes yeux, au point de vue où est placé nécessairement et légitimement le préfet et aussi le ministre de l'Intérieur, il n'est nullement indispensable qu'il y ait 350 ouvriers qui demandent à reprendre le travail pour qu'on se préoccupe d'assurer et de défendre leur liberté. Quand il n'y aurait qu'un ouvrier demandant à reprendre le travail au milieu de tous ses camarades en grève, le rôle naturel d'un préfet est de protéger sa liberté. »

Aujourd'hui, les corporations ouvrières nient hautement la liberté du travail. Voici la conclusion d'une affiche placardée en juillet 1908 par la Chambre syndicale des ouvriers boulangers de Paris : « Cette fois, ce sera la grève à outrance et gare aux lâches et aux Jaunes qui, pour une poignée qu'ils pourraient être (sous le prétexte de la liberté du travail), obligeraient les ouvriers d'une corporation comme la nôtre à travailler dans des conditions aussi déplorables. »

Pour amener à raison le patron récalcitrant ou le travailleur hésitant, il y a le boycottage et le sabotage qui sont devenus articles de foi du *Credo* syndicaliste. Ecoutons ce que dit M. Paul Delesalle, dans une petite brochure de propagande :

« Le *boycottage*, autrement dit la mise à l'index des usines, chantiers, voire celui des faux frères se refusant à faire cause commune avec leurs camarades et pouvant, de ce fait, leur porter préjudice, peut être et est effectivement, dans bien des cas, un moyen de lutte excellent préconisé par les Congrès de la Confédération et ayant déjà fait ses preuves.

« Egalement, le *sabotage*, qu'au nom d'une morale

qu'ils ne pratiquent pas, du reste, Messieurs les bourgeois de toute catégorie condamnent avec véhémence. Quoi, cependant, de plus naturel qu'un travailleur donne l'équivalent de ce qu'il reçoit? A mauvaise paie, mauvais travail, telle est la formule que les exploités ont intérêt à appliquer et, en fait, appliquent toujours, parfois même sans la connaître.

« En période de grève ou dans des circonstances déterminées, pour amener un patron à merci, les travailleurs peuvent appliquer le sabotage un peu violemment; mais qui oserait les en blâmer dans une société où le droit du plus fort prime tous les autres? »

D'exemples de boycottage, les journaux sont remplis. Chaque jour, des ouvriers, qui se refusent à faire cause commune avec leurs camarades, sont injuriés, menacés et souvent grièvement frappés. Le sabotage emprunte les formes les plus diverses. D'origine anglaise, il s'appelle en dialecte écossais *Ca-Canny* et veut dire : « Va doucement », il consiste à restreindre la production du travail quotidien. C'est sous sa forme pure qu'il fut appliqué naguère à Deaford (Indiana) de la curieuse façon suivante :

Une centaine d'ouvriers terrassiers avaient été avisés que le prix de l'heure allait être abaissé de 0 fr. 75 à 0 fr. 62. Comme protestation, ils se contentèrent de se rendre tous à une usine voisine pour faire couper deux pouces et demi de leur pelle, voulant ainsi faire subir à leur patron une perte de travail proportionnelle à la diminution des salaires qu'il avait voulu leur imposer [1].

1. *Annales du Musée Social*, février 1909.

Tout récemment, les ouvriers des travaux publics ont voté un ordre du jour par lequel ils s'engageaient à diminuer leur somme de travail. M. Emile Pouget, dans la *Confédération Générale du Travail*, avait souligné cette tendance des ouvriers à restreindre leur quantité de travail :

« Avant le mouvement de mai 1906, sur les chantiers, les ouvriers se modelaient sur le plus « bûcheur » ; celui-là était l'entraîneur qui poussait à « en abattre ». Aujourd'hui, c'est le contraire : on se modèle sur celui qui travaille le plus lentement, c'est lui qui est l'entraîneur, si on peut s'exprimer ainsi. La conséquence est que, pour les entrepreneurs, il y a diminution de rendement de 20 à 25 p. 100. »

La dernière trouvaille des saboteurs est la grève en travaillant. C'est dans la maçonnerie qu'elle est la plus répandue. Voici comment on opère : les maçons se trouvent chargés de recruter leurs aides, les « garçons ». Quand, par hasard, il n'y a pas de garçon sur le chantier, il faut en aller quérir, et, à cette recherche, trois heures sont facilement consacrées que le patron doit payer. Et il en sera ainsi tant que le patron n'aura pas capitulé, en accordant l'augmentation que demandent ses ouvriers.

Il n'y a pas, pour les patrons, possibilité d'embaucher des « renards » renégats. En effet, les inconscients sont vite décidés à ne plus travailler au-dessous du tarif. L'administration d'une raclée est employée comme suprême argument [1].

Il faut reconnaître qu'en France le sabotage n'est pas toujours aussi bénin : on n'a pas encore oublié ces boulangers grévistes qui mirent du verre pilé

1. M. Léon de Seilhac. *Revue politique et parlementaire*, 10 février 1908.

dans le pain, ni ces ouvriers de Fressenneville qui pillèrent et incendièrent l'usine où ils travaillaient depuis de longues années.

A la grève, au boycottage et au sabotage, les patrons répondent par le *lock-out*, c'est-à-dire la fermeture simultanée de leurs ateliers, afin de retirer aux ouvriers qui continueraient de travailler la faculté d'aider, par un prélèvement sur leur salaire, les grévistes des établissements mis à l'index. Mais dans les syndicats patronaux, la discipline est loin d'être aussi facilement acceptée que dans les syndicats ouvriers.

III

Le Syndicalisme révolutionnaire

C'est la Confédération Générale du Travail qui est l'inspiratrice, le moteur central de tout le système du syndicalisme anarchiste. Quelles sont ses forces ?

La plus récente statistique des syndicats professionnels, dressée par la direction du Travail, accusait au 1er janvier 1907 un total de 896.012 ouvriers et employés syndiqués.

D'après le recensement de 1901, le dernier dont les résultats d'ensemble soient connus, le nombre des ouvriers et employés d'établissements, y compris les chômeurs, s'élevait à 10.674.195. On n'a pas cru devoir comprendre dans ce chiffre les « travailleurs isolés » au nombre de 4.133.281, parce qu'il n'est pas possible de distinguer parmi eux ceux qui sont employés à domicile par un patron et qui peuvent être rangés dans la catégorie des ouvriers, et les artisans travaillant pour leur compte sans auxiliaire et qui peuvent être classés parmi les patrons. En retranchant du nombre total des ouvriers et employés obtenu plus haut, celui des ouvriers et employés syndiqués, on arrive à un total de 9.778.183 ouvriers et employés non syndiqués.

Sur ce million de syndiqués, combien ont donné leur adhésion à la C. G. T. ? 600.000, répond fièrement M. Paul Delesalle. L'écrivain révolutionnaire exagère et prend ses désirs pour des réalités. Au vrai, la Confédération comprenait, au moment du Congrès de Marseille (octobre 1908), 294.398 membres répartis entre 2.596 syndicats. Les fédérations les plus nombreuses sont : la Fédération du bâtiment qui compte actuellement 336 syndicats et 40.000 membres ; le Syndicat national des chemins de fer qui a 44.590 membres et 200 groupes ; la Fédération nationale des mineurs qui compte 30.000 membres, et la Fédération des textiles qui en compte 20.000. Au cours des deux dernières années, il y a eu à la Confédération accroissement de 151 syndicats et de 91.125 syndiqués[1]. La C. G. T. forme donc à peine le tiers de l'armée syndicale et, malgré son titre prometteur, ne constitue qu'une minorité dans une minorité.

La Confédération est composée de deux sections : l'une renfermant les Fédérations, l'autre les Bourses du travail. La première Bourse du travail fut créée à Paris en 1887. La Fédération des Bourses fut décidée au Congrès ouvrier de Saint-Etienne en 1892 et rallia aussitôt 14 Bourses. La C. G. T. fut décidée au Congrès de Limoges en 1895 ; son organisation unitaire actuelle ne fonctionne que depuis le 1er janvier 1903.

Les fédérations sont de force très inégale. Nous

1. M. Léon de Seilhac. *Supplément aux Annales du Musée social*, décembre 1908.

avons indiqué plus haut les plus puissantes, d'autres ne comptent que quelques centaines de membres comme celles des blanchisseurs, des modeleurs-mécaniciens et des pelletiers-fourreurs. D'après l'article 4 des statuts, le Comité confédéral comprend autant de délégués qu'il y a de fédérations et de Bourses de travail confédérées. M. Keufer, au Congrès de Bourges, citait 20 fédérations groupant 114.000 syndiqués, disposant par conséquent de 20 voix, alors que 23 autres n'en groupaient que 2.550 et disposaient de 23 voix. « Vienne la question de la grève générale, disait-il ; cette faible minorité fera majorité pour la décréter et cela sera d'autant plus désastreux que les organisations qui comptent 2. 3, 5, 7 ou 8 membres n'ont rien à redouter en la décrétant. » Les mineurs, solidement groupés en quelques gros centres, n'avaient, au Congrès de Marseille, que 35 mandats pour 35 syndicats renfermant 30.000 syndiqués, tandis que les ouvriers du bâtiment, très disséminés dans toutes les régions, avaient 225 mandats pour 30.000 syndiqués. C'est donc une minorité qui dirige cette minorité de syndicalistes constituée par la Confédération Générale du Travail.

Il nous reste maintenant à voir quelles sont les tendances de la C. G. T. et les moyens dont elle fait usage pour obtenir le triomphe de ses idées.

L'article premier des statuts est tout à fait significatif :

« Article premier. — La Confédération Générale du Travail, régie par les présents statuts, a pour but :

« 1° Le groupement des salariés pour la défense de leurs intérêts moraux et matériels, économiques et professionnels ;

« 2° Elle groupe, en dehors de toute école politique, tous les travailleurs conscients de la lutte à mener pour la disparition du salariat et du patronat.»

Le but poursuivi est bien net. Si, au cours de la lutte, la C. G. T. arrache quelques améliorations partielles, cela ne compte pas ; ce qu'il faut atteindre, c'est la disparition du salariat et du patronat. Divulguant clairement son but, la Confédération étale aussi ouvertement ses armes : *la grève générale*, *le boycottage* et *le sabotage*.

L'article premier des statuts préconise « la propagande utile pour faire pénétrer dans l'esprit des travailleurs organisés la nécessité de la grève générale ». Le Congrès confédéral d'Amiens, en 1906, décida de « fixer à chaque année une date à laquelle les travailleurs devront refuser le travail pour s'affirmer comme puissance en face du patronat ».

Les décisions et les votes de la C. G. T. ne sont pas restés lettre morte. Nous avons constaté plus haut les résultats qu'elle a obtenus. Il faut ajouter au formidable bilan de ces grèves celui des émeutes qu'elle a décrétées, celui des morts et des souffrances qu'elle a provoquées.

L'organisation de la Confédération Générale du Travail est la déformation du syndicalisme et sa déformation politique. Elle n'est pas très différente des organisations que les partis contre-révolutionnaires ont de tout temps créées pour ruiner les libertés. Au fond, c'est la même méthode : elle consiste non pas à jouir des droits légaux, mais à les dépasser selon une logique absolue et absurde. Elle consiste à provoquer des répressions, afin de multiplier les misères, les révoltes et les haines.

On ne peut imaginer, en réalité, une violation plus flagrante du droit, une caricature plus exaspérée de la liberté.

Mais ce n'est pas là le pire danger auquel elle expose la classe ouvrière. Elle fait pis que de détourner l'effort syndical de son sens économique et de le compromettre dans la lutte politique. Elle le plie surtout à la conformation centraliste et oppressive que revêt tout notre vieux système national. Elle institue le syndicalisme bonapartiste.

Jusqu'ici, les ouvriers avaient jalousement conservé leur particularisme régional et corporatif. Leurs Congrès, il est vrai, avaient bien pour objet de soumettre leur activité syndicale à une certaine unité. Mais c'était là une règle nécessaire. L'éparpillement des forces est la négation même de tout progrès. L'union concertée, la discussion en commun des intérêts en cause, enfin l'accord sur les méthodes de gestion ne mettaient pas en péril la valeur de chaque groupe, ne tendaient pas à annihiler l'effort persévérant ni la tactique de chaque syndicat. En réalité, la personnalité de toute collectivité a besoin d'une grande somme de liberté, mais aussi de l'appui des personnalités de même ordre.

C'est ce juste équilibre que les syndicats avaient rencontré dans un régime où l'autonomie et les fédérations nationales se faisaient contre-poids. Il avait l'immense avantage de soustraire la vie ouvrière au centralisme qui étouffe toute l'activité française.

Les classes sociales nouvelles pouvaient ainsi accomplir leur évolution sur une aire plus ample, et hors de l'odieuse tyrannie de l'uniformité qui a enlevé à la bourgeoisie le meilleur de son énergie et de sa vertu créatrice.

La Confédération du Travail détruit ces autonomies originales et saines. Elle veut leur substituer le régime d'unité absolue et violente qui est la loi de tout l'Etat bourgeois. Elle est le cerveau moteur qui imprime automatiquement l'activité à tout le corps national, ou bien l'arrête et le paralyse.

Que Paris fasse un signe, tout travail est suspendu. Que Paris fasse un autre signe, tout travail est repris.

Il n'y a pas de nationalisme plus intégral que ce nationalisme ouvrier, car il n'y a pas de tyrannie plus muette, plus inerte, plus inféconde. Elle arrive à supprimer nécessairement les délibérations particulières. Elle broie les minorités aussi sûrement que l'autocratie. Elle s'inspire évidemment du pur jacobinisme de 1793.

C'est bien l'exemple revendiqué par les chefs de la C. G. T. ; ils imitent les bourgeois révolutionnaires, et s'en flattent. Seulement, s'ils aperçoivent les avantages d'appliquer ces méthodes historiques à leurs tentatives révolutionnaires, ils n'aperçoivent pas la rançon dont la France a payé sa violente unification politique. Sous le désordre de surface qui nous agite, ils ne voient pas le tourment que la constitution napoléonienne continue à nous faire subir. L'automatisme administratif et routinier arrête toute émancipation individuelle. La hiérarchie a tout envahi, même l'organisme scientifique, et entrave les recherches, les travaux personnels.

Toute notre éducation repose sur un mandarinat de diplômes et de titres. La moindre cause se traite au centre de la vie politique. Et c'est cette congestion forcée, organique, paralysante que la C. G. T. veut étendre à la vie ouvrière !

Elle va ainsi à l'encontre de l'évolution moderne. Elle s'engage dans une voie où notre pays est seul aujourd'hui. Et elle y engage avec elle les classes dont la venue au pouvoir économique et politique pouvait justement libérer la pensée française d'un déprimant paradoxe. Les grandes luttes économiques modernes ne s'accommodent pas des vieux modes politiques.

La volonté de quelques anarchistes, siégeant à Paris en comité secret, sera un mauvais guide à la masse ouvrière qui a besoin avant tout de voir clair devant elle, et dont les yeux sont avides de lumière. Le syndicalisme ténébreux sera forcément un syndicalisme sanglant. Les grandes confédérations, comme celle des mineurs, ont commis une lourde faute en signant entre ses mains leur abdication. Ils tournent le dos au progrès général du monde, dont cependant ils voudraient être les plus actifs serviteurs.

Cette agitation stérile durera-t-elle longtemps? Cela est impossible. Les *trade-unions* n'ont pas toujours connu, elles non plus, les méthodes pacifiques et ordonnées et, pendant un bon quart de siècle, elles ont fait leur apprentissage de la liberté au milieu des émeutes et des incendies. Il convient de noter que tous les syndicats que la C. G. T. s'est agrégés ne partagent pas l'esprit anarchique de ses chefs ; ce n'est pas toute la Confédération qui a été comprise dans les troubles récents de Draveil et de Villeneuve-Saint-Georges.

Le ministre du Travail, dans son discours à la Chambre, du 23 octobre 1908, a énuméré quelques-uns de ces éléments modérés :

1° La Fédération des travailleurs du Livre, qui a à sa tête M. Keufer : par des moyens pacifiques, au 1er mai 1906, elle obtint dans 90 localités la journée de neuf heures avec augmentation de salaire. Ajoutons qu'après les événements de Draveil, la C. G. T. ayant décrété une grève générale de vingt-quatre heures, 1.106 fédérés du Livre se prononcèrent pour, 6.333 contre ;

2° De nombreux syndicats protestèrent contre la grève générale déchaînée le 1er mai 1906 pour l'obtention de la journée de huit heures. Dans la métallurgie, 6.000 syndiqués démissionnèrent.

Les 30.000 mineurs qui ont adhéré récemment à la C. G. T. ne sont pas non plus des violents. Il convient de noter l'intervention de M. Cordier, leur secrétaire général, au Congrès de Marseille. Il déclara s'abstenir dans le vote sur l'antimilitarisme parce qu'il considérait la question comme étant du domaine du sentiment et non pas du domaine professionnel.

La motion antipatriotique obtint 681 mandats contre 421 à la motion Niel et 43 abstentions.

Puisque nous parlons du Congrès de Marseille, nous ne pouvons passer sous silence les courageuses interventions de M. Renard, du textile, et de M. Coupat, des mécaniciens. M. Renard n'a pas craint d'établir les responsabilités des dirigeants de la C G. T. et de signaler aux fous de l'action directe l'abîme où les conduisait leur folie. M. Coupat a été peut-être encore plus dur lorsqu'il a opposé aux piètres avantages obtenus par les syndicats de la C. G. T. les conditions meilleures de travail et de salaire dont les fortes et sérieuses organisations ouvrières de l'étranger ont su bénéficier grâce à leur pondération.

Depuis le Congrès de Marseille, les polémiques ont continué entre réformistes et révolutionnaires, et les lecteurs de *l'Humanité* ont dû, à maintes reprises, avaler de dures vérités sous la plume des Guérard, des Keufer et des Niel.

C'est Guérard flétrissant d'épithètes cruelles les meneurs de la C. G. T. qui, « subissant les effets de leur déplorable propagande, s'en vont penauds à Villeneuve-Saint-Georges et, au premier coup de fusil, se précipitent affolés sur le quai de la gare pour prendre le train ».

C'est Niel montrant que « cette conception syndicale, cette démagogie de mots et de gestes, si sublime et si sincère soit-elle, cette indifférence dédaigneuse des réformes et des résultats immédiats, cette course folle à l'absolu, c'est le recrutement syndical tari, c'est la vie syndicale impossible, c'est la querelle, la haine et la division, c'est la course certaine à la mort... »

C'est Keufer répondant au citoyen Griffuelhes qu' « on ne peut faire de réformes, de progrès sérieux que par une action lente et continue. Toute réforme radicale, dans le domaine social, comme dans tout autre domaine, ne peut être immédiate et durable. C'est là un fait d'observation constante dont devraient s'inspirer tous ceux qui ont une réelle influence sur les travailleurs ».

Les réformistes luttent pour obtenir la représentation proportionnelle qui leur donnerait, pensent-ils, la majorité. Le Syndicat national des chemins de fer, la plus forte fédération ouvrière de France, publiant dans son organe officiel, *La Tribune de la Voie ferrée*, quelques réflexions sur le Congrès de Marseille, concluait ainsi :

« La motion anarchiste (vote de la motion antipatriotique) a été adoptée par 681 ; la nôtre en a obtenu 421. Il y a eu 43 bulletins blancs, dont ceux de la Fédération des mineurs qui s'abstint. Notre motion a obtenu, en réalité, la majorité des voix, car, parmi les organisations qui l'ont votée, se trouvent les syndicats dont le nombre des membres est le plus considérable. Il faudra donc, à l'avenir, très peu d'efforts pour écarter de la C. G. T. l'influence des politiciens anarchistes qui représentent une infime minorité dans l'organisme central du syndicalisme[1]. »

Il ne faut donc ni détruire ni restreindre la liberté syndicale. Consultée à ce sujet le 23 octobre 1908, la Chambre, à une imposante majorité, a nettement indiqué sa volonté de ne pas faire machine en arrière.

Puisque les syndicats violent la loi de 1884, en s'occupant plus de politique que d'intérêts professionnels, dissolvez-les, conseillaient au gouvernement une presse nombreuse et quelques députés. Les conseilleurs se souciaient peu de savoir si la loi du 21 mars 1884 accordait à celui-ci un pareil droit. D'un autre côté, ils ignoraient peut-être que la Confédération ou un syndicat quelconque auraient pu se reformer, le jour même de leur dissolution, en vertu de la loi de 1901.

La dissolution ayant définitivement échoué, restent enfin les solutions pacifiques et légales. Elles ont été, dès longtemps, prévues par le ministère de M. Waldeck-Rousseau qui déposa deux projets de loi destinés à compléter la loi de 1884.

Le premier attribue aux syndicats ouvriers le droit de posséder et de commercer, réservé jusqu'ici, par une inégalité injustifiée, aux seuls syndicats agricoles. Le second tend à déterminer, d'une façon précise, les règles intérieures que les syndicats devront observer dans leurs délibérations et qui, en établissant des garanties de sincérité à leurs décisions les plus graves, permettraient de donner force exécutoire à ces décisions.

Ces deux textes se complètent et se fortifient l'un l'autre. L'un est fondé sur cette proposition que « la propriété est l'assise nécessaire de la liberté ».

(1) Depuis que ces lignes ont été écrites a eu lieu l'élection significative du réformiste Niel remplaçant au secrétariat général de la C. G. T. le révolutionnaire Griffuelhes.

L'autre corrige l'une des insuffisances notoires de la loi de 1884. En attribuant aux ouvriers le *self-government*, celle-ci n'a entouré leurs décisions d'aucune garantie ni d'aucune règle. Il est inconcevable que les sociétés commerciales sont tenues d'observer certaines formes et que les associations politiques ou corporatives puissent être conduites sans ordre et sans responsabilité.

La grève votée dans le tumulte, d'avance décrétée par une poignée d'agitateurs, devient par là même un acte protégé par la loi. Elle va provoquer les pires conflits civils. Elle deviendra le devoir d'honneur de chaque ouvrier. Des familles seront affamées, des industries ruinées au profit de l'étranger. Tant pis : la loi ne s'en occupe que s'il y a violences, meurtres ou incendies.

La loi a tort. Une arme aussi redoutable ne peut être sans précaution remise aux mains des syndicats. Il y a donc lieu d'offrir ou d'imposer des formes garantissant à la fois la liberté des votes ouvriers et la sanction des décisions syndicales. Ce n'est pas la liberté du travail *pendant la grève* qu'il importe par-dessus tout d'assurer, c'est la liberté de la volonté des travailleurs *avant la grève*, au moment du vote.

Les événements rendent saisissant le caractère de ces textes nouveaux. Ils sont faits pour donner à la vie collective ouvrière la sérénité et la sécurité qui lui manquent, et pour la délivrer de la tyrannie des minorités anarchistes ou politiques.

Tel est le progrès de demain. Mais ce progrès demandera sa rançon. Quoi qu'on fasse, les luttes d'intérêts ne sont pas près de s'éteindre. La grande affaire est de les prévenir et, autant que possible, de les maintenir sous la direction du droit.

CHAPITRE II

LA CONCENTRATION DES FORCES ÉCONOMIQUES

I

La destruction de la petite industrie et les crises

La conséquence la plus notoire et la plus décisive de la Révolution sur la société a été la création de la grande industrie. L'émancipation du travail s'accomplit en même temps que l'émancipation de l'esprit scientifique. Le magnifique essor de la science entraîna l'application des capitaux à l'exploitation des découvertes en chimie et en physique. Le mode industriel de l'activité sociale arriva rapidement à dominer le mode administratif et politique. La vie économique des peuples prit peu à peu le pas sur toutes les hiérarchies survivantes du vieux monde.

Le fait dominant sur lequel il faut fixer son regard, c'est la concentration industrielle.

La machine a pour effet de simplifier et souvent de supprimer la main-d'œuvre. Elle transforme le problème de la production. Elle met le produit à la portée de la masse des consommateurs ; elle détruit les petits ateliers. Elle renouvelle dans la fabrique toutes ou presque toutes les forces éparses.

C'est évidemment un progrès. C'est un progrès par le résultat. La masse y trouve la satisfaction rapide et à bon marché de ses besoins. Elle se procure à bon compte des moyens de transport, des instruments de travail et des améliorations d'existence, soit au point de vue intellectuel, soit au point de vue de la sociabilité et de l'agrément.

Du reste, la grande industrie est la seule capable d'outiller la civilisation dans sa conquête des peuples distants, mais la rançon de ce progrès nécessaire est, on peut bien le dire, un tribut colossal.

Il a eu pour effet de ruiner une multitude de petites industries et d'amplifier les crises économiques. Il a occasionné l'exode des campagnes, il a permis l'organisation des ententes de fabricants, cartels et trusts, il a provoqué les syndicalismes ouvriers, il a enfin élargi le domaine et les conséquences des convoitises et des conflits internationaux.

Nous allons examiner successivement chacun de ces faits. Notre exposé sera nécessairement très résumé, car chacun d'eux est l'objet d'une enquête permanente de la part des philosophes, des économistes et des sociologues.

Voici quelques chiffres sur l'absorption ou la destruction des petits ateliers par la grande industrie et sur les crises économiques :

En France, le mouvement a été assez lent. De 1843 à 1848, deux enquêtes permettent de conclure que la petite industrie est encore prédominante.

En 1843-1845, il y a 3.200 établissements occupant de 50 à 500 employés et 133 occupant plus de 500 personnes.

En 1896, il y a 472 établissements employant plus de 500 personnes. En 1901, il y en a 566.

De 1896 à 1901, le nombre des établissements s'accroît de 3,25 p. 100 ainsi répartis :

1 à 10 employés, augmentation.	5 %
De 21 à 100 employés, augmentation. . . .	12,99 %
Plus de 100 employés, augmentation.	10,50 %

Quelques exemples pris dans la haute industrie :

Les hauts fourneaux, qui étaient au nombre de 290 en 1869, ne sont plus que 116 en 1904.

Cependant, la production sidérurgique française passait de 3.282 milliers de tonnes en 1884 à 5.736 milliers de tonnes en 1906.

Les fabriques de sucre étaient au nombre de 525 en 1875-1876 ; elles ne sont plus que 292 en 1905-1906, et leur production totale passe de 406.560 tonnes en 1875-1876 à 984.672 en 1905-1906, et 682.851 en 1906-1907.

Le développement de la grande industrie peut, en outre, se mesurer d'une façon sensible par celui des machines à vapeur.

En 1891, la puissance était de 790.000 chevaux fournis par 55.357 machines, ce qui représente une moyenne de 14 chevaux par machine.

En 1906, la puissance s'est élevée à 2.322.000 chevaux fournis par 79.567 machines, soit une moyenne de 29 chevaux par machine.

Mais c'est aux États-Unis que le phénomène de la concentration a pris son plus rapide développement et s'est marqué par le déplacement le plus grave de richesses.

Le recensement de 1890 donnait :

355.415 manufactures représentant un capital de

33 milliards 809 millions de francs. Celui de 1905 accuse l'existence de 533.769 manufactures avec un capital de 71 milliards 857 millions de francs.

Mais ce mouvement a été la cause principale de la crise financière et économique qui a, en 1905, plongé les Etats-Unis dans un état de marasme pour plusieurs années, et qui, des Etats-Unis, a peu à peu gagné l'Europe.

Voici un tableau des faillites américaines durant ces trois dernières années :

Passif des faillites aux États-Unis de 1905 à 1907

(En milliers de francs)

Nature des établissements	1905	1906	1907
Manufactures.	230.110	237.510	554.528
Etablissements commerciaux.	269.120	250.567	305.229
Divers.	34.678	131.768	166.639
Total.	533.908	619.845	1.026.396
Banques.	105.180	97.786	1.213.290
Totaux généraux.	639.088	717.631	2.239.686

L'Allemagne a vu sa vie industrielle suivre, depuis 1875, une marche ascensionnelle bien plus rapide que celle de la France.

Durant les vingt-cinq dernières années du XIXe siècle, elle double son réseau de chemins de fer et élève ses exportations de 2.561.000.000 de marks à 4.555.600.000. Le nombre des machines fixes qui était, en 1895, de 2.358.175 passe, en 1899, à 3.102.575. L'augmentation est encore plus sensible en Prusse que dans le reste de l'empire : le nombre des entreprises industrielles s'élevait, en Prusse, en 1892, à 1.955.253 ; il atteignait, en 1895, 1.990.244.

L'augmentation n'est que de 1,79 p. 100 ; mais le véritable critérium du développement industriel n'est pas le nombre des établissements, mais le nombre des ouvriers. Or, l'accroissement des ouvriers (qui est passé de 4.257.944 à 5.861.589) est de 37,66 p. 100.

L'Allemagne semble pourtant s'arrêter dans son prodigieux essor économique, et voici qu'à son tour elle souffre d'une triple crise industrielle, monétaire et financière. Les importations en Allemagne, dans le mouvement commercial de l'année écoulée, se chiffrent à 8.700.000.000 de marks contre 9 milliards pour l'année précédente. Les exportations s'élèvent à 6.800.000.000 contre 7.000.000.000 en 1907. Le commerce allemand, en 1908, comparé à celui de 1907, est donc en diminution de 500.000.000 de marks, dont 300 à l'importation et 200 à l'exportation.

II

Les Ententes patronales et les Trusts

L'association des patrons est aussi légitime que celle des ouvriers. Elle fait équilibre aux exigences de celle-ci. Sans elle, le marché des salaires pourrait se trouver brusquement perturbé. Et c'est le consommateur qui en souffrirait le plus. L'entente patronale vise aussi à régulariser la production et s'efforce de parer aux crises, mais elle aboutit à des abus tout comme le syndicalisme.

Ce sont ces avantages et ces inconvénients que nous allons brièvement mettre en lumière.

Les industriels allemands ont, dans un grand nombre d'industries, établi des bureaux communs qui ont pour fonction de régler la production et de fixer les prix. Le plus important de ces *cartels* est celui des charbons. Il impose ses prix et règle l'abattage dans les concessions. Il a l'avantage évident d'éviter les crises. Si la production houillère restait indifférente aux variations des industries sidérurgiques, il est évident qu'elle provoquerait des à-coups dans l'exploitation des charbonnages. Elle serait naturellement portée dans les moments de grande prospérité à fournir le maximum. Des ouvriers seraient embauchés sur cette base. Puis la crise des hauts fourneaux et des aciéries survenant, elle devrait ralentir ou même arrêter afin d'épuiser les stocks. Des débauchages ou des réductions importantes de salaires s'en suivraient avec tous les risques de grèves et de troubles qu'ils comportent.

Mais le cartel fait peser son autorité sur toute la consommation allemande. Il lui est facile d'exiger, en tout temps, le prix maximum de la houille. Il n'a qu'à le calculer sur le cours du charbon similaire à l'étranger. Il y ajoute le tarif douanier et le prix de transport.

Ces coalitions prennent une très grande force quand il s'agit d'engager une lutte à l'étranger en faveur d'un produit national. Ainsi les fabricants américains de machines agricoles ont installé à Rostow, sur le Don, un bureau unique par lequel ils entendent imposer à toute la culture russe le monopole de leurs engins.

Il arrive fréquemment que les cartels font au marché intérieur des prix bien plus élevés qu'aux marchés d'exportations. Voulant conserver une place acquise sur un marché étranger, ils font des prix sensiblement inférieurs aux prix des concurrents. Ils pourront d'autant plus facilement avantager ainsi leur clientèle étrangère qu'ils arrivent, avec plus de certitude, à conserver leurs bénéfices sur leur clientèle nationale. Un jeu aussi libre de tout contrôle n'est pas sans engendrer des abus criants ni sans provoquer des protestations. Les fers allemands ont eu, à diverses reprises, des cours plus bas en France qu'en Allemagne. De même, le cartel allemand en 1898 livrait à Lisbonne des aciers à raison de 20 marks en dessous des prix du bassin de la Ruhr.

En 1907-1908, le cartel des meuneries de l'Allemagne du Sud a fait sentir son autorité à toute la consommation.

Enfin, les compagnies de navigation allemandes se sont distribué le trafic conquis par leur marine.

Les excès de la concurrence poussent donc les industriels à supprimer la concurrence.

C'est en Amérique que ce phénomène économique a atteint son plus grand développement, et c'est là aussi que sa tyrannie s'est fait le plus vivement sentir.

L'un des *trusts* les plus colossaux de ce pays est le trust des pétroles, autrement dit la *Standard Oil C°*. Il n'opère pas sur les terrains pétrolifères, mais sur les sources reconnues et exploitables. Toute lutte contre lui est impossible. La centralisation entre ses mains de la production américaine a eu cet avantage de pouvoir réaliser le transport de la précieuse matière par des conduites spéciales dont certaines atteignent plus de 300 kilomètres de longueur. Il a fallu la puissance financière du trust pour triompher des mille obstacles que rencontre une telle association. L'opération de la raffinerie se trouve aussi abrégée et simplifiée quand on opère sur des quantités énormes. Ainsi, l'une des raffineries, celle de Witing, au bord du lac Michigan, Etat d'Indiana, traite à la fois dans un seul récipient plus de 670 mètres cubes de pétrole brut. Elle charge d'un seul coup 22.000 barils, c'est-à-dire 3.520 mètres cubes de pétrole brut. Elle fait trois charges par semaine, et cela avec une personnel de 1.300 ouvriers divisés en deux équipes l'une de jour, l'autre de nuit. 650 hommes répartis sur 128 hectares suffisent à mettre en œuvre toute cette usine[1]. A raison de trois charges par semaine, l'usine, à elle seule, traite donc 550.000 mètres cubes par an.

Il est possible et même vraisemblable que le morcellement du domaine pétrolifère américain n'aurait été favorable ni à une exploitation économique et régulière ni à la consommation générale. L'accaparement du produit américain n'a pas soustrait le marché à toute concurrence. Les huiles du Caucase et celles de Roumanie sont assez abondantes pour y apporter un élément important d'équilibre. D'autre part, la raffinerie par grande masse a l'avantage de permettre une utilisation complète des sous-produits : huile lubrifiante, vaseline, etc... Et ces sous-produits sont livrés au public dans les meilleures conditions.

Cependant, le trust des pétroles est un de ceux qui ont été attaqués avec le plus de violence et de raison. Son origine a été viciée par des opérations immorales et difficilement conciliables avec les lois d'un Etat organisé. Elles n'ont été possibles que dans un pays neuf où la liberté presque sans limite a été offerte à l'activité économique.

La *Standard Oil C°* n'a reculé devant aucun moyen pour ruiner les compagnies rivales. L'élément principal de son succès fut une entente étroite avec les chemins de fer, surtout avec le *Pensylvania Railroad*. Elle obtint de cette compagnie des tarifs de faveur,

1. *Les Industries monopolisées aux Etats-Unis*, par Paul de Rousiers, un vol. in-18 jésus, Armand Colin, éditeur.

moyennant la distribution à ses administrateurs d'actions libérées. On conçoit, du reste, aisément qu'un monopole de fait, maniant de tels intérêts, dispose d'une influence énorme.

Ceci n'est qu'un exemple de la manière dont se sont organisés et dont fonctionnent les grands trusts américains.

Le trust des cuivres n'a pas été plus scrupuleux. Les spéculations faites, dans ces dernières années, sur ce minerai ont eu des répercussions considérables sur tous les marchés du monde. Le public a été mis dans la confidence de ces tripotages financiers par un de leurs anciens participants, M. Thomas W. Lawson. Ses révélations, ainsi que quelques faits scandaleux, ont ému l'opinion. Le président Roosevelt s'en empara pour appuyer sa politique. On a pu suivre les épisodes de cette lutte. Le caractère un peu théâtral que le président Roosevelt a donné à l'ensemble de son gouvernement n'a pas toujours servi ses louables intentions.

Le peuple américain ne réagit pas avec la même nervosité que nous contre les abus de l'activité ou de la finance. L'extraordinaire développement de l'industrie aux Etats-Unis a protégé jusqu'ici la marche du travail contre les chômages et les salaires de famine. La campagne du président Roosevelt a cependant produit des résultats sensibles. Les trusts qu'il a dénoncés se sont sentis observés et menacés. Au moins pour un temps, leurs dirigeants ont mis plus de prudence dans l'exercice de leur redoutable impérialisme ; mais le résultat le plus certain a été l'organisation de certains contrôles sur les monopoles et sur les banques.

Ce ne sont là que de bien faibles moyens de protection contre des institutions qui réunissent entre les mains de quelques hommes la puissance économique et politique d'une société aussi vaste et aussi expansive.

On doit se demander si elles ne préparent pas une révolution économique. De même que la concentration de la propriété agraire d'Angleterre entre quelques familles permet aux socialistes d'outre-Manche de considérer cet état comme favorable à la transformation de la propriété foncière individuelle en propriété collective, de même la constitution des monopoles de fait dans l'industrie américaine autorise, au moins en apparence, les socialistes américains à la proclamer comme une préparation du collectivisme industriel.

L'excès de la liberté a abouti à l'excès de tyrannie. Et la tyrannie économique engendre des crises au moins aussi graves que la tyrannie politique. Les milliardaires des trusts américains exercent sur tous les ressorts de la vie américaine un pouvoir occulte ou avoué contre lequel une réaction violente pourra, un jour ou l'autre, prendre la forme d'une révolution.

Les trusts n'ont donc pas réalisé un progrès. Ils ont bénéficié du progrès scientifique et industriel : ils l'ont exploité ; ils ne l'ont pas créé. Ils sont bien une rançon et non pas le fruit normal et heureux du progrès.

La France ne connaît pas de trusts proprement dits. Elle connaît quelques cartels. Les aciéries, les forges, les minoteries ont bien organisé des comptoirs ou des ententes, mais l'interdiction des coalitions économiques qui, depuis la Révolution, a subsisté dans nos lois pénales, a toujours exercé une heureuse influence sur notre vie économique. L'Empire, en cristallisant les efforts de la monarchie et de la Révolution, a fixé la forme centralisatrice de l'Etat. C'est un Etat contrôlant et jaloux de toute puissance intérieure. Notre tempérament national ne se prête pas non plus au développement automatique de la force brutale de l'industrie. Nous péchons plutôt par excès de formes administratives. De là, cette activité restreinte et timide qui ne pousse pas loin notre essor industriel. De là aussi, cette prudence qui nous met, autant qu'il est possible, à l'abri des grandes crises. Une seule centralisation semble se concilier avec notre vie économique. C'est la centralisation de l'épargne aux mains des grands établissements de crédit. Nous nous appliquons surtout à épargner. Et notre épargne, divisée autrefois entre les banquiers, obéit à la loi générale qui groupe les forces matérielles et morales du monde moderne. Elle aussi prend le sens du mouvement universel. Elle se concentre à Paris dans les établissements qui, peu nombreux, dirigent les placements et sont les grands prêteurs de l'étranger. Ce n'est pas notre propriété qui s'est concentrée — elle demeure, au contraire, morcelée et indéfiniment divisée, — c'est notre crédit national.

A cette situation, il y a des avantages et des inconvénients. Elle nous protège bien contre les faillites financières qui ont, dans ces dernières années, soit aux Etats-Unis, soit en Allemagne, causé des ruines et prolongé, sous les couches profondes de la population, les secousses provoquées par la spéculation ou l'abus de la production. On a vu, en certaines circonstances, la solidarité des banques résoudre par des arrangements intérieurs les chutes redoutables de l'Union générale, du Comptoir des Métaux, etc... La contre-partie de cet avantage sérieux apparaît à tous les yeux. Les établissements de crédit ne s'engagent pas, mais ils engagent leurs déposants. Leur responsabilité dans les placements de l'épargne française est donc dépourvue de sanctions directes. Ils l'attirent le plus possible en dirigeant nos capitaux vers les fonds d'État, les titres à faible intérêt. Ils éloignent des industries nationales. Ils ne font qu'accentuer ainsi notre goût pour la sécurité et la vie médiocre. Ils encouragent en un mot notre vice.

Que conclure ? Entre la liberté outrancière des États-Unis et la retenue avare et centraliste de l'activité française, il est permis de ne pas opter. Malgré ses risques et ses crises, la forme allemande de l'activité sociale est préférable. Elle s'accorde avec une conception assez hardie de la vie pour ne point se laisser figer par un souci exclusif d'épargne. Et, d'autre part, elle ne permet pas l'accaparement de la fortune par quelques individus ou quelques familles.

Dans ce moyen terme est le progrès.

III

L'Exode des campagnes

Pendant l'année 1907, la balance des naissances et des décès se solde par un excédent de 19.920 décès[1]. L'accroissement relatif de la population, pour 10.000 habitants, s'élevait à 18 pour 10.000 en moyenne, de 1901 à 1905 ; il s'était abaissé à 7 en 1906 ; il fait place, en 1907, à une diminution de 5 pour 10.000. Les chiffres fournis pour le 1er semestre de 1908 sont heureusement plus consolants, puisqu'ils accusent 411.402 naissances contre 399.338 pour le premier semestre de 1907.

1. Chiffres extraits du *Journal Officiel*, 17 juin 1908.

D'une façon générale, notre pays se dépeuple et cependant nos agglomérations urbaines ne cessent de grandir. La principale cause de la décroissance de la population dans de trop nombreux départements est l'attraction qu'exercent les grands centres. Le rapport du ministère de l'Intérieur sur le recensement de 1906 est, à cet égard, des plus probants.

En effet, dit ce rapport, alors que le chiffre total de l'augmentation de la population générale n'est que de 290.322 habitants, la population des villes comptant plus de 30.000 âmes s'est accrue de 223.072 personnes. Ainsi, sur l'augmentation de population de 40.794 habitants constatée dans les Alpes-Maritimes, Nice est comprise à elle seule pour 20.123 ; de même, Marseille forme un accroissement de 26.337 habitants sur les 31.571 en plus du département des Bouches-du-Rhône ; Lyon compte pour 13.015 habitants dans l'augmentation de 15.728 du Rhône. Sur les 178.088 habitants en plus du département de la Seine, Paris entre pour 49.325 habitants.

Dans certains départements où la population est en décroissance, les centres urbains, au contraire, sont en progression. C'est ainsi que l'Aisne perd et Saint-Quentin gagne, la Côte-d'Or diminue et Dijon augmente, le Doubs s'affaiblit et Besançon se fortifie, etc.

Dans le département de la Seine tout entier, qui a le caractère presque exclusivement urbain, la densité de la population suit une marche ascendante non interrompue : 13 communes suburbaines ont une population supérieure à 30.000 âmes, alors qu'en 1901, 10 communes seulement atteignaient à ce chiffre.

Le nombre des communes dont la population ne dépasse pas 500 habitants est de 18.714, soit un peu plus de la moitié du nombre total. En y ajoutant les

14.781 communes dont la population varie entre 501 et 2.000 habitants, on arrive au chiffre de 33.495, c'est-à-dire plus des 11 douzièmes des communes de France. En 1906 comme en 1901, 15 villes comptent plus de 100.000 âmes.

Ce n'est pas seulement en France que la population rurale diminue au profit de la population urbaine : le phénomène est général.

La Grande-Bretagne compte 38 villes de plus de 100.000 âmes dont 14 dépassant 250.000. Londres tient la tête avec une population globale excédant 7.000.000 (faubourgs compris). En Belgique et en Hollande, nous relevons 4 villes de plus de 100.000 habitants et 2 dépassant 250.000, pour chacun de ces deux pays. Enfin, l'Allemagne compte 41 villes de plus de 100.000 âmes dont 11 dépassent ou atteignent 250.000. Berlin marche aujourd'hui sur son troisième million.

En résumé, l'Europe comprend aujourd'hui 6 villes millionnaires et 23 demi-millionnaires ; elle possède plus de cités de 500.000 habitants et au-dessus que l'Europe d'il y a un siècle ne comptait de villes de 100.000 âmes.

Donc, les campagnes se dépeuplent au profit des villes. Il y a à cela des causes multiples, à la fois économiques et morales, dont la principale est le développement du machinisme. La ville moderne est née de la concentration industrielle. Nul exemple n'est plus caractéristique que celui de la Grande-Bretagne. L'Angleterre agricole s'est vidée entièrement, au commencement du XIXe siècle, au profit de l'Angleterre industrielle. En 1773, Manchester n'a que 27.000 habitants ; dès 1801, elle en a 95.000. Birmingham, de 25.000 en 1740 passe à 73.000 en 1801. La France n'a pas échappé aux mêmes transformations d'activité, mais elle a évolué plus paisiblement vers son nouveau destin.

Les machines agricoles permettent d'employer moins d'ouvriers. Les moissonneuses fauchent en même temps qu'elles lient la gerbe ; certaines charrues versent la semence dans la terre qu'elles viennent de labourer. Le machinisme coupe donc la route à l'ouvrier agricole qui ne trouve plus à s'employer. Celui-ci immigre dans les villes où l'appelle le développement industriel. Mais le machinisme ne profite qu'aux gros propriétaires ; plus le machinisme se développe, plus le paysan doit être fortuné pour l'utiliser. Les petits cultivateurs, ne pouvant renouveler leur outillage à mesure des découvertes scientifiques, ne sauraient lutter contre la concurrence des gros fermiers qui disposent de puissants capitaux. Ajoutez que la terre est malmenée par le fisc : la dette hypothécaire l'écrase, et l'impôt foncier, et les droits de mutation, et les différentes sortes de taxes indirectes. Comment lutter contre tant d'ennemis conjurés ? Beaucoup de ceux qui s'y obstinent se ruinent.

Le nombre des personnes actives rattachées à l'agriculture, lors du recensement du 24 mars 1901, est de 8.100.000 dont 5.450.000 de sexe masculin et 2.650.000 de sexe féminin. La diminution, par rapport à 1896, est assez sensible puisqu'à cette époque on avait recensé dans l'agriculture 8.430.000 personnes actives dont 5.675.000 de sexe masculin et 2.755.000 de sexe féminin. A ne considérer que les travailleurs agricoles proprement dits, on arrive au résultat suivant :

	1901	1896
Total des chefs d'exploitation. .	3.229.000	3.249.000
— des salariés.	3.570.000	4.064.000

On constate donc que la diminution des personnes actives porte surtout sur les employés et ouvriers de l'un et l'autre sexe.

Le machinisme, s'il a porté un coup terrible à la petite propriété agricole, a tué ou presque les petites industries locales. Ils sont en train de disparaître, les petits bûcherons, charbonniers, scieurs de long, cercliers, menuisiers, vanniers, cloutiers, cordiers, distillateurs, meuniers, tisserands ; elles abandonnent les unes après les autres leurs métiers, les dentellières et les tricoteuses qui apportaient dans les villages du pittoresque, de l'animation et de la richesse. Incapables de réduire leurs frais généraux comme la grosse industrie et de donner leur marchandise à aussi bas prix que les grands bazars, pour la plupart, après une lutte plus ou moins acharnée, ils entrent dans l'usine ennemie.

On a proposé, pour ranimer ces petites industries, de recréer l'atelier familial au moyen du petit moteur mécanique. Et il est certain que les chutes d'eau dont la France est riche, et l'alcool que notre agriculture produit en abondance, contiennent en puissance les forces mécaniques qui nous ont manqué jusqu'ici. L'utilisation de la houille blanche peut réparer quelques-uns des maux qu'a causés la houille noire. Elle les répare, d'ailleurs, en partie. « Affamée de charbon, écrit M. Vandervelde, la machine à vapeur avait écarté les fabriques des cours d'eau, l'électricité les y ramène... Partout où le régime des eaux s'y prête, nous assistons à une délocalisation industrielle que la transmission de l'énergie à grandes distances généralisera peut-être un jour et dont on ne peut entrevoir les multiples et profondes conséquences économiques et sociales[1]. » Déjà, dans les

1. *L'Exode Rural.*

grandes régions riches en houille blanche, se sont implantées de nombreuses usines qui ont arrêté l'émigration et même attiré une nouvelle population.

A la campagne, les journées sont longues, le travail pénible et, pendant une grande partie de l'année, l'ouvrage fait défaut. Comment s'étonner que le mirage d'une forte paie attire vers les grands centres les ouvriers des champs ? Les statistiques agricoles de 1862 donnent comme moyenne générale des salaires à la campagne 1 fr. 85 pour les hommes non nourris et 1 fr. 14 pour les femmes. Celles de 1892 établissent que ces salaires se sont élevés à 2 fr. 77 pour les hommes et 1 fr. 73 pour les femmes. Or, pendant la même période, la moyenne est passée de 2 fr. 76 à 4 francs dans les villes de province, et de 4 francs à 5 fr. 75 à Paris[1].

Les salaires agricoles n'ont cessé, à travers diverses alternatives, d'augmenter dans leur taux moyen de 1750 à 1882, mais, à partir de cette dernière date, ils se sont modérés dans leur élévation. Dans certains pays, par suite de la crise agricole, les gages annuels de 500 francs sont descendus à 450 et 400 ; le prix de la journée s'est abaissé de 15, de 25 centimes et plus.

A ces causes d'ordre économique, il convient d'ajouter des causes d'ordre moral qui ne sont pas moins puissantes.

C'est tout d'abord l'attrait de la ville. Les voyages rendus plus faciles contribuent à faire perdre aux jeunes gens le goût du terroir. Autrefois, aller à Paris était un grand voyage, maintenant c'est une excursion. Les expositions universelles, les grandes fêtes drainent sur la capitale des foules qui y laissent de nombreux traînards. Et ces novices citadins, quand

1. *L'Emulation agricole*, octobre 1908.

ils retournent chez eux, raillent leurs parents et amis demeurés fidèles aux champs. Ils se moquent de leurs habits rustiques, de leurs coiffes désuètes, de leur patois ; ils leur vantent les séductions des cités et, en repartant, ils emmènent avec eux quelque compagnon avide de goûter, lui aussi, aux voluptés de la grande ville.

C'est aussi le service militaire. Pendant deux ans, le jeune paysan perd l'habitude des travaux agricoles ; il prend le goût des cafés et des théâtres ; il ne voit que luxe autour de lui et, de son contact avec les citadins, se figure que l'existence des villes doit être plus facile. Aussi, son congé terminé, répugne-t-il à retourner cultiver le champ familial.

Et c'est enfin l'appât du fonctionnarisme. La terre est dure de plus en plus aux travailleurs ; les gens de la campagne ont donc peur de donner à leurs enfants un métier qui périclite. La vanité, de son côté, les poussant à faire de leur fils un « monsieur », ils le dirigent vers les grandes administrations où les emplois sont peu rétribués, mais ménagent une fin de vie paisible, grâce à la bienheureuse retraite.

Il nous reste à étudier les conséquences de ce mouvement qui pousse à la ville la population des champs ? La première et la plus grave, c'est la décadence de l'agriculture. On a constaté que, de 1882 à 1892, la valeur du capital français s'est abaissée de 15 p. 100, le produit brut de l'exploitation a perdu 844.000.000, et le produit total a diminué de 329.000.000. Et il est devenu banal de dire que l'agriculture manque de bras, puisqu'elle est obligée de faire appel chaque année à des milliers d'étrangers : Belges surtout, Luxembourgeois, Suisses et Espagnols.

L'exode rural contribue également à la décadence de la race. Le plus grand nombre des paysans que les trains déversent chaque jour dans les gares des grands centres sont guettés à leur arrivée par la misère et la maladie. Ils offrent un terrain de prédilection à la tuberculose. Les aliénistes ont constaté que les maladies mentales s'acharnent plus spécialement sur eux.

En 1903, sur 100 indigents, 23,98 seulement étaient nés dans le département de la Seine, alors que 74,20 étaient d'origine provinciale et 1,82 d'origine étrangère : en chiffres ronds, sur les 57.056 indigents parisiens, les trois quarts appartiennent à la province. On a calculé, en ce qui concerne les enfants assistés et les aliénés, que le département de la Seine paye proportionnellement par tête d'habitant trois ou quatre fois plus que le reste du pays.

Contre ce mal qui trouble si profondément la santé française, on a proposé, surtout en ces dernières années, de nombreux remèdes.

Nous avons vu que ce sont en majorité les ouvriers salariés qui abandonnent les champs. Le meilleur moyen de les retenir serait de leur rendre accessible la petite propriété.

Les pays étrangers nous ont devancés sur ce point. L'Angleterre a constitué des caisses de bons fonciers dans le but de venir en aide aux acquéreurs de parcelles de terrain ; en Prusse, une loi a autorisé les communes à devenir intermédiaires pour l'établissement des petites propriétés rurales ; en Danemark, l'Etat prête de l'argent à 3 p. 100 aux ouvriers agricoles qui veulent devenir propriétaires d'une petite ferme. En France, un premier effort a été fait en 1894 pour mettre la petite propriété urbaine à la portée des travailleurs ; nouvelle loi en 1906 sur les habitations à bon marché. Mais ces deux lois sont restées lettres mortes pour les ouvriers agricoles.

Le 10 avril 1908 a été promulguée une loi relative à la petite propriété et aux maisons à bon marché qui permettra à l'ouvrier de se constituer un logis et de cultiver un petit champ, de fonder et de faire vivre une famille. En vertu de cette loi, l'État prête 100.000.000 aux gens qui, n'ayant rien, sont dignes de devenir propriétaires d'un petit champ. Il leur demande des garanties morales (probité, ordre, économie, etc.) et des garanties matérielles (paiement immédiat du cinquième de la valeur du champ, hypothèque, assurance). En résumé, pour acquérir un champ d'un hectare valant 1.200 francs (c'est le maximum visé par la loi), il faut payer 240 francs tout de suite, et ensuite 5 francs par mois pendant vingt-cinq ans. Cette faveur n'est accordée qu'aux gens qui ont un très petit loyer (moins de 112 francs dans les villages) et qui cultivent eux-mêmes.

Cette réforme si heureuse va être complétée par une autre qui ne peut manquer d'avoir des résultats les plus favorables. Dans sa séance du 10 décembre dernier, le Sénat a adopté le projet de loi sur le bien de famille, déjà voté par la Chambre des députés et qui étendra ses bienfaits sur la petite propriété rurale qu'elle rendra insaisissable et indivisible.

Certes, beaucoup de jeunes gens veulent aller vivre à la ville, mais combien d'autres ne quittent la campagne que parce qu'ils en sont chassés ! Le régime hypothécaire, les procès, la licitation, le partage judiciaire sont les terribles destructeurs de la propriété paysanne. « Tel le nid, tel l'oiseau ; telle la maison, tel l'homme. » L'oiseau, pour couver, a besoin d'un nid stable ; l'homme, pour fonder une famille, demande un foyer où il puisse s'établir solidement.

Un précurseur du retour aux champs, le citoyen Henry Bancal, constatait déjà à la Convention nationale (24 décembre 1792) l'exode des paysans vers les villes et demandait à une meilleure organisation de l'enseignement primaire le remède au dépeuplement des campagnes : « Donnez aux campagnes des instituteurs élémentaires, dignes de la nature et de la liberté ; donnez-leur un traitement suffisant pour vivre avec une famille, et vous multiplierez dans la République le nombre de ces hommes précieux, et bientôt vous verrez les préjugés des villageois disparaître ; la propreté anglaise s'introduire dans leurs habitations et y maintenir la santé, la beauté, la bonté et la force ; vous verrez l'agriculture prospérer avec les lumières et les bonnes mœurs, et toute la terre des Francs prendre une face plus riante. »

A l'heure actuelle, la moindre bourgade possède une école, et pourtant l'exode des paysans continue vers les villes. C'est que notre enseignement primaire demande une réforme totale. Selon le mot de Taine, il y a une disconvenance croissante de l'éducation et de la vie. Les programmes actuels ne sont propres qu'à former de petits déclassés. Au lieu de farcir la mémoire des enfants de notions indigestes, on devrait donner aux garçons des éléments propres à en faire de bons agriculteurs, aux filles des leçons capables de faire d'elles de bonnes ménagères. Nous avons sous les yeux une circulaire du ministre de l'instruction publique (7 octobre 1900) qui indique la façon de former d'excellents instituteurs. Le malheur est que les circulaires soient toujours mal appliquées. Les programmes sont trop encyclopédiques ; on sacrifie la valeur des connaissances à la quantité ; on fortifie la mémoire à la place du jugement. Le résultat est le nombre croissant des illettrés : 11.000

signalés par le dernier compte rendu du recrutement militaire.

Mais l'éducation professionnelle du travailleur ne s'arrête pas à l'école ; il importe de le conseiller et de le diriger après que, devenu homme, il affronte la dure bataille de tous les jours.

Il faut encourager et développer les syndicats agricoles. M. Viviani, lors d'un récent débat à la Chambre, déclarait qu'il n'y a pas assez d'ouvriers dans les syndicats. C'est surtout aux syndicats agricoles que ce reproche s'adresse. Certes ils progressent, mais quel chemin il leur reste à parcourir !

Au 1er janvier 1906, il y avait 3.553 syndicats comprenant 677.150 membres ; au 1er janvier 1907, les statistiques accusent 3.883 syndicats et 716.530 membres : la différence en faveur de 1906 est donc de 330 syndicats et de 39.380 membres. Les femmes dans les syndicats agricoles sont au nombre de 10.915.

Le développement des assurances et du crédit agricole est un des remèdes les plus efficaces à la crise qui dépeuple nos campagnes. Grâce à l'assurance, le cultivateur n'est plus ruiné par l'incendie, la grêle, les accidents et la mortalité du bétail. Les encouragements prodigués par le ministère de l'Agriculture aux sociétés d'assurances mutuelles agricoles en ont favorisé l'extension, et leur nombre s'est élevé de 1.484 à la fin de 1897 à 8.780 au 1er juin 1908.

L'institution des caisses locales et des caisses régionales de crédit agricole a donné aux paysans le crédit à court terme, basé sur la seule valeur morale du débiteur, les moyens de s'entr'aider par la confiance mutuelle et réciproque, et aux groupements agricoles la facilité d'obtenir un crédit collectif à long terme.

En 1907, 14 caisses régionales nouvelles ont été créées, ce qui a porté à 88 le nombre de ces institutions. Les caisses régionales ont eu à leur disposition pendant cette année : 9.075.383 francs de capital versé ; 28.628.477 francs d'avances de l'Etat ; 1.026.583 francs de réserves des caisses régionales à la fin de 1906, soit 38.730.443 francs au total, alors qu'elles ne disposaient, en 1906, que de 31.045.053 fr.

Le développement des caisses locales affiliées aux caisses régionales a été aussi très sensible. Leur nombre a passé de 1.638 à 2.168, en augmentation de 530. Le nombre des adhérents s'est élevé de 76.188 à 96.192, en augmentation de 20.004. Le capital souscrit s'est augmenté de 1.838.367 francs et le capital versé de 1.299.033 francs.

Les agriculteurs ont donc utilisé en 1907 plus de 70.700.000 francs de crédit provenant des caisses locales des crédits agricoles mutuels, soit près de 14.000.000 de plus qu'en 1906.

Une étude complète sur les moyens de favoriser le « retour aux champs » demanderait un volume. Nous ne pouvons du moins passer sous silence la réforme fiscale et le rapatriement.

Impôts de toute nature, centimes additionnels, prestations, droits de vente, actes notariés tombent dru comme grêle sur le paysan. Il ne saurait acheter ni vendre le moindre lopin de terre sans laisser entre les mains du Trésor ou des hommes de loi une bonne partie de ce qui lui appartient. Les charges qui pèsent sur lui sont trop lourdes. Il faut arriver à diminuer les frais judiciaires et, sinon à supprimer, du moins à ne pas augmenter les impôts sous lesquels il ploie.

La tâche immense du rapatriement incombe aujourd'hui tout entière à l'administration. Autant dire qu'elle n'est assumée par personne. Elle exige, du reste, de si longues formalités qu'elle a perdu son objet quand elle devient possible. Le département en doit supporter les frais, mais c'est à la condition que celui du rapatrié en supporte la moitié. L'un et l'autre rechignent à ces dépenses en apparence stériles. Enfin le rapatriement n'est consenti qu'au profit de l'homme qui peut justifier d'un moyen d'existence dans son pays d'origine. Qui ne voit les difficultés insurmontables, le plus souvent, d'une telle organisation ? Avec un peu d'initiative et beaucoup de bonne volonté, l'administration et les sociétés de province à Paris pourraient rendre efficace le rapatriement. Celles-ci sont en communication constante avec leurs familles et leurs amis des départements, et seraient plus aptes que quiconque à restituer les vrais déracinés au sol accueillant de la terre natale. Un certain nombre de ces sociétés ont, d'ailleurs, ainsi compris leur rôle, parmi lesquelles il convient de citer notamment l'Association vosgienne de Paris[1].

1. Le *Musée Social*, avril 1908. J. Méline. L'assistance publique à Paris et les associations d'assistance des départements.

DEUXIÈME PARTIE

LE PROGRÈS ET LA DÉFORMATION DES IDÉES POLITIQUES ET SOCIALES

CHAPITRE PREMIER

L'ANARCHIE ET L'ANTIPATRIOTISME

I

L'Anarchie

L'anarchie n'est point une notion nouvellement acquise. Les historiens la signalent, aux premiers temps du christianisme, chez plusieurs sectes mystiques du moyen âge, dans la Jacquerie française, chez les anabaptistes allemands du XVIe siècle, chez les puritains anglais du XVIIe. De tout temps, pourrait-on dire, il s'est trouvé dans le milieu social un élément qui refuse l'obéissance aux lois générales, qui s'insurge contre l'autorité de la force, du nombre ou même de la justice, et qui rêve de revenir aux temps primitifs où l'individu ne s'inclinait sous aucune suprématie politique.

Il ne faut donc point, comme le font trop complaisamment les contempteurs du présent, mettre au compte du progrès moderne l'anarchie qui, depuis le dernier siècle, menace les trônes, les institutions et même les placides bourgeois. Il nous appartient, par contre, d'établir quelle influence l'évolution des idées et des principes contemporains a exercée sur le développement de l'anarchie; autrement dit, le progrès augmente-t-il ou diminue-t-il le nombre des révoltés de la société ?

Un coup d'œil sur l'histoire du XIXe siècle nous permet de prévoir la réponse à cette question : ce fut, par excellence, le siècle des exploits anarchiques, si on doit entendre par ce vocable tous les attentats commis sur les souverains, les chefs d'Etat, et aussi sur les particuliers dans un but de terrorisme révolutionnaire, suivant la tactique de Ravachol. D'autre part, cette époque est aussi celle qui voit fleurir une littérature philosophique singulièrement dangereuse pour l'ordre établi : Proudhon, Bakounine, Kropotkine, Reclus, Grave fixent, d'une manière plus ou moins précise, l'état de la société, telle qu'ils la rêvent, libérée des entraves que lui imposent les principes actuels.

Jamais époque ne fut donc plus féconde en propagande anarchiste.

Le fait est indéniable : il y a au moins coïncidence entre, d'une part, l'affranchissement des masses populaires réalisé au XIXe siècle, la conquête des libertés, l'accession difficile et heurtée des démocraties au pouvoir, et, d'autre part, l'extension de l'idée anarchique et de la propagande par le fait.

N'y a-t-il là que coïncidence et ne pourrait-on trouver un rapport plus ou moins précis de causalité ?

Tout d'abord, quelques mots sur la psychologie de l'anarchiste nous permettront de voir ce qu'il a pu emprunter au progrès politique. Qu'il soit intellectuel ou propagandiste, qu'il se borne à un certain dilettantisme de littérature ou qu'il se livre à la confection d'explosifs, l'anarchiste est un déséquilibré du jugement. Faire table rase de la maison pour la reconstruire sans qu'il soit possible d'en modifier les plans, témoigne d'un singulier illogisme. Il suffit évidemment d'un peu de réflexion pour reconnaître qu'en l'état actuel de l'humanité, le système préconisé par l'anarchie n'est pas viable. A supposer que ce système pût recevoir un commencement d'application, il faudrait admettre — c'était l'utopie de Jean-Jacques — que la nature humaine est parfaite, que le beau, le vrai et le bien en constituent les bases fondamentales, que toute idée de haine, de violence, de vol en sera exclue dès l'avènement du régime anarchique. Or rien n'est plus absurde ni moins scientifique. Les travaux des criminalistes témoignent, au contraire, que les mauvais instincts prédominent chez l'enfant (c'est-à-dire, suivant la loi de l'ontogénie, chez l'homme primitif) ; c'est par l'éducation, par le développement social qu'ils font place à de meilleurs sentiments. Lombroso et l'école italienne ont été plus loin : ils ont décrit le criminel-né. Que fera donc l'anarchiste en présence du criminel-né ? Que fera-t-il aussi devant les tares héréditaires, devant les passions souveraines ? L'anarchiste ne connaît rien de l'âme humaine. Il ignore l'amour, la haine, les appétits, les besoins qui jettent l'individu dans la tourmente, le ballottent à leur gré, l'y laissent sans gouvernail, sans frein, sans autre direction que celle tentée par la volonté et le jugement.

Au fond, l'anarchiste est un mystique. Il a la foi. Une foi irraisonnée, comme celle du charbonnier. Il appartient, par conséquent, à cette catégorie de névrosés, de *fous sociaux* qui, à chaque période de l'histoire, ont marqué leur empreinte par des actes extravagants et illogiques. Il est l'héritier des illuminés de la Terreur, des hystériques de Saint-Médard, des démoniaques du XVIIe siècle, des sorciers du XVIe, des envoûteurs du moyen âge, de certaines sociétés vésaniques de l'antiquité. Son mysticisme ne le porte plus vers les choses religieuses, — car il est devenu athée, — mais son cerveau a conservé l'empreinte ancestrale.

Aussi est-il essentiellement latin. Sa terre natale est la terre du mysticisme, l'Italie, l'Espagne, la France, où les conceptions métaphysiques ont préoccupé davantage les esprits que la pratique même de la vie. En France, la métaphysique disparaît lentement du programme de nos discussions, mais certains révolutionnaires qui, au XVIe siècle, eussent été d'admirables inquisiteurs et auraient élevé force bûchers pour le salut de leurs victimes, ont tout conservé de cette mentalité et rêvent le bonheur de l'humanité en accumulant ruines sur deuils.

Exceptionnellement, l'anarchiste est anglo-saxon. L'Anglais est un homme pratique qui ne s'embarrasse point de soucis humanitaires ; l'Allemand se noie dans le déluge des idées générales, mais, en politique, il ne dépasse point les limites de la sage raison, et le mécontent se borne à s'enrôler dans l'armée de la social-démocratie.

Par-dessus les nations germaniques, le Slave tend la main au Latin, car lui aussi est un mystique ; toutefois, son caractère est si éloigné du nôtre qu'en vérité il nous étonne, nous effraie même, par sa singulière complexité ; le Slave est absolu dans ses conceptions politiques, il pousse à l'extrême leur application. S'il appartient à l'autocratie, il jugera légitimes toutes les mesures, même les plus méprisables, pour affirmer la suprématie de sa caste. S'il est rallié à la cause populaire, il ne reculera devant aucune violence, aucun sacrifice pour un résultat souvent aléatoire. Le duel entre les deux partis se poursuit inlassablement, malgré le prix terrible dont ils achètent leurs victoires, dont ils paient leurs défaites. A dire vrai, on ne saurait assimiler à nos anarchistes les terroristes russes qui n'ont pas le choix des moyens et qui sont traqués comme des fauves par l'autocratie menacée. Trahis par de faux frères, vendus par leurs chefs à la solde de la police, arrêtés en masse, emprisonnés, fusillés, ils ne perdent pas de vue le but à atteindre et puisent de nouvelles forces dans les persécutions dont ils sont victimes. Le problème slave est redoutable et sa solution, lointaine sans doute, est bien indécise. Car la société russe ne possède guère de classe moyenne, c'est ce qui a rendu jusqu'à présent stériles les mouvements populaires. Une innombrable armée de moujicks ignorants et superstitieux, une poignée d'intellectuels suspectés, une autocratie redoutable, mais trop peu de bourgeoisie éclairée, telle est la société russe qui se débat dans les convulsions politiques.

Mais elle possède un fonds de mysticisme inépuisable : faut-il rappeler le cortège d'ouvriers conduits par le pope Gapone, le crucifix en main, processionnant dans les rues de Saint-Pétersbourg avec la confiance sereine d'une foi irraisonnée, et qui furent fusillés à bout portant par les troupes impériales ?

En Orient aussi bien qu'en Occident, le mysticisme reste un puissant facteur politique.

Or, ce mysticisme, les progrès de l'instruction le font lentement décroître, mais chez certains individus, notamment chez les anarchistes, il constitue toujours la caractéristique mentale. La science, dont ils se recommandent, aurait dû dessiller leurs yeux ; tout au contraire, elle les aveugle, les imprègne d'un fanatisme singulier. On en trouve la preuve dans ce fait que la plupart des anarchistes sont de faux savants, de faux philosophes.

Partis d'un principe erroné, les anarchistes en poursuivent l'application dans toutes ses conséquences. Comme beaucoup de névrosés, ils restent dans une logique indestructible, et ce serait parfait s'ils ne posaient point une erreur en prémisses. Ils ramènent toutes leurs lectures, toutes leurs acquisitions intellectuelles au cercle étroit de leur logique. Ils interprètent en leur faveur la biologie, l'anthropologie, l'économie politique ; ils en extraient ce qui favorise leur doctrine et méconnaissent le reste. Ils lisent beaucoup, mais seulement les ouvrages où leur mysticisme trouve à glaner.

Les sectaires en chambre s'adonnent volontiers aux études modernes de chimie biologique, de philosophie scientifique, et se targuent d'appuyer sur elles leur système de régénération sociale. Ils ont adopté le matérialisme comme doctrine dirigeante, mais ce sont des cléricaux du matérialisme. Ils ont accueilli l'évolutionnisme de Darwin, de Stuart Mill et même de Spencer, mais ils se flattent de révolutionner l'évolution. Personne n'est moins socialiste que l'anarchiste, puisqu'au lieu de tout subordonner aux besoins de la liberté de chacun, il veut l'épanouissement de l'individualisme jusqu'à la suppression de toute autorité. Ainsi le socialiste et l'anarchiste sont aux deux pôles de la société moderne. S'ils voisinent dans certains congrès, s'ils adaptent parfois les mêmes moyens de lutte, c'est que tous deux sont d'accord sur un point, à savoir que la société moderne est mal faite. De là, une tentative d'union pour en étudier la réforme. Mais sitôt que l'anarchiste et le collectiviste sont en présence, le malentendu éclate, la discussion s'envenime : c'est celle qui brouilla Karl Marx et Bakounine, c'est la même qui sépare toujours les deux partis contempteurs de notre état social.

L'anarchiste présente donc une hypertrophie du besoin de liberté ; ce n'est pas en vain qu'il s'intitule libertaire. Cette exaspération d'indépendance qui n'admet aucune contrainte est symptomatique de son état d'esprit. Aussi peut-on le considérer comme un homme primitif attardé. On sait qu'une société animale présente souvent des échantillons précis de ce que furent ses représentants aux divers stades de son évolution. Il n'est point paradoxal de supposer chez l'anarchiste l'âme d'un farouche préhistorique, n'ayant encore rien concédé de son indépendance pour constituer l'état social, ne donnant et ne demandant rien à personne. Mysticisme et intransigeance libertaire, voilà les deux maillons de la chaîne qui le relie au passé : nul n'est donc moins moderniste, plus réactionnaire au sens propre du mot.

Cependant, il a pu faire du prosélytisme — malheureusement trop fécond! — au cours du XIXe siècle, en dépit que ce fût la grande époque d'émancipation et de progrès. C'est que chaque individu accueille ce progrès, entre dans l'émancipation, sans rien perdre de son caractère, de son tour d'esprit, de ses tares morales, de ses qualités et de ses défauts. Lorsque les trois révolutions françaises de 1789, de 1830 et de 1848 eurent fécondé les ferments sociaux de liberté qui germaient depuis la croisade philosophique du XVIIIe siècle, les révoltés de la société furent aiguillonnés par ces conquêtes progressives; chaque lambeau de liberté arraché au despotisme séculaire leur parut non point une acquisition définitive, mais un simple acompte sur la masse globale de libertés qu'ils entendaient bien offrir à l'humanité. Interprétant faussement les vers de Diderot :

> La nature n'a fait ni serviteurs, ni maîtres,
> Je ne veux ni donner ni recevoir de lois...

ils eurent plus que jamais une foi ardente dans la venue de ce *grand soir* où l'anarchie dresserait l'autodafé de toutes les contraintes, de toutes les conventions sociales. Puis il s'est trouvé qu'au lendemain des journées révolutionnaires, les gouvernements ne supprimèrent que les lois sur lesquelles reposait le despotisme antérieur, mais en ajoutèrent d'autres aux codes et aux obligations de toutes sortes qui pesaient sur les citoyens. Plus se développait l'esprit moderne, plus l'idée républicaine s'affirmait, et plus la solidarité sociale exigeait de sacrifices : aux armées de mercenaires et de volontaires succédait l'armée nationale; un nouvel impôt, et le plus dur, l'impôt du sang, venait se surajouter aux charges anciennes. Et ainsi de tout : contributions plus lourdes pour assurer la défense de la patrie (convention ridicule aux yeux de l'anarchiste) et pour obéir aux besoins impérieux de la solidarité; contraintes policières pour maintenir l'ordre troublé par des grévistes surexcités ou les ennemis du pouvoir;

lois d'hygiène, lois de protection, lois de monopoles, toutes mesures de plus en plus restrictives de cette liberté que les anarchistes proclament intangible !

Par là s'explique comment, en pays républicain, l'anarchiste s'exaspère ; il assiste à la déroute de ses chimériques espérances ; les nouvelles libertés octroyées aux citoyens, liberté de pensée, de conscience, d'association, de presse, ne sont, à ses yeux, que des moyens pour continuer sa propagande. Ce farouche ennemi de l'ordre légal sait fort bien emprunter aux lois existantes tout ce qui peut favoriser son action. Il publie des tirades enflammées, fait appel aux pires violences, glorifie les régicides, use et abuse de son droit de poursuivre la croisade libertaire, et se considère comme un martyr auréolé si la justice lui demande compte des conséquences de sa propagande. En définitive, cet anarchiste en chambre, ce libertaire de la littérature et du journalisme est funeste au corps social, car c'est lui qui arme la main du propagandiste par le fait.

Avec celui-ci, nous abordons un autre type d'anarchiste, le plus redouté de la foule, car il symbolise l'anarchie agissante. Toutefois, entre l'intellectuel et lui, se place une catégorie intermédiaire, celle des snobs en quête d'originalité plus ou moins extravagante et dont Zola a tracé dans *Paris* un portrait si vécu.

Mystique, le propagandiste par le fait l'est aussi, mais à un degré moindre, toutefois, que l'anarchiste intellectuel. Il s'inquiète moins du bonheur de l'humanité, est beaucoup plus personnel, plus individualiste, plus égoïste, en un mot, que son frère supérieur. Il s'imagine cependant que les choses iront mieux lorsqu'il aura supprimé quelques bourgeois ou quelque grand de ce monde. Il appartient à la clinique mentale qui a pu définir et délimiter sa névrose spéciale.

Chez lui, on trouve cette hypertrophie du moi, cet égotisme outrancier qui le fait se considérer volontiers comme le centre de l'évolution. En raison de cette caractéristique psychique, il est d'une vanité démesurée : Erostrate fut, dans son genre, un anarchiste. Enfin, c'est un persécuteur, doublé d'un ambitieux. Dans son excellente monographie des régicides, le professeur Régis, de Bordeaux, les décrit ainsi : « Des dégénérés à tempérament mystique qui, égarés par un délire politique ou religieux, compliqué parfois d'hallucinations, se croient appeler au double rôle de justiciers et de martyrs, et, sous l'empire d'une obsession à laquelle ils ne sont pas libres de résister, en arrivent à tuer un grand de la terre, au nom de Dieu, de la patrie, de la liberté ou de l'anarchie. »

Le distingué psychiatre nous les montre ensuite, entachés d'une lourde hérédité, d'une intelligence mal pondérée (ils le prouvent par l'illogisme de leur raisonnement), porteurs de stigmates manifestes (malformations craniennes, strabisme, anomalies des oreilles, etc.). En outre, la plupart sont jeunes, et la précocité des accidents est une des principales caractéristiques des psychoses chez les dégénérés.

Ainsi l'anarchiste de fait, s'il n'est pas le criminel-né de Lombroso (théorie vivement combattue en France), est néanmoins un malheureux aliéné qu'une prédication maladroite a orienté vers le crime politique : fanatique, vaniteux, immolant volontiers sa vie et celle d'autrui pour l'auréole du martyr, il verserait dans un ordre différent de folie s'il n'avait point, pour le stimuler, les apôtres intellectuels. Il deviendrait un banal persécuté, attribuant à un membre quelconque de son entourage, à son médecin, à la police, aux jésuites, aux francs-maçons, etc., ses malheurs imaginaires. La littérature anarchiste aiguille ses ressentiments et son besoin de vengeance soit sur les dirigeants, soit sur la société tout entière. Le « Crève donc, société ! » devient alors le principe de sa vie[1].

Toutefois, il n'est point forcément, comme l'admet M. Régis, un isolé, un solitaire qui rumine son coup en silence comme un persécuté classique. « Avec une mentalité de ce genre, écrit M. Régis[2], on s'explique comment les régicides sont presque toujours *seuls* à méditer, à préparer, à accomplir leurs forfaits, ne voulant en partager le mérite et l'honneur avec personne. Chaque fois, dans le cours des siècles, on a absolument voulu leur trouver des complices, et ce

1. « Quant à la forme de cette psychose, c'est un mysticisme héréditaire, un véritable délire qui se traduit par la *croyance à une mission à remplir*. — Ainsi, *Poltrot* blesse à mort le duc de Guise pour ôter de ce monde un ennemi juré du saint Evangile et gagner le paradis par cet acte ; *Balthazar Gérard* tue Guillaume de Nassau pour être un athlète généreux de l'Eglise romaine et devenir bienheureux et martyr ; *Ravaillac* assassine Henri IV pour l'empêcher de faire la guerre au pape et de transporter le Saint-Siège à Paris ; *Damiens* égratigne Louis XV de son canif pour l'avertir de remettre toutes choses en place et de rétablir la tranquillité dans ses Etats ; *Henri L'Admiral* et *Charlotte Corday* frappent Collot d'Herbois et Marat pour sauver la République ; *Louvel* assassine le duc de Berry avec l'idée de délivrer successivement la France de tous les Bourbons ; *Guiteau* tue le président Garfield « par suite d'une nécessité politique et par passion divine » ; *Aubertin* tire sur Jules Ferry pour supprimer le mauvais génie de la France, etc. » LOMBROSO. *L'anthropologie criminelle et ses nouveaux progrès*. Alcan, 1891.

2. RÉGIS. *Traité de psychiatrie*, 3e édition.

qui se passe de nos jours à cet égard pour Caserio, Luccheni, Brescia et Salsou est exactement ce qui s'est passé autrefois pour Jacques Clément, Jean Châtel, Ravaillac et Damiens. En réalité, il a toujours fallu reconnaître que le régicide était, par sa nature même, un solitaire qui n'avait ordinairement ni complice, ni confident, même dans sa plus immédiate intimité. »

L'argument, à notre avis, ne doit pas être généralisé. Il est possible que certains régicides soient des isolés. Mais ce n'est point une loi nécessaire. Le fanatique religieux ou politique est suggestionné par la lecture des pamphlets et diatribes des intellectuels ; il recherche la société d'individus présentant les mêmes besoins de vengeance ; son idéal s'exalte dans les conversations, les réunions qui prennent rapidement des allures de complot. De l'ensemble de tous ces détraqués, se dégage bientôt une folie collective. Lasègue, Falret, Legrand du Saulle ont décrit la *folie à deux*. On peut aussi bien admettre la *folie multiple*, d'autant que les exemples ne sont point rares. L'antiquité n'a-t-elle point connu des vésanies sociales qui s'abattaient sur des populations entières terrorisées par la superstition, le fanatisme, la crainte de l'au delà ? Une réunion d'anarchistes rassemble précisément un certain nombre de persécutés présentant la même forme d'idées délirantes ; on conçoit donc que leur idéal commun se concrète bientôt en un projet nettement défini : l'assassinat d'un chef d'Etat, la bombe jetée au milieu d'une foule, dans telle circonstance donnée.

Au reste, l'histoire confirme cette hypothèse. Ne savons-nous pas que certains souverains ont été condamnés à mort dans un congrès d'anarchistes et que ceux-ci ont tiré au sort celui d'entre eux auquel écherrait le périlleux honneur d'exécuter le projet? Faut-il rappeler, pour n'en citer qu'une parmi les associations d'anarchistes, la Main-Noire qui sema la terreur en Espagne, voici une vingtaine d'années? Evidemment, ses adeptes ne furent point des régicides. Mais doit-on séparer, dans le cadre psychologique, les régicides des propagandistes par le fait, jetant leurs bombes au milieu d'une foule? Tous procèdent de la même méthode, offrent une mentalité identique, appartiennent au même titre à la clinique névropathique.

Contre ces révoltés, le progrès ne peut rien. Il poursuit sa marche ascendante en laissant derrière lui une quantité d'inadaptés parmi lesquels se recrutent les anarchistes de pensée ou d'action. Peut-être même, en raison de sa marche rapide, des espérances qu'il fait naître, du bonheur idéal qu'il laisse entrevoir à l'horizon de l'avenir, peut-être même augmente-t-il cette armée de mécontents, d'impatients qui veulent lui faire tenir plus qu'il ne promet.

Par contre, s'il est impuissant à calmer leur élan, les anarchistes trouvent dans ses conquêtes scientifiques de nouveaux aliments pour assouvir leur haine de la société, de la légalité, de l'autorité. Ils lui arrachent le secret d'explosifs terribles, dont les peuples apprennent expérimentalement les effets non point en les utilisant pour défendre leur pays, mais en pleurant les morts, en relevant les blessés fauchés par les attentats anarchistes. Parmi les propagandistes par le fait, se trouvent des jeunes gens qui ne suivent les cours de chimie des Facultés que pour se perfectionner dans la science des explosifs.

La *Gazette de Sofia* racontait, voici quelques années, que les Macédoniens conservaient précieusement des bouteilles contenant des bacilles pesteux, afin de déchaîner une formidable épidémie sur toute la Turquie d'Europe. Lors de l'assassinat à coups de revolver d'un ministre russe, on eut l'idée d'examiner les balles restées dans le barillet de l'arme ; on constata qu'elles avaient été préalablement trempées dans une culture virulente de streptocoques, afin d'infecter la plaie et de la rendre à coup sûr mortelle. Les savants de laboratoire qui, pour la première fois, isolèrent le bacille de la peste et le streptocoque étaient loin de se douter que cette découverte pourrait servir des projets homicides.

Ainsi la science est parfois une arme à deux tranchants, tout comme le progrès...

II

L'antipatriotisme

Si la névrose anarchique n'est point, à proprement parler, issue de l'évolution de ces derniers lustres, puisque aussi bien elle est inhérente à la constitution sociale, par contre, l'antipatriotisme, forme à peine atténuée d'anarchie, n'a commencé à se préciser qu'au cours du XIXe siècle. C'est sur la terre de France que cette plante toxique a le plus vigoureusement poussé, et cet essor inquiétant tient non pas à ce que notre pays lui offre un terrain préparé, mais tout simplement à ce que notre régime de libre discussion a permis la propagande criminelle des antipatriotes.

Mais on ne saurait oublier que la France, qui fut et est encore le pivot de l'évolution mondiale, a, la première entre toutes les nations, précisé et défini l'idée moderne de patrie. Sous l'ancien régime, la patrie, ce n'était que la terre emportée par le souverain à la semelle de ses bottes, c'était la chose du roi. Sauf de rares exceptions historiques, le peuple n'avait alors conscience ni des destinées de sa race, ni de ses besoins. Dans le cœur des braves, le sentiment de l'honneur était le seul mobile qui dictât des actes d'héroïsme. A tout bien considérer, Jeanne d'Arc fut peut-être la seule âme véritablement patriote au sens où nous entendons aujourd'hui ce vocable, et nos grands hommes de guerre, Condé, Turenne, ont porté leurs armes contre la France sans que, vivants, leur prestige en fût atteint et, morts, leur gloire entamée.

C'est la Révolution qui a fixé le sentiment patriotique ; c'est elle qui a insufflé au cœur de tous les citoyens cet ardent amour d'un symbole. Au surplus les soldats de Valmy et de Jemmapes étaient non seulement emportés par cet unanime élan patriotique, mais aussi stimulés par la crainte de retomber, vaincus, sous le despotisme. Chez eux donc, le patriotisme est à la fois symbolique et pratique. A cette idée cependant se rattache aussitôt la notion de devoir, et la désertion qui, sous Louis XIV, était un péché véniel devient un crime inexpiable quand Dumouriez passe à l'ennemi. Dès lors, la patrie moderne est constituée et le devoir patriotique défini.

Les guerres du premier Empire ne font qu'exalter l'enthousiasme patriotique. Mais lorsque après la tourmente le calme revint, que les poètes et surtout les philosophes purent à nouveau faire entendre leurs voix, une parole nouvelle surgit et sonna étrangement dans cette France qui, depuis vingt ans, retentissait du cliquetis des armes. Cette parole prêchait non point l'antipatriotisme, mais ce que M. Faguet définit justement le patriotisme international, la fraternité des peuples, l'amour de l'humanité, la suppression des frontières. Lamartine s'écriait alors :

Nation, mot pompeux pour dire barbarie,
L'amour s'arrête-t-il où s'arrêtent vos pas ?
Déchirez ces drapeaux ; une autre voix vous crie :
L'ignorance ou l'erreur a seule une patrie.
La fraternité n'en a pas.

Toutefois, l'Allemagne nous avait précédés dans ce mouvement philosophique humanitaire. Schiller, dès 1784, déclarait : « J'écris comme un citoyen du monde qui ne sert aucun prince. J'ai de bonne heure perdu ma patrie pour l'échanger contre le vaste univers que je n'avais vu qu'à travers mon télescope. » Lessing professait la même opinion : « La réputation de patriote est la dernière que j'ambitionnerais, si le patriotisme devait m'apprendre à oublier que je dois être un citoyen du monde... D'une façon générale, je n'ai du patriotisme aucune idée. » Herder renchérit sur Lessing : « Qu'est-ce qu'une nation ? Un grand jardin sans culture, plein de bonnes et de mauvaises herbes. Qui voudrait prendre en bloc la défense de cette multitude où les vices et les sottises se mêlent aux mérites et aux vertus ? Quel Don Quichotte irait rompre des lances pour cette Dulcinée contre les autres nations[1] ? » Les désastres de la Prusse sous Napoléon n'excitent point davantage le patriotisme des philosophes. Hegel et Gœthe restent indifférents au désastre d'Iéna. La paix de Tilsitt,

1. *Cf.* à ce sujet, JEANNE ET FRÉDÉRIC RÉGAMEY, *L'Allemagne à cheval*, d'où ces citations sont tirées.

en 1807, qui enlevait à la Prusse la moitié de son territoire et de ses habitants, semblait devoir assurer l'écroulement du royaume de Frédéric-Guillaume III. Sur les ruines du passé, le sentiment national se réveilla. Le souverain comprit que, pour sauver sa dynastie et son pays, il fallait gouverner avec la nation, transformer sa monarchie absolutiste et féodale en un Etat moderne. L'abolition du servage et des privilèges, la liberté de l'industrie et du commerce, la sécurité des personnes et des biens, toutes réformes d'essence purement révolutionnaire, contribuèrent à créer entre toutes les classes de la société prussienne des intérêts communs ; comme en France, en 1792, le patriotisme naquit des nouveaux principes de liberté, de solidarité nationale. Une âme unique anima le corps social. Pendant soixante ans, l'idée de revanche germa, grandit, domina : 1870 vengea 1805.

Il n'est point inutile de rappeler cette lente évolution allemande ; la leçon d'Iéna apprit à la Prusse que les peuples qui prêtent une oreille trop complaisante à l'humanitarisme des philosophes expient cruellement cette utopie. Le rêve du sentiment national allemand ne peut prendre corps que dans une nation où tous les éléments participent au gouvernement du pays, où l'autorité du pouvoir sert à assurer la liberté des individus.

En France donc, le mouvement international, vaguement indiqué par Lamartine, se précisa rapidement sous l'influence des républicains de 1848. Ceux-ci, imprégnés des idées de justice mondiale, de droit international, furent les premiers à considérer la guerre comme un reste de barbarie, mais ils n'entendaient pas, toutefois, que l'on touchât à l'intégrité de la patrie. Le second Empire, par principe, par définition, fut militariste et belliqueux et nous conduisit à Sedan. La troisième République, d'abord chauvine en raison des espoirs de revanche, devint peu à peu pacifique. Bientôt se développèrent dans les cerveaux théoristes et simplistes le pacifisme, l'antipatriotisme mystique et l'antipatriotisme anarchiste.

Ce sont là trois modalités différentes du même principe : la nécessité de la paix, l'horreur de la guerre. Là est leur seul point commun, car leur tactique, leurs moyens sont différents.

Cependant, il convient de faire une place à part à l'arbitrage international qui n'est ni l'antipatriotisme ni même le pacifisme en tant que pacifisme organisé. L'arbitrage, que nous considérons volontiers comme un principe tout à fait moderne, est, en réalité, aussi vieux que la civilisation, mais c'est d'aujourd'hui seulement qu'il est entré en application pour résoudre les litiges entre nations. Toutefois, il n'est pas mauvais de rappeler qu'en 1493, le pape Alexandre VI Borgia arbitrait un différend entre Espagnols et Portugais se disputant les terres du nouveau monde ; que, sous l'antiquité même, Rome avait ses féciaux, et la Grèce ses assemblées amphyctioniques qui présentaient de grandes analogies avec les cours suprêmes d'arbitrage de notre époque. Ce qui prouve bien que l'idée de justice n'a point attendu vingt siècles et plus pour pénétrer les peuples.

Mais c'est au cours du XIXe siècle que la notion d'arbitrage prend réellement corps : le conflit de l'Alabama, entre l'Angleterre et les Etats-Unis, solutionné à l'amiable par la sentence de Genève en 1872, est sans doute le premier litige sérieux qui n'ait pas été réglé par le sort de la guerre. Les nations intéressées avaient enfin tenu compte du vœu émis au Congrès de Paris de 1856 (23e protocole) demandant que les Etats entre lesquels s'élèveraient un dissentiment sérieux, avant d'en appeler aux armes, eussent recours aux bons offices d'une nation amie. Puis les deux conférences de la Haye consacrèrent, d'une façon solennelle, le principe nécessaire de l'arbitrage. Récemment enfin, la France et l'Allemagne, bien que cette dernière ait refusé de signer le protocole de la Haye, résolurent de soumettre à une juridiction internationale le sérieux conflit qui s'était élevé entre elles à propos de l'affaire des déserteurs de Casablanca.

Ainsi compris, l'arbitrage est fécond. Il ne fait pas litière du patriotisme ; il n'est point non plus un agent d'énervement et d'affaiblissement des forces vives de la nation. Cependant, le parti des bellicistes lui est encore hostile. Ardents contempteurs du progrès, ils se rient de ces manifestations qu'ils prétendent stériles et dangereuses, sous prétexte qu'elles peuvent endormir le pays dans une fausse sécurité. Il y a dans leur esprit une équivoque habilement entretenue.

Ils confondent patriotisme et bellicisme ; ils rêvent d'une France plus grande, non point par son génie, par ses arts, par ses savants, par son influence mondiale, par son émancipation sociale, par le rayonnement universel de sa civilisation ; non : ils la veulent plus grande par son territoire, plus puissante par son armée, plus redoutée par ses victoires ; ils veulent, en un mot, que, par la force, elle reprenne et conserve sa suprématie européenne.

Il existe donc deux patriotismes, de même qu'il existe deux jeunesses, suivant le mot de Waldeck-Rousseau, lesquelles s'assimilent, d'après leurs origines, ces deux modalités du patriotisme. Ici encore, nous touchons au grave problème de la société française.

D'une façon générale, celle-ci est divisée en deux classes qui se rencontrent et se heurtent sur le terrain politique, électoral, social. L'une est tournée vers l'avenir, croit au progrès, au bonheur, à un lendemain meilleur, à une humanité épurée ; l'autre, contemptrice du présent, n'a d'admiration que pour le passé, en raison sans doute des privilèges que ses aïeux possédaient et qu'ils n'ont point su lui transmettre. La première se réclame du principe de liberté, la seconde du principe d'autorité. En ce qui concerne le patriotisme, la première prétend que la meilleure façon d'aimer son pays c'est de lui conserver la paix ; la seconde, c'est de lui rendre l'hégémonie de la force.

L'arbitrage, fondé sur le principe de la justice, constitue évidemment la solution idéale des conflits internationaux. L'hégémonie de la force ne prouve rien contre le droit pas plus que le duel ne règle équitablement la querelle de deux individus. Mais il faut se garder de toute utopie chimérique et se rappeler, même et surtout en matière de politique extérieure, que les peuples, les races ont leurs rivalités, leurs antipathies, leurs haines. Le tort de bien des sociologues, comme de beaucoup de philosophes, est de considérer l'homme comme un être parfait qui acceptera d'une sentence arbitrale ce qu'elle peut comporter de fâcheux pour son amour-propre. Et puis, cette sentence juridique, quelle autorité, quelle force pourra l'imposer à un récalcitrant ? Les décisions de la justice n'ont de poids que parce que leur exécution s'appuie sur des moyens de coercition. Un jour viendra, dans le cours des siècles, où une nation, ayant perdu son procès devant la cour d'arbitrage, refusera de s'incliner. Faudra-t-il donc lui déclarer la guerre pour lui imposer la décision pacifique du tribunal ?

Certes, l'arbitrage est appelé à rendre de nombreux bienfaits. Toutefois, en dépit des juristes internationaux, de nombreuses guerres ont ensanglanté le monde au cours des dernières années : guerres gréco-turque, hispano-américaine, russo-japonaise. Ce qui prouve que le règne de la concorde, de la justice entre peuples ne peut se fonder sans heurts, sans reculs, sans déroutes même. L'évolution ne procède point par une marche lente et progressive, mais par oscillations dont le graphique rappelle celui de la température d'un fiévreux.

C'est plutôt sur la crainte de la guerre que s'instaurera le régime de la paix. La mobilisation armée nécessite aujourd'hui tant d'efforts, tant de sacrifices d'hommes et d'argent que les peuples, appelés enfin à manifester leur opinion, hésitent à recourir aux armes pour un *casus belli* qui ne menace pas directement leur indépendance. Pour qu'une guerre soit populaire, pour qu'elle puisse soulever l'élan unanime de la nation, exception faite des hervéistes, il faut qu'elle soit défensive. Il est vrai qu'il est si facile de placer un pays devant une situation inextricable, devant un péril imminent ! La falsification de la dépêche d'Ems prouve que les hommes d'Etat ont plus d'une ruse pour acculer une nation au conflit armé.

Raison sérieuse pour se garder des utopistes qui, dans leur idéal de fraternité universelle, réclament la diminution de nos forces armées, le désarmement partiel en attendant le désarmement total de notre pays. Ces mesures ne peuvent être envisagées pratiquement que si elles sont simultanément acceptées et exécutées chez tous les peuples civilisés. Ici encore, il faut tenir compte des imperfections morales de la nature humaine. L'histoire renferme de nombreux exemples de violation de traités, notamment des clauses stipulant le démantèlement de places fortes. Le désarmement général rencontre encore des difficultés qui le rendent impossible, et les pacifistes qui rêvent de l'ère nouvelle où les peuples auront relégué dans les musées tous leurs engins de destruction sont des utopistes dangereux. Ils sont impuissants à convertir à l'Evangile de la bonté la nature humaine et, d'autre part, ils offrent une excuse facile à toutes les manifestations de la lâcheté, à tous les refus du devoir patriotique.

Leur impuissance ? Mais elle est flagrante : jamais l'Europe n'a plus retenti du cliquetis des armes ; jamais elle n'a tant entendu parler de poudre sèche et d'épées aiguisées. Pas une conquête de la science qui ne soit accaparée aussitôt pour accroître la force armée d'un pays. La chimie découvre-t-elle un explosif nouveau, un alliage résistant ? C'est l'artillerie qui s'en empare. L'aéronautique parvient-elle à construire dirigeables et aéroplanes ? C'est l'armée qui bénéficie aussitôt du nouveau mode de communication. Sur mer, les constructions navales, l'entretien des flottes de plus en plus puissantes absorbent des budgets formidables. Par là, se démontre bien que l'idée pacifiste, loin de pénétrer les gouvernements, leur reste étrangère et leur apparaît utopique.

Par contre, le pacifisme n'est point sans exiger une lourde rançon de ses adeptes. Faibles acquisitions d'un côté, pertes considérables de l'autre. Il a pour conséquence inéluctable l'avachissement des caractères ; il incite à la veulerie, il instaure le régime de la peur des coups. En attribuant à l'existence humaine une valeur inestimable, il amollit les âmes les mieux trempées. C'est un danger national.

Notre politique extérieure s'en ressent. On dit à l'étranger que la France ne veut pas la guerre, qu'elle la redoute comme une plaie. On dit aussi que nous sommes, *à tout prix*, attachés à la paix. La République vient récemment de montrer l'exagération de cette opinion peu favorable. Mais un examen approfondi de notre histoire contemporaine nous montre qu'elle renferme une certaine part de vérité. La peur peut devenir un système de gouvernement dont M. Clemenceau a nettement pressenti les dangers : « Il n'y a pas de meilleur moyen, écrivait-il au moment de la conférence d'Algésiras, d'engager la partie adverse à demander toujours davantage. Tout homme ou toute puissance, dont l'action consiste à céder, ne peut aboutir ainsi qu'à se retrancher de l'existence. Qui vit, résiste ; qui ne résiste pas, se laisse dépecer en morceaux[1]. » M. Georges Sorel, dans ses *Réflexions sur la violence* va plus loin : « Une politique sociale, fondée sur la lâcheté bourgeoise qui consiste à toujours céder devant la menace de violence, ne peut manquer d'engendrer l'idée que la bourgeoisie est condamnée à mort et que sa disparition n'est plus qu'une affaire de temps. » M. Sorel fait ici allusion aux capitulations successives de la classe bourgeoise devant les violences prolétariennes. Mais on peut appliquer sa méthode de raisonnement à la politique extérieure et conclure que la nation qui abdique toujours est fatalement condamnée.

1. *Aurore*, 15 août 1905.

Donc, pas de paix *à tout prix*. Mais la paix honorablement maintenue sur l'évocation du droit et de la justice avec, pour soutenir ce droit, une force suffisante à répondre aux attentats de voisins ambitieux.

***

Parfois, le pacifisme devient chez certains exclusif, absolu, non point par lâcheté, mais par mysticisme philosophique. Ce mobile moral peut exalter l'individu jusqu'à lui faire admettre l'amputation, la disparition de sa patrie. C'est le type du pacifiste résigné, disciple de Tolstoï, qui préfère être frappé que frapper. Doux rêveur de fraternité universelle que rien ne peut désabuser. Chez lui encore, nous trouvons cet humanitarisme cher à l'anarchiste. Mais tandis qu'au nom de cet humanitarisme, l'anarchiste prêche la violence, le résigné exalte la beauté du sacrifice. Tant pis si la patrie succombe dans un duel où elle ne voudra pas se défendre. M. Naquet s'en console en pensant qu'elle ne périrait pas tout entière. « Sous l'apparence de la mort, elle serait immortelle. Elle demeurerait comme une étoile polaire dans la mémoire des hommes et son sang ne tarderait pas à lever pour le bonheur de l'humanité [1]. »

Singulière névrose, évidemment, que ce masochisme original, cette joie du sacrifice en vue d'un résultat très problématique, cette immolation de la patrie au bonheur hypothétique de l'humanité! Mais, faisant abstraction de ce que cette théorie peut avoir d'odieux pour notre amour-propre national, il suffit de réfléchir un instant pour s'apercevoir que le sort

1. Cité par M. FAGUET, dans *Le Pacifisme.*

d'une France immolée sans coup férir à son envahisseur serait autrement terrible que celui de la patrie vivante opposant à de cupides ambitions la résistance de son armée. Car, enfin, si la France conquise se trouvait annexée, est-ce que les rêveurs du bord de M. Naquet seraient dispensés par le vainqueur des lourdes obligations qu'il imposerait au vaincu ? Est-ce qu'ils échapperaient au joug pesant du conquérant, est-ce qu'ils élueraient le service militaire de leur nouvelle nationalité ? Est-ce qu'ils ne seraient pas contraints de défendre leur nouvelle patrie après avoir refusé de sauver celle de leurs pères ?

Ce raisonnement par l'absurde devrait convaincre les mystiques du danger de leur méthode. Mais rien ne touche un mystique, qu'il soit religieux, humanitaire ou anarchiste. La nécessité de la notion de patrie lui échappe entièrement. Nécessité non point sentimentale, comme on pourrait le croire, mais réfléchie et pratique. Dans l'état actuel des choses, si nous ne sommes plus Français, nous serons Allemands, Anglais, Italiens ou autre chose ; nous troquerons notre nationalité contre une autre, mais nous en aurons toujours une.

Or, il est facile de démontrer à un Français qu'il a plus d'avantages à rester Français qu'à devenir la proie d'un conquérant. D'abord parce qu'il jouit dans son pays de la plus grande liberté, d'un régime de discussion dont il serait entièrement privé en état d'annexion ; la liberté n'existe point sans l'indépendance. Ensuite parce que, qu'il le veuille ou non, un citoyen est adapté par son hérédité, par ses mœurs, par son caractère, par sa conception de la vie au génie même de sa patrie. Transplantez-le ailleurs, c'est un déraciné ; annexez-le à une autre nationalité, il lutte, bon gré mal gré, pour ne rien perdre de la sienne propre, pour propager sa langue maternelle, ses idées philosophiques, sa littérature, ses arts, son génie en un mot. L'histoire de la Pologne démembrée par trois puissances, de l'Alsace-Lorraine germanisée depuis trente-huit ans prouve surabondamment que cette fidélité, cette persistance à se rattacher au passé sont plus qu'une affaire de sentiment, plus aussi qu'une affaire d'intérêt : atavisme peut-être, traditionnalisme sans doute, mais le fait est là, témoignage irréfutable que dans la société d'aujourd'hui l'idée de patrie est liée à l'idée de liberté et de vie sociales.

— Mais, dira-t-on, ce ne sera pas là la société future ; renversons d'abord les barrières, supprimons les frontières, désarmons les soldats. — Nous touchons donc ici à la question, souvent remise sur le tapis, de la fédération des Etats-Unis d'Europe. Le rêve est beau, mais combien lointaine sa réalisation, et que de lendemains, de surlendemains incertains, que d'orages internationaux, que de conflits, que de guerres sans doute avant que, dans une étreinte fraternelle, tous les peuples, secouant la poussière du passé, renversant tous les trônes, abolissant toutes les frontières, s'unissent dans une fédération commune ! Ici encore, les sociologues à courte vue font bon marché de tout ce qui constitue le patrimoine même d'une race, d'un peuple : ses traditions ataviques, son génie, ses mœurs, ses coutumes, ses lois, sa conception de la famille, son mode d'existence subordonné à des conditions géographiques, géologiques, climatériques, sa langue enfin, qui est l'image même de sa personnalité. L'unité d'un pays se reconnaît à l'unité de sa langue ; les divisions d'un pays sont en raison de la multiplicité des dialectes : c'est pourquoi, en France, on interdit aux curés de Bretagne et du Nord de prêcher et de catéchiser en breton et en flamand ; c'est pourquoi l'empire d'Autriche-Hongrie, où l'on parle allemand, hongrois, polonais, slave, roumain, tchèque, italien, etc., n'est qu'un agglomérat de peuples sans nationalité commune.

La fédération européenne verra peut-être le jour, mais notre siècle sera depuis longtemps entré dans l'histoire. D'ici là, tout en proclamant la souveraineté sacrée de la justice, tenons la France prête au service du droit, à la défense de la patrie que nous ne pouvons, sous peine de suicide, laisser disparaître.

Ainsi, le pacifisme mystique peut conduire aux pires catastrophes. Il ne se rencontre guère que chez quelques illuminés (comme ces recrues qui refusent de toucher une arme homicide) et les philosophes *tolstoïsants* qui se gardent bien, d'ailleurs, de préciser leur tactique. Le même Alfred Naquet, qui verrait sans douleur sa patrie offerte en holocauste au bonheur de l'humanité, est le plus terrible des bellicistes, le cas échéant : « Ceci n'implique pas, dit-il, que, le jour où les despotes répondraient à notre acte de confiance et de fraternité par l'envahissement de nos frontières, je fusse pour une résignation à la Tolstoï ; ce jour-là, j'estime que nous aurions le devoir de résister jusqu'au dernier homme, fût-ce dans une guerre au couteau, et que plus nous aurions fait preuve d'abnégation, plus nous serions autorisés à nous montrer implacables. »

***

Ce n'est point là l'avis des hervéistes antipatriotes qui professent que la patrie est une entité absurde, une conception aristocratique au service du capitalisme, et que le prolétaire est berné depuis des siècles par les bourgeois qui lui insufflent un chauvinisme dont il fait tous les frais. Ici, point de mysticisme, point d'humanitarisme, mais une violente explosion de révolte contre une obligation sociale, une nouvelle conséquence de l'égoïsme contemporain qui revendique tous les droits et n'admet aucun devoir. L'hervéisme est la dernière manifestation de cet égotisme individuel. Plus de sacrifices, joyeusement ou tristement acceptés, plus de guerre entre peuples, mais la guerre entre classes.

Il dit à l'ouvrier : « Pourquoi te faire trouer la peau sur le champ de bataille? Quel bien as-tu à défendre? Aucun. Que t'importe d'être Français ou Turc? Tu seras toujours un prolétaire, à moins qu'un nouvel ordre social ne vienne se substituer à notre société pourrie, et tu trimeras toujours pour un maigre salaire. Le capital, le bourgeois, les dirigeants, voilà tes ennemis. Si une guerre éclate, prends le fusil qu'on te donne pour le tourner contre les exploiteurs de ta misère, et laisse l'étranger envahir ton pays. »

Raisonnement absurde, mais séduisant pour l'ouvrier dont il flatte les rancunes et la jalousie. Il est pourtant facile de lui démontrer que défendre sa patrie, ce n'est pas seulement défendre sa maison, quand on en possède une. L'hervéisme repose sur une notion absolument fausse du patriotisme. A celui-ci n'est point seulement attaché un domaine matériel; son domaine moral, constitué tout d'abord par l'ensemble des libertés nationales, n'est pas moins précieux et mérite tous les sacrifices consentis pour sa sauvegarde. L'ouvrier, sur le champ de bataille, ne défend point sa maison, son champ, sa forme, il défend ses libertés : et c'est un bien qui doit lui être cher, si on en juge par l'empressement qu'il met à en user, à en tirer le maximum de profits.

En réalité, l'hervéisme, c'est la révolution sociale en action. Il fait espérer à ses adeptes un avenir prochain où, la guerre civile venant se surajouter à la guerre étrangère, la bourgeoisie capitaliste sera étranglée entre les deux pinces de cet étau et devra céder la place au socialisme intégral. Ici encore, raisonnement illogique; l'objection, opposée aux mystiques pacifistes, partisans de la paix à tout prix, se retrouve avec toute sa valeur. Si jamais la classe ouvrière refusait d'obéir à la mobilisation, proclamait à ce moment la grève générale et l'insurrection, les armées étrangères verraient leur tâche singulièrement facilitée, et l'envahisseur vainqueur pourrait d'autant mieux imposer son joug ; le prolétaire n'aurait fait que changer de bourgeois et de maîtres.

Les promoteurs du mouvement hervéiste ne s'y trompent point, mais ils échafaudent tous leurs espoirs sur la violence. Et quand un sociologue, comme M. Georges Sorel, tente de moraliser la violence, quand il déclare : « Nous avons le droit d'espérer qu'une révolution socialiste poursuivie par de purs syndicalistes ne serait point souillée par les abominations qui souillèrent les révolutions bourgeoises », il ne se permet ni plus ni moins qu'une froide plaisanterie. L'application des préceptes hervéistes à l'heure particulièrement grave où la France serait en danger serait le signal d'*abominations* autrement terribles que celles de 1793.

D'abord parce qu'à cette minute critique où la bourgeoisie se verrait en lutte avec l'envahisseur et trahie par les meneurs de l'antipatriotisme, ceux-ci pourraient bien passer un mauvais quart d'heure. S'il est vrai que, par indifférence, par veulerie même, peut-être aussi par snobisme libertaire, elle ait laissé la propagande hervéiste mûrir ses fruits empoisonnés, elle prendrait, au jour voulu, conscience du danger et se laisserait entraîner à un mouvement de colère contre les hervéistes. Et quand elle serait sur cette pente, qui sait où elle s'arrêterait ? C'est pour cette raison, sans doute, que l'opposition royaliste, tout en vitupérant contre l'antipatriotisme, ne dédaigne pas, en temps d'élection, de flirter avec ses militants, à seule fin de renverser le régime abhorré.

La conséquence politique de l'hervéisme, c'est l'excitation à la guerre sociale ; au reste, ses apôtres ne cachent pas que l'antipatriotisme n'est qu'un moyen, et non un but. Cependant, cette campagne, dont on ne s'est point suffisamment inquiété, a déjà produit de fâcheux résultats en France ; avant Hervé, l'antipatriotisme restait purement philosophique et spéculatif ; avec lui, il est agissant et menaçant. Ses effets se sont déjà fait sentir sur le contingent de l'armée.

L'année dernière, le ministre de la Guerre exposait à la tribune de la Chambre dans quelle proportion insolite croissait chaque année le nombre des insoumis et des déserteurs :

En 1898.	1.904	déserteurs	4.678	insoumis
En 1904.	2.316	—	4.737	—
En 1905.	2.674	—	7.807	—
En 1906.	3.078	—	10.480	—
En 1907.	3.437	—	10.630	—

La statistique de 1908 dépasse les précédentes (plus de 16.000 insoumis et déserteurs d'après les chiffres fournis par la Préfecture de police). Or il est incontestable que c'est à la campagne antimilitariste que nous devons cette formidable armée de rebelles au service militaire. Situation alarmante qui compromet gravement notre sécurité : si on envisage, d'une part, que la dépopulation croissante tarit les sources mêmes du recrutement, si, d'autre part, les apôtres de la désertion peuvent arracher à leurs devoirs un nombre toujours croissant de jeunes gens, on est en droit de se demander ce que deviendra notre armée dans vingt ans d'ici.

Sans doute, ce succès des hervéistes auprès des conscrits ou des soldats tient, en partie, à l'impunité dont leurs adeptes sont assurés. Comme le faisait récemment remarquer M. Achille dans un rapport au Conseil Municipal, Paris offre un refuge précieux à tous les évadés du service militaire. La Préfecture dispose de moyens trop faibles pour rechercher et arrêter les coupables. Dans les petites villes, dans les campagnes, le jeune homme ne peut échapper à la conscription et continuer à demeurer dans le petit centre où il est connu ; aussi vient-il se cacher dans la capitale où il vivra sous un faux nom, sans être inquiété par les gendarmes et les policiers.

Au surplus, l'antimilitarisme séduit ces mauvais Français parce qu'il s'adresse à leurs instincts égoïstes. Sont-ils réellement artisans de l'insurrection en cas de guerre ? Sont-ils des fanatiques du socialisme révolutionnaire ? Non, pour la plupart. Ils ont « coupé » au service, ils ont déserté, parce qu'ils préfèrent la liberté à deux ans de discipline, d'obéissance et de travail. Si la mobilisation survenait, leur lâcheté ne les pousserait pas davantage à risquer leur peau dans un coup de main contre l'ordre établi. Mais, tel quel, le péril est grand. Les progrès de l'insoumission et de la désertion déconsidèrent la France aux yeux de l'étranger et privent notre armée d'un contingent égal à celui de deux divisions. Nous ne sommes point assez riches en soldats pour permettre ce gaspillage de nos forces. La Chambre semble l'avoir compris en renonçant, enfin, à amnistier périodiquement les insoumis et les déserteurs, et en prolongeant jusqu'à cinquante ans l'âge où ils seront l'objet de poursuites et des pénalités prévues.

Ainsi l'antipatriotisme, qui a pris, en ces quatre dernières années, une extension imprévue, pourrait devenir une maladie mortelle pour la société française, puisqu'il nous laisserait sans défense devant l'envahisseur. De sorte qu'en définitive, le parti extrême, qui croit assurément détenir le dernier record du progrès social en prêchant le refus des devoirs militaires, est un parti violemment rétrograde. Qu'il soit humanitaire ou anarchiste, qu'il prône la suppression de toute violence ou, au contraire, la nécessité de cette violence à condition qu'elle mette aux prises les différentes classes sociales, l'antipatriotisme est une méthode de recul. Même en ne tenant pas compte des arguments moraux qui nous commandent l'amour du patrimoine national, la raison nous prouve que notre intérêt collectif et individuel réside dans l'indépendance de la patrie.

Un jour viendra peut-être où un autre idéal, basé sur la fraternité internationale, remplacera ce concept. Ce serait une absurdité que de rester figés au milieu d'une évolution qui se poursuit sans trêve. Déjà, l'arbitrage peut diminuer les chances de guerre étrangère. Il ne faut point que ce soit au profit de la guerre civile. Poursuivons lentement et prudemment l'éducation pacifique des peuples, de tous les peuples, afin qu'un jour le recours à la force ne soit plus l'*ultima ratio* des conflits internationaux. Mais gardons-nous de tomber dans un mysticisme dangereux ou dans un socialisme révolutionnaire qui substituerait à la violence une autre violence et n'édifierait rien de stable.

Le progrès ne brûle pas les étapes ; il ne fonde rien sur l'antipatriotisme.

CHAPITRE II

LA FEMME DU XXe SIÈCLE. — LE FÉMINISME

L'émancipation de la femme est considérée, à juste titre, comme une étape décisive dans l'évolution sociale : cette conquête considérable, le siècle qui vient de finir pourra la revendiquer comme sienne devant l'histoire. Ses conséquences sont fondamentales : elle a modifié et chaque jour elle modifie davantage la physionomie de la société. La femme se dépouille lentement de l'antique manteau d'esclavage, héritage des civilisations disparues. Aussi les féministes entrevoient-ils déjà l'ère prochaine où l'égalité des sexes devant tous les droits et tous les devoirs sera définitivement instituée et consacrée. Un de ces champions écrivait déjà, voici près de vingt ans :

« L'évolution semble peu éloignée d'atteindre le terme final qui devra donner l'application pure et simple du principe d'égalité dans le libre accès aux professions et aux fonctions sociales, ouvert indistinctement aux hommes et aux femmes, et dans la juste rémunération des services rendus par les uns et par les autres ; elle atteindra ce terme dans un avenir plus ou moins éloigné ; deux fois la notion d'égalité s'introduira dans le droit, et ce sera comme la clef de voûte qui va consolider du faîte à la base ce monument élevé par les efforts de quarante siècles, reposant comme sur une assise inébranlable sur les principes éternels de la justice sociale[1]. »

Donc, une double notion sert de base au féminisme : d'abord le principe d'équité, trop noble et trop juste pour qu'il se trouve encore un homme de bonne foi à le combattre. Il est évident que, dans la société contemporaine, encore plus dans celle de demain, la femme doit, en principe et au même titre que son compagnon, participer aux joies et aux douleurs, aux droits et aux charges qui constituent le patrimoine de la nation, de l'humanité. Encore faut-il que ces droits et ces charges soient distribués proportionnellement aux facultés morales et physiques de chaque sexe. D'où le deuxième principe du féminisme : l'égalité absolue des sexes.

Or, si le principe d'équité sociale ne peut être méconnu, celui de l'égalité intersexuelle a été vivement discuté et l'est encore.

Physiologiquement, la femme se trouve en état d'infériorité : les maternités successives qui réclament d'elle des efforts considérables, des soins spéciaux, des soucis constants (grossesse, accouchement, allaitement, éducation du premier âge de ses enfants, etc.) lui dérobent le temps qu'elle pourrait consacrer à un travail rémunérateur ; sa périodicité sexuelle la met en complète incapacité quelques jours par mois, et, en outre, influe de façon parfois fâcheuse sur son système nerveux. Enfin, sa force physique, notablement au-dessous de celle de l'homme, ne lui permet point certains travaux : la preuve en est qu'elle a été de tous temps, chez la

1. JEANNE CHAUVIN. *Des professions accessibles aux femmes.* Th. de doctorat, Paris 1892.

plupart des peuples, éloignés du service militaire.

Mais il y a plus : sa psychologie spéciale, ses facultés intellectuelles et morales lui interdisent certains labeurs qui resteront, d'une façon générale, monopolisés par le sexe fort. « Les femmes, a dit une femme, George Sand, n'ayant ni profondeur dans leurs aperçus, ni suite dans leurs idées, ne peuvent avoir de génie. » Sans doute, cette loi souffre des exceptions et quelques-unes sont fameuses, à ne citer que celle à qui nous empruntons cette citation. Toutefois, sans être taxé de misogynie, on peut affirmer que la mentalité féminine est faite plus d'émotivité, de sensibilité, de suggestibilité, d'impulsivité que de jugement, de logique, d'invention, de volonté, d'aptitudes aux idées générales. Toute la littérature classique ou moderne, depuis Racine jusqu'à Paul Bourget en passant par Stendhal et Balzac, est unanime à reconnaître à la femme des qualités et des défauts qui ne se rencontrent point chez l'homme. Dans la vie domestique, cette mentalité se traduit par d'heureux effets, car, en définitive, elle se résume en un seul sentiment, en une seule passion : l'amour. « Toute sa vie, toute son activité, écrit le docteur Gaillaud avec beaucoup de vérité, sont dirigées de ce côté. Elle ne vit que pour un amour présent, de l'espoir d'un amour futur, ou du souvenir d'un amour mort [1]. » Balzac, ce grand analyste du cœur humain, a dit de la femme : « Aimer, est sa religion ; elle ne pense qu'à plaire à celui qu'elle aime ; être aimée est le but de sa vie, exciter les désirs le but de ses gestes. » Et Mme de Staël, qui s'y connaissait, pensait de même : « L'amour est l'histoire de la vie des femmes ; c'est un épisode de la vie des hommes. »

1. Dr EUCHER GAILLAUD. *Essai sur la cérébralité féminine.* Th. de Bordeaux.

Au fond, l'amour, chez la femme, est une modalité de son puissant instinct maternel : il en constitue la première et quelquefois la seule manifestation.

Mais si, au foyer, ces qualités primordiales assurent le bonheur de son compagnon et de ses enfants, dans la vie sociale, ces mêmes qualités lui créent une situation inférieure. Les charges et les droits qu'elle revendique au nom de la justice exigent une autre mentalité ; ce n'est plus de l'affectivité qu'il faut montrer, car elle y est inutile et dangereuse, c'est du jugement, de la volonté, de l'esprit de synthèse et non plus de l'esprit d'analyse, — de l'assimilation et non de l'imitation. La cérébralité de la femme ne la porte donc point à soutenir, avec chance de succès, l'assaut quotidien par quoi se manifeste la lutte pour l'existence. Elle est inégale à l'homme et, au point de vue spécial des besoins de la vie sociale, inférieure. Elle est reine au foyer, esclave au dehors.

Sans doute existe-t-il des exemples nombreux où la femme se montre véritablement supérieure ; sans doute elle est capable de recevoir la plus haute instruction, de s'occuper de médecine, de littérature, voire d'astronomie transcendantale comme Mlle Klumpke. Mais ce n'est point sur ces cas très particuliers qu'il faut tabler. Ils sont l'inévitable exception à la règle. Il serait fou de prétendre que toutes les femmes peuvent être des George Sand, comme tous les hommes des Victor Hugo. En réalité, et les étudiantes ne nous démentiront pas, il faut beaucoup plus d'efforts à une jeune fille pour acquérir une somme donnée de connaissances qu'à un garçon du même âge.

Mais il y a mieux : cette science, chèrement acquise, devient souvent, — la plupart du temps pourrait-on dire, — pour la femme ou la jeune fille, une source de cruels déboires. Pour nous en tenir aux professions libérales accessibles aujourd'hui au sexe féminin : médecine, barreau, administration, etc., combien de femmes réussissent à s'y créer une situation indépendante et lucrative ? Les femmes médecins, spécialisées, du reste, dans la pédiâtrie et l'obstétrique, se trouvent, en grande majorité, dans une situation plus critique encore que leurs confrères masculins. Malgré leur savoir indiscutable, leur conscience professionnelle, leurs qualités affectives qui trouveraient ici à s'employer, beaucoup ne connaissent point la sécurité du lendemain et sont les premières victimes de la pléthore médicale. Est-ce insuffisance de capacité ? Non pas. Est-ce inaptitude professionnelle ? Peut-être, si on doit entendre par là que le praticien doit être un *suggesteur* et non un suggestible, un volontaire et non un sensitif. N'est-ce pas le médecin Guy Patin qui a dit : « C'est un sot animal qu'une femme qui se mêle de notre métier ; cela n'appartient qu'à ceux qui ont un haut-de-chausses et la tête bien faite. Ce n'est pas affaire à une femme de pratiquer la méthode de Galien ; il faut avoir l'esprit plus fort ; qu'elles filent leur quenouille. » Et l'irrévérencieux doyen de se pâmer sur un détestable jeu de mot de Villeroi, secrétaire d'Etat, qui avait une mauvaise femme et disait « qu'en latin une femme était *mulier*, c'est-à-dire mule hier, mule demain, mule toujours ![1] » Sans doute, ce ne sont là que boutades mordantes, ne prouvant rien pour ou contre le féminisme médical. Mais l'expérience démontre aujourd'hui que cette profession libérale, la première ouverte aux femmes, leur est peu lucrative.

1. BERTRAND. *Mes vieux Médecins*. Storck, Lyon 1905.

Il en est de même du barreau, si nous en croyons une enquête menée récemment à ce sujet par un grand quotidien du matin. Quant aux fonctions administratives strictement réservées aux femmes, combien peu sont à la fois rémunératrices et véritablement dignes ! Dans les écoles maternelles de la Ville de Paris et du département de la Seine, où les institutrices font quasiment l'office de surveillantes d'enfants, les maîtresses possèdent, pour la plupart, le brevet supérieur, le certificat d'enseignement au dessin, à la musique et le certificat pédagogique ! Tout cela pour garder des enfants de trois à six ans, leur épeler l'alphabet et veiller à ce qu'ils soient propres ! Encore est-ce l'enseignement primaire ou secondaire qui attire le plus la jeune fille contemporaine, si on en juge par la quantité considérable de concurrentes pour de rares places. Les appelées échafaudent des rêves d'avenir ; les élues ne tardent point à les voir se dissiper en fumée : c'est ce que Mme Réval a pu nettement mettre en lumière dans son roman vécu : *les Sévriennes*.

Ce n'est point à dire que le féminisme bourgeois a fait faillite en ouvrant à de nombreuses jeunes filles de la bourgeoisie l'accès des professions libérales. Beaucoup y ont trouvé des moyens d'existence, plus pénibles qu'on ne le pense généralement, et ont ainsi pu pallier à l'infortune d'un célibat. La jeune fille contemporaine, sans dot, poursuit un double but : le mariage qui lui créera une position, et, au cas où elle ne trouverait point de mari, une profession qui lui assure la dignité dans la sécurité. Souvent, elle atteint ce double but : en possession d'une situation plus ou moins rémunératrice, ses chances augmentent de se créer un lien conjugal. Quelle est alors l'existence de la jeune femme qui, mariée, exerce une profession quelconque ? Atteint-elle ce bonheur relatif auquel lui donnent droit son courage, son honnêteté, son travail ? Assure-t-elle aussi le bonheur de son foyer ?

Eh bien ! il faut le déclarer franchement : les ménages où les deux chefs sont astreints à un labeur extérieur esquivent une partie de leurs devoirs, négligent d'exercer une partie de leurs droits. Il ne s'agit point seulement des intérêts domestiques qui sont, le plus souvent, confiés aux soins de mercenaires, ni de l'absence forcée de confortable lorsque le home n'est point paré par les soins incessants de la ménagère ; il s'agit aussi, il s'agit surtout des enfants que la mère, impuissante à surveiller leur élevage, leur éducation, confie nécessairement à des mains étrangères. Ah ! les pauvres petits qui ne connaissent leur maman que par les rapides minutes qu'elle peut leur consacrer le matin et le soir ; qui, toute la journée, sont aux mains d'une nourrice, d'une bonne et ignorent presque totalement les joies infinies du foyer ! Mais ce n'est pas tout. Quand vient l'heure où leur cerveau s'éveille à la vie, où leur intelligence se dessine, où leur caractère s'accuse, où déjà des sentiments, des passions même marquent leur empreinte décisive, qui donc les dirigera, les façonnera, les mettra en garde contre leurs instincts, leur donnera des leçons de morale, leur apprendra la beauté du vrai et du bien ? Encore un étranger, encore un mercenaire. Et lorsque plus tard l'âge de raison succédera à leur triste enfance, ils ne refléteront point les saines traditions de leur famille et seront lancés dans la bataille de l'existence, mal éduqués, mal adaptés, mal armés, parce que leur mère aura sacrifié à ses obligations professionnelles son devoir maternel. Le professeur Pinard, symbolisant par un axiome sa croisade pour l'allaitement maternel, a dit : « Le lait de la mère appartient à son enfant. » Mais on peut généraliser cette loi naturelle et dire : « Les jours de la mère appartiennent à ses enfants. » En réalité, avec les obligations extérieures qu'elle se crée, ses jours sont absorbés par le travail extérieur.

Si encore les bénéfices pécuniaires qu'elle tire de ce labeur pouvaient partiellement pallier ces inconvénients ! Mais il n'en est rien : on sait quelle est la situation de la femme dans l'industrie et le commerce, à l'atelier, au bureau, au magasin, à la fabrique et combien son salaire y est infime, peu en rapport, du reste, avec le travail que l'employeur exige d'elle[1]. Ce n'est pas d'aujourd'hui, au reste, que cette constatation a été faite. Bien avant le mouvement féministe, elle a indigné les philanthropes et les sociologues. Les champions du féminisme ont fait tous leurs efforts pour améliorer le sort de l'ouvrière ou de l'employée. Tous les congrès, tous les meetings, toutes les campagnes de presse ou de réunions organisés par eux ont dénoncé cette injustice criante et réclamé une équitable rémunération de la main-d'œuvre féminine : à travail égal, salaire égal, telle est la formule concise et précise qui en résume les desiderata.

Eh bien, il faut le constater : un insuccès à peu près complète a accueilli ces revendications légitimes. En dépit d'efforts soutenus, de pressants appels à la justice sociale et à l'humanité, les employeurs sont restés inflexibles. Sans doute ils n'ont point cédé à la pression qui s'exerçait sur eux, parce qu'elle était exempte de menaces et de violences ;

(1) V. plus loin le chapitre sur la prostitution.

M. Georges Sorel en prendrait texte pour justifier la nécessité des grèves agitées qui mettent directement en péril les intérêts du patronat, voire les personnes elles-mêmes. L'histoire n'a point encore enregistré une grève féminine semblable à celle des mineurs d'Angleterre, de France ou d'Allemagne qui obligent le capital à tenir compte des protestations ouvrières. Par là se manifeste le caractère trop individualiste de la femme. Elle ignore tout de la nécessaire solidarité. Elle ne sait rien sacrifier à l'intérêt commun, à la cohésion indispensable aujourd'hui pour réaliser une conquête, même minime, sur le terrain économique.

Ainsi le féminisme a eu comme résultat certain de signaler au patronat l'impérieux désir de la femme pour le travail libérateur. Aussitôt, de nombreuses portes se sont ouvertes devant elle. Mais la production industrielle, les échanges commerciaux se sont-ils à tels points développés en France, pendant ces dernières années, que les places offertes aux travailleurs soient aujourd'hui bien plus nombreuses qu'hier ? Assurément non. La progression de notre industrie et de notre commerce suit une marche lente ; d'autre part, le machinisme toujours en progrès s'efforce de réduire la main-d'œuvre au minimum. Conclusion : le nombre des offres n'augmente pas sensiblement, en tout cas, n'est pas en rapport avec celui des postulants, quand celui-ci se double d'une armée de femmes réclamant leur droit au travail. Donc, chômage accru pour les malheureux, les maladroits, les paresseux.

Mais bonne affaire, par contre, pour le patronat. Il a remplacé une partie de la main-d'œuvre masculine par la main-d'œuvre féminine. Celle-ci produit moins (15 à 25 p. 100 de différence, environ), mais comme elle est payée 50 p. 100 moins cher, on voit que le calcul n'est pas mauvais pour le patron. Ainsi dans bon nombre de places, les hommes ont été luxés par les femmes, et cette évolution sociale peut se synthétiser par cette simple fable : Il y avait une fois un ménage où le mari rapportait 10 francs par jour, où la femme s'occupait de son intérieur. Un beau jour, la femme voulut à tout prix travailler. Elle trouva une place où elle gagnait 5 francs. Mais il arriva que son mari fut renvoyé par son patron, parce que celui-ci avait embauché (et débauché peut-être) sa voisine. En dépit de ses efforts, jamais il ne parvint à retrouver d'ouvrage. Et le ménage, qui, autrefois, vivait convenablement, fut réduit à la misère. De plus, la femme faisait un métier pénible qui ne lui convenait pas, il ruinait sa santé; l'homme, taillé en hercule, faisait cuire la soupe, raccommodait les hardes et se grisait tous les jours au cabaret.

Le féminisme présente donc ses avantages et ses inconvénients. Sans doute, les premiers sont si considérables que les seconds ont pu passer souvent inaperçus. Peut-on, toutefois, les considérer comme quantité négligeable, et n'est-ce point une singulière modification de l'état social que partout la femme se dresse, grâce à son émancipation, comme une concurrente, une rivale, une adversaire, en un mot, de l'homme ? Et, en définitive, si elle gagne un peu d'indépendance pour aliéner sa liberté au service d'un patron, a-t-elle progressé dans la voie du bonheur ?

Ici encore, le progrès a été très rapide, trop rapide. La femme s'est jetée dans le mouvement qui l'affranchissait sans rien perdre de sa cérébralité plus développée en sensations qu'en jugement. Elle n'a point eu le temps de s'adapter. Pour avoir voulu brûler les étapes, elle a dépassé la mesure. Elle s'est affranchie de la tutelle masculine, mais s'est asservie plus durement à la loi du travail.

Ce qu'il fallait, c'était poursuivre sa lente émancipation sociale en faisant tomber des codes tout ce qui rappelait l'antique domination maritale, en assurant à la femme la possession de ses biens et de soi-même ; à la veuve, la tutelle complète de ses enfants ; à la fille-mère les secours et l'estime à laquelle lui donne droit le plus sacré des devoirs ; à l'ouvrière, une rémunération plus juste de son travail. Mais en même temps que la femme accédait ainsi à de nouveaux droits et à de nouveaux devoirs, il fallait que la société acceptât cette transformation, qu'elle fît, à l'atelier ou au magasin, une place digne et rémunératrice à la courageuse jeune fille qui ne veut demander qu'au travail ses moyens d'existence ; qu'elle ne se contentât point d'applaudir aux succès des étudiantes, mais qu'elle leur permît de vivre de leur art, une fois leurs diplômes conquis. Enfin, il eût fallu que, devant ce surcroît de demandes de travail, on fût en présence d'un surcroît proportionnel d'offres, ce qui ne s'est point produit.

Dans la situation économique contemporaine, la femme est encore la sacrifiée et le peu qu'elle a gagné par son émancipation très superficielle, elle l'a ravi à l'homme, à l'ouvrier, à l'employé, à l'artisan, au médecin, à l'artiste qui, déjà, avait grand'peine à subvenir à ses besoins. Sous ce rapport, donc, le féminisme a constitué un progrès à rebours, ce qui ne nous empêche pas, répétons-le, de le considérer comme un mouvement social généreux et fécond, parce qu'il repose sur un principe équitable : seule, l'application de ce principe a été défectueuse ; aussi le féminisme a-t-il sa part de responsabilité dans la dépopulation qui appauvrit la France, dans la criminalité qui la ravage, et a-t-il été impuissant à restreindre la prostitution. Or, c'est par l'intensité de cette dernière tare qu'on peut juger de la situation sociale de la femme ; nous verrons plus loin que la prostitution ne diminue point et qu'au contraire, elle suit une marche ascendante.

Les féministes ont donc encore fort à faire pour atteindre leur but : parviendront-ils jamais à orienter l'évolution vers la voie de la justice ?

CHAPITRE III

LA DÉPOPULATION

Il devient banal de parler de la dépopulation française. Tant de sociologues, tant de journalistes ont abordé sous ses faces multiples ce redoutable problème qu'après eux, on ne peut, semble-t-il, que répéter comme La Bruyère : « Tout est dit ... » Beaucoup ont proposé leur solution, semblable au plan de campagne d'un stratège en chambre, chimérique et inexplicable. D'autres recherchent les causes du mal et pensent, les ayant trouvées, pouvoir les supprimer : *Tollita causa, tollitur effectus*. Et cependant le problème reste toujours entier, le mal ne cède point ; tout au contraire, il poursuit sa marche progressive comme s'il était sous la domination d'une évolution impérieuse.

Le cri d'alarme a été jeté il y a peu d'années, mais, depuis longtemps déjà, baisse la natalité française. Le Dr Toulouse fait remonter cette diminution au commencement du XIXe siècle. Le nombre des naissances pour 1.000 habitants, écrit-il dans ses *Conflits intersexuels et sociaux*, de 33 en 1801 est tombé à 21,6 en 1895. Les dernières statistiques du ministère du Travail donnent une note plus pessimiste encore, ainsi que nous le montrerons plus loin.

Nous sommes donc en présence d'un fait indéniable ; la race française périt lentement.

Toutefois, il convient de le dire au début de ce chapitre, cette diminution de la natalité n'est point spéciale à notre race. Elle est commune aux sociétés raffinées et plus particulièrement aux milieux urbains, parce qu'ils sont plus civilisés, plus instruits et prédisposés, par le fait même de la culture intellectuelle, à discuter, puis à refuser le devoir social de la reproduction, du peuplement. En Amérique, ce phénomène a été constaté : « C'est le fléau des peuples qui se croient hautement civilisés, écrit M. Alexandre Darier, que de considérer comme une occupation indigne ou désagréable d'élever de nombreux enfants. Nous en savons quelque chose en France. Mais si nous stigmatisons avec véhémence le péril des doctrines malthusiennes, les Américains blancs auraient ce devoir pour le moins au même titre. L'Américain blanc ne se reproduit pas. Il restreint la natalité exactement comme le Français, sinon davantage. C'est une profonde erreur de croire que la formidable augmentation de la population américaine est due au grand nombre d'enfants qui naissent dans les familles américaines. Cette augmentation ne provient que de l'immigration et des familles très nombreuses que les immigrés mettent au monde. Les enfants des immigrés n'ont presque toujours qu'un nombre beaucoup plus petit d'enfants. Et, de l'avis du président Roosevelt lui-même, on peut dire qu'à partir de la troisième génération, l'augmentation devient nulle pour faire place, dans la suite, à une diminution. Les statistiques précises manquent malheureusement encore à ce sujet. Mais le fait saute aux yeux. Tandis que là où réside une vieille population américaine, comme dans la

Nouvelle-Angleterre, la natalité diminue constamment, elle est énorme aux endroits où récemment de vastes foules d'Allemands, de Croates, de Juifs, d'Italiens se sont établies. Elle est plus énorme que partout dans la population nègre ! Ceux-ci n'étaient pas 3.000.000 quand on les a affranchis de l'esclavage. Aujourd'hui, après quarante ans de liberté, ils sont près de 10.000.000, sinon davantage. »

On peut poser en loi générale que les milieux les plus cultivés, les plus civilisés sont voués, tôt ou tard, à la dépopulation. Plus l'homme s'éloigne de l'état primitif, plus il prend conscience du prix de la vie, et moins il fait d'enfants. Cette loi se vérifie même en Allemagne, dans cet empire dont on vantait, il y a peu de temps encore, les vertus prolifiques. La dépopulation ou, mieux, la diminution des naissances, sévit dans les villes allemandes avec une intensité qui pourrait inquiéter les sociologues d'outre-Rhin si les milieux ruraux ne rachetaient ce déficit en maintenant très élevé le taux de leur natalité : on peut suivre ce fléchissement très sensible par la statistique de la natalité dans les trois grandes villes, Berlin, Brême, Hambourg :

Années	1871-80	1881-90	1891-1900	1901-05
Berlin	43.0	35.9	29.9	25.9
Brême	40.9	33.0	31.9	31.1
Hambourg	39.5	36.5	34.6	27.5

On voit que le mouvement suit une pente très rapide. La France n'a donc pas le monopole peu enviable de la dépopulation. Mais comme elle précède toujours les nations dans l'évolution générale, il se trouve qu'elle est la première appelée à payer cette rançon onéreuse ; elle s'en effraie à juste titre, mais elle peut se dire que viendra bientôt le tour des autres. C'est à notre raffinement, à notre civilisation, c'est à la culture intellectuelle de la masse que nous devons la diminution de notre natalité. Nation d'avant-garde, nous donnons le mouvement et, les premiers, nous en subissons les effets. Mais rien dans cette loi démographique n'est spécial à la France, la rançon sera la même pour tous les peuples, au fur et à mesure qu'ils s'avanceront vers le progrès. Ainsi ce progrès porte en lui des germes de décadence. L'humanité se détruit elle-même inconsciemment.

***

Pourquoi le progrès est-il facteur de dépopulation ? Est-ce parce qu'il diminue la valeur génésique de l'individu et qu'il en provoque la stérilité morbide ? Certains savants, sans attribuer précisément au progrès l'infécondité de nos contemporains, n'hésitent point cependant à incriminer l'arthritisme, maladie de la nutrition provoquée par notre existence enfiévrée et surtout par notre alimentation antiscientifique et antiphysiologique. L'arthritisme est la diathèse du jour ; il est le père de la goutte, du rhumatisme, de l'artério-sclérose, de la vieillesse précoce et aussi, affirment ces savants, de la stérilité. Récemment, le Dr J. Laumonier résumait clairement cette théorie, en brossant le tableau de la famille arthritique : « Le pléthorique, écrivait-il (la pléthore sanguine étant le premier stade de la diathèse), est généralement très fécond, il a une ribambelle d'enfants. Ceux-ci, dont l'hérédité fait des arthritiques à manifestations défensives, sont déjà moins féconds ; ils ont un, deux, trois rejetons au plus, parmi lesquels les filles dominent, comme toutes les fois qu'une race est menacée dans son existence. Ces derniers, hérédo-arthritiques notoires, n'ont plus rien qui rappelle l'ancêtre pléthorique. Ce sont de petits êtres malingres, souffreteux et grognons, souvent intelligents, mais d'une vitalité minime. On les élève difficilement, c'est-à-dire qu'ils semblent plus aptes que d'autres à contracter les affections de l'enfance, et, d'ailleurs, beaucoup meurent avant l'âge de la reproduction, fauchés par ces affections. Les autres survivent péniblement, dégénérés supérieurs dont certains réussissent à se faire un nom, en proie à mille misères, somatiques ou nerveuses, qui font d'eux de grands douloureux ; enfin ils ont rarement des enfants ; la fécondité, cette dernière défense de la race, est, chez eux, défaillante à son tour. Maurel, qui a mis ce fait en évidence, attribue à l'arthritisme la diminution croissante de la natalité qui s'observe non seulement en France, mais partout où on a abusé de la suralimentation et des excitants fonctionnels, dans les grandes familles anglaises, allemandes, yankees, australiennes, jusque dans l'autocratie japonaise. Sans doute, la restriction volontaire intervient de plus en plus, grâce à la connivence de certaines sentimentalités déplacées, dont plus d'un médecin malheureusement s'est fait l'écho. Mais cette influence ne saurait expliquer que l'infécondité frappe partout de préférence les descendants d'arthritiques. Si donc des recherches plus précises et poursuivies pendant longtemps viennent confirmer la manière de voir de Maurel, l'arthritisme devra prendre place à côté de la tuberculose comme un fléau social[1]. »

1. *La question de l'arthritisme par suralimentation.* Bullet. gén. de Thérapeutique, oct. 1908.

Cette hypothèse d'une stérilité arthritique renferme sans doute une grande part de vérité. Toutefois, elle serait insuffisante, à notre sens, pour expliquer la dépopulation progressive des pays à civilisation raffinée. Il ne faut point non plus généraliser cette théorie et admettre, comme certains le font, qu'une espèce animale, en voie de perfectionnement, perde sa puissance prolifique. La loi de l'évolution, qui fait de la reproduction le premier de tous les instincts, infirme cette manière de voir. Le vrai, c'est que la dépopulation tient beaucoup à des causes d'ordre essentiellement psychologique ; le raffiné du xxe siècle est toujours capable de procréer de nombreux enfants ; mais sous l'influence d'idées acquises, sous l'empire de certains mobiles, avoués ou non, il restreint volontairement sa descendance, il refuse de suivre le bon plaisir de la nature ; pour tout dire, il accepte de parti pris le suicide de sa race.

Toutefois, nous serions incomplets si nous ne signalions pas que les conditions d'existence dans les grandes villes industrielles favorisent le développement d'un certain nombre de dégénérés, à type infantile décrit par Brouardel, voués à une véritable impuissance d'origine cérébro-spinale et qui, souvent, sombrent dans l'inversion sexuelle. Mais ces infantiles impuissants sont encore trop peu nombreux pour compromettre la vitalité de la race. En réalité, celle-ci est menacée par les abstentionnistes volontaires de la reproduction, soit que, ménages bourgeois, ils pratiquent avec succès les manœuvres malthusiennes, soit que, ayant conçu, en dépit des précautions prises, la femme recoure à l'avortement pour se libérer d'une maternité qu'elle refuse.

Deux grandes causes donc à la dépopulation : le

malthusianisme et l'avortement, toutes deux en rapport avec l'état d'esprit de nos contemporains qui, sous couleur de progrès, proclament leurs droits et méconnaissent leurs devoirs.

Dans la bourgeoisie riche ou simplement aisée, la restriction de la natalité est une règle absolue. On considérerait comme une aberrée une femme mère de sept ou huit enfants. Chaque ménage s'en permet un, deux, parfois trois, exceptionnellement quatre et plus. En outre, il apparaît, d'après une enquête récente ouverte par l'*Intransigeant*, que les intellectuels qui composent l'élite de la société parisienne ont peu d'enfants. Beaucoup même n'en ont point du tout, ce qui tendrait à prouver que l'*intellectualisme* favorise l'impuissance. Le fait est d'autant plus curieux à constater que ce sont précisément ces intellectuels qui se lamentent sur l'appauvrissement de la race. Peu importe, d'ailleurs ; les intellectuels féconds ou non, pour nécessaires qu'ils soient à l'évolution, ne constituent pas les forces vives de la race ; ils sont l'*esprit* qui dirige ; la masse populaire est la grande génitrice d'où sortent les générations.

Si les classes intellectuelles sont inféconde par rançon de leur supériorité, les classes bourgeoises sont moins prolifiques qu'autrefois par pur égoïsme. Il faut le reconnaître sans ambages : la restriction de la natalité dans les ménages bourgeois n'est qu'une conséquence de cet égoïsme étroit et souverain qu'ont développé la recherche d'une existence libérée du plus grand nombre de soucis possible, l'amour du plaisir, la disparition de l'esprit de sacrifice, lequel est la meilleure forme de la solidarité sociale.

Les ménages contemporains se refusent le luxe de plusieurs enfants parce que leur bien-être matériel en serait diminué d'autant; de même, un grand nombre de jeunes gens restent célibataires pour ne pas avoir la charge d'une famille à soutenir. Égoïsme féroce, qui puise ses raisons ou son excuse dans les nécessités de la lutte pour l'existence, la morale épicurienne en faveur aujourd'hui et aussi la prédominance de la notion du droit sur celle du devoir. Cet égoïsme qui se manifeste si nettement comme une cause importante de la dépopulation, nous le retrouvons d'ailleurs dans le domaine politique où il inspire le vote de l'électeur, dans les luttes économiques où il domine aussi bien le capital que le travail, dans le domaine religieux (combien ne sont dévots que par crainte de l'au delà !), dans la bienfaisance même, lorsqu'un mobile charitable masque mal un désir de vengeance ou un remords tardif. Partout, l'égoïsme règne en maître, et surtout dans l'alcôve conjugale.

Il se développe avec le progrès, car de celui-ci l'homme accepte avec enthousiasme les bienfaits qui lui rendent la vie heureuse, mais son oreille reste sourde aux leçons de morale plus ou moins scientifique qu'il prétend lui donner. Le progrès libère l'humanité des entraves qui enrayaient sa marche, mais aussi il donne plus de liberté au citoyen de s'orienter vers l'idéal de son choix, il le laisse au seuil de la vie choisir entre les diverses routes menant à des buts opposés : la fraternité sociale ou l'égoïsme individuel, l'ambition de la gloire et de la fortune ou la sagesse de la modération, le bien-être, le luxe, le plaisir à n'importe quel prix ou le sacrifice à des devoirs librement consentis. Son choix est vite fait, ses passions l'entraînent, et c'est par égoïsme qu'il se refusera les soucis et aussi les joies d'une nombreuse descendance.

Nous trouverons une preuve convaincante que la dépopulation est une rançon du progrès dans ce fait qu'elle est en rapport direct avec le développement de l'instruction. C'est dans les campagnes pauvres et peu instruites de la France (Bretagne, Aveyron, Lozère) qu'on fait le plus d'enfants ; c'est dans les villes où l'instruction est le plus diffusée qu'on procrée le moins. Déjà cette observation était faite en 1872 par le Dr Lagneau dans une communication à l'Académie de Médecine : « La substitution des professions industrielles, commerciales et libérales aux professions agricoles amène, dans le nombre d'individus composant les familles des personnes exerçant ces professions, une diminution variable d'un sixième à plus de moitié, selon les professions. L'habitat urbain et l'abandon des travaux agricoles concourent donc d'une manière notable à restreindre l'accroissement de la population. »

C'est surtout l'instruction de la femme qu'il faut considérer comme un facteur de dépopulation. M. Louis de Gramont a très bien saisi ce côté de la question lorsqu'il a écrit, avec une remarquable pénétration psychologique : « La femme moderne est entrée depuis longtemps dans la voie de l'émancipation. Elle est désormais consciente de sa dignité et de ses droits. Elle sait notamment qu'en amour elle a droit aux mêmes joies, aux mêmes satisfactions que l'homme, elle sait que ces joies peuvent être inféconde et elle estime qu'elle a le droit de les réclamer telles tant qu'il lui plaît. Et qu'on ne croie pas que ces idées n'aient cours que dans certains milieux : par la lecture, par les communications verbales, par le va-et-vient incessant qui mêle les classes les plus disparates, elles ont pénétré dans des couches sociales où vous ne les soupçonneriez pas. Même d'humbles ouvrières sont, à l'heure qu'il est, aussi bien renseignées que leurs sœurs favorisées de la fortune et sur leurs droits aux bonheurs amoureux et sur les moyens de les obtenir sans courir le risque, si redoutable pour elles, de la maternité forcée. Un pays est d'autant plus prolifique que la femme est plus inconsciente et plus ignorante. Quand elle devient consciente et instruite, elle règle la procréation. Il n'y a pas à être surpris que ce soit pour la restreindre. »

Nous touchons donc ici aux causes non plus économiques ou morales de la dépopulation, mais aux causes nettement sociales. Le mouvement féministe contemporain, qui poursuit l'affranchissement de la femme, l'a libérée d'abord de cette première charge, nécessaire cependant à la vie d'un peuple : la maternité aveugle ; il l'a initiée au malthusianisme dont elle apprend rapidement les pratiques. Il en fait l'égale de l'homme en égoïsme calculateur et amoral.

Ce n'est donc pas sans raison que nous avons placé ce chapitre de la dépopulation immédiatement après celui qui traite du féminisme. Tout se tient, tout se commande mutuellement dans l'évolution sociale. A l'*émancipation* de la femme devait inexorablement succéder sa *dissipation*. Du moment qu'on lui reconnaissait des droits qu'on lui avait refusés jusqu'alors, — et nous ne nous élevons pas contre cet affranchissement, — il était fatal qu'elle portât l'examen de sa critique sur l'opportunité, sur la nécessité du devoir maternel ; qu'elle acceptât le plaisir et supprimât la charge ; qu'elle réclamât sa part d'amour, sans contrainte, tant il est vrai que l'émancipation d'un individu, quel qu'il soit, exalte en lui l'idée du droit et diminue la notion du devoir. Aussi, la femme instruite n'admet plus que la maternité consentie.

Evidemment, la procréation volontaire qui, aux yeux de certains philosophes, paraît l'*ultima ratio* de l'évolution, serait, en principe, excellente. Oui, mais en pratique ?

En pratique, elle provoque la disparition rapide de la race, par stérilité volontaire des générateurs. La femme ne consent plus la maternité, l'homme ne veut ni ne peut la lui imposer. De sorte qu'en définitive, la loi naturelle est toujours celle qui assurera à la race une reproduction suffisante ; du jour où celle-ci sera entièrement réglée par la volonté humaine, la dépopulation fera des ravages autrement considérables que ceux dont on se plaint aujourd'hui.

Déjà les ménages bourgeois *trichent* en amour pour limiter leur descendance. Toutefois, ils admettent volontiers qu'ils ne peuvent priver leur foyer de la joie d'un ou deux enfants, encore est-ce souvent par surprise que le second est procréé. Dans la classe ouvrière et paysanne, moins instruite et moins raffinée, on s'en remet à dame nature du soin d'augmenter ou de limiter la descendance. Ici, c'est la loi de la sélection naturelle.

L'ouvrier, marié ou vivant maritalement, fait trop souvent, suivant le mot de l'Evangile, œuvre de chair lorsqu'il se trouve sous l'empire d'excitants alcooliques qui sont pour lui autant d'aphrodisiaques. L'enfant conçu dans cette disposition psychopathologique porte en venant au monde la tare congénitale. Ses parents n'ont point choisi pour le procréer le moment favorable ; il est le fruit d'une nuit d'amour succédant à une soirée de liesse. Singulière sélection...

Cependant, les théories du néo-malthusianisme commencent à pénétrer dans le milieu prolétaire. Leur diffusion se fait ouvertement, soit par les soins d'une ligue spéciale, soit par la réclame de certains industriels, soit par une propagande véritablement scandaleuse. Voici un modèle de lettre prospectus adressée journellement aux mères de famille, aux jeunes filles :

« Par la présente lettre, je viens apporter à votre connaissance l'existence d'une brochure très explicative détaillant scientifiquement le phénomène de la fécondation et le moyen de s'en préserver sans nuire ni à la santé, ni aux joies de l'amour.

« Cette brochure permet aux pères et mères de famille qui ont plus d'enfants qu'ils n'en désirent, de mettre fin à cette procréation non voulue qui est le plus souvent la cause de leurs misères et de leurs privations. Elle permet à la femme de ne plus avoir la crainte de la maternité qui est pour elle l'épée de Damoclès suspendue constamment au-dessus de sa tête, l'obligeant de se priver par peur des conséquences, ou l'obligeant encore à prendre des précautions atténuant le plaisir sans jamais être certaine de l'infécondité.

« A l'aide de cette brochure, plus besoin de recourir à l'extirpation des ovaires, plus n'est besoin non plus de recourir à l'avortement toujours dangereux quand il n'entraîne pas la mort de la mère. Avec elle plus de crainte, plus de jeunes filles déshonorées et bafouées par l'opinion publique, plus de familles nombreuses, cause de tant de misère et de malheur. La femme ne sera mère que si elle le veut. La maternité volontaire, voilà la conclusion de cette brochure.

« Pour la recevoir franco envoyer cinq francs en bon ou mandat poste à X...

« On peut, pour s'entourer de toute discrétion, se faire adresser poste restante. »

Puis ce sont des prospectus envoyés à domicile par des éditeurs qui font métier de pornographie, des libelles, des brochures, des traités complets de prophylaxie anticonceptionnelle. En voici quelques titres :

Plus d'avortement. Moyens scientifiques, licites et pratiques de limiter la fécondation de la femme par le Dr X... (Brochure poursuivie et acquittée par la Cour d'assise du Brabant).

Population et prudence procréatrice, dans laquelle on proclame la grève des ventres.

Moyens d'éviter les grandes familles, rôle du mari, rôle de la femme, rôle prépondérant d'appareils spéciaux : prix 2 francs et au-dessus : pessaires, seringues, canules, etc... Figures anatomiques pour faciliter l'intelligence de la technique.

Libre amour, libre sécurité, etc...

Enfin, citons les conférences publiques, avec projections (!) indiquant tous les moyens physiologiques, mécaniques, chimiques d'éviter la conception. Le programme de l'une d'elles, tenue près de l'hôpital Boucicaut, portait cet étonnant post-scriptum : « Le camarade Z..., vrai bienfaiteur de l'humanité, se met à la disposition des dames pour faire et démontrer la pose des appareils[1]. »

1. Il y a quelques mois, sous les auspices d'un groupe malthusien, des députés socialistes firent une conférence aux Sociétés Savantes, sur la *Limitation des naissances et la Question sociale.* Le prospectus qui annonçait la réunion était ainsi conçu :

CAMARADES,

« Pendant que les repopulateurs et les moralistes déplorent la diminution des naissances, c'est-à-dire le triomphe de l'*intelligence prévoyante* sur l'*instinct aveugle*, nous croyons intéressant d'ouvrir un débat public sur ce grave problème :

On comprend que la femme, bourgeoise ou ouvrière, résiste difficilement à cette suggestion plus attirante encore que celle à laquelle succomba notre mère Eve. Le plaisir sans danger, n'est-ce pas, à ses yeux, la plus belle forme du progrès ? Aussi peut-on être assuré que si cette propagande néfaste jouit longtemps encore de l'impunité, la masse populaire ne tardera pas à être initiée avec succès au malthusianisme : elle s'assimilera avec beaucoup de facilité cette instruction et cette éducation. Ce n'est point le souci de perpétuer la race qui fera échec à cette propagande.

D'autres causes sont à signaler qui sont les corollaires des précédentes. Ce sont des causes économiques ou morales. On a incriminé, avec juste raison, la cherté croissante de la vie qui empêche les ménages réguliers ou irréguliers de se donner plusieurs enfants. C'est évidemment, une raison sérieuse : le taux élevé des loyers, surtout à la ville, l'augmentation continue du prix de l'alimentation, de l'habillement, sont des prétextes, des excuses, devrait-on dire, à l'égoïsme des abstinents de la procréation. De même, la difficulté pour le jeune homme de se créer une position sociale, pour la jeune fille de trouver un mari, est une raison invoquée, surtout dans le monde bourgeois, pour justifier la limitation de la descendance. Nous trouvons ici une nouvelle conséquence de la conception familiale contempo-

« Doit-on procréer à tort et à travers, sans réflexion aucune, appeler à la curée de la vie un nombre si considérable d'affamés que bien peu d'entre eux auront la chance d'y trouver pâture ?

« Ne devons-nous pas, au contraire, ne faire d'enfants que si nous avons la possibilité de les *rendre heureux* ?

« Nous avons l'espoir que, de ce débat, sortiront des enseignements utiles pour le bonheur de tous. »

raine : on fait d'une question sociale une question de sentiment : nous aimons trop nos enfants.

Nous admettons difficilement que l'enfant soit destiné dans l'avenir à un sort moins heureux que celui échu à ses parents. L'idéal familial, c'est que chaque génération gravisse un échelon de la hiérarchie. L'ouvrier veut faire de son fils un petit commerçant ; celui-ci envie pour le sien une position libérale, et ainsi de bas en haut. Le sentimentalisme, qui nous a envahis et qui souvent n'est autre qu'une sensiblerie mal placée, domine l'esprit du père ou de la mère de famille. Les parents préfèrent sacrifier une somme, lourde pour leur bourse, à élever un enfant, à le pousser dans ses études si c'est un garçon, à la doter s'il s'agit d'une fille, que d'affecter la même somme à plusieurs descendants qui occuperaient, de ce chef, une situation inférieure. Un seul bien établi, au lieu de plusieurs réduits à leurs propres forces, tel est le principe de la prévoyance familiale.

Pour toutes ces raisons, on voit que le problème de la dépopulation est étrangement complexe et, pour ainsi dire, insoluble, car il est lié étroitement à la conception moderne de l'existence, à l'état d'esprit que les idées nouvelles ont créé dans les divers milieux, intellectuels, bourgeois ou prolétaires.

Encore le mal ne serait-il point trop rapide, à la vérité, s'il n'était alimenté par une plaie sociale, plus grave encore que l'abstention procréatrice : nous voulons parler de l'avortement provoqué qui cause tant de ravages dans la population française[1].

1. Une simple remarque en passant. On trouve commode de grouper sous le vocable *malthusianisme* ou *néo-malthusianisme* la pratique de la restriction volontaire de la nata-

Les pratiques abortives sont, aujourd'hui, tellement fréquentes, notamment dans la classe ouvrière des villes qu'elles contribuent pour une grosse part au fléchissement de la statistique démographique de notre pays. Les accoucheurs des hôpitaux parisiens

lité. Les épicuriens modernes cherchent à ne rien supprimer des plaisirs vénériens, tout en refusant le risque de la paternité ou de la maternité. En réalité, ils font injure à Malthus en se recommandant de lui. Celui-ci, en s'appuyant sur des arguments plus ou moins justes, voulait démontrer que la terre ne pourrait plus un jour nourrir tous les hommes, si leur nombre progressait sans cesse. Et il proposait à cet effet ce qu'il appelait l'obstacle préventif *(préventive check)*

« L'obstacle préventif, écrivait-il, en temps qu'il est volontaire, est propre à l'espèce humaine et résulte d'une faculté qui la distingue des animaux brutes, savoir de la capacité de prévoir et d'apprécier les conséquences éloignées. » Cet obstacle préventif comprend *le vice* et *la contrainte morale.* « Parmi les obstacles préventifs, écrit Malthus, l'abstinence du mariage jointe à la chasteté est, ce que j'appelle, contrainte morale (*moral restraint*). » Et il ajoute : « Le libertinage, les passions contraires aux vœux de la nature, la violation du lit nuptial, en y joignant tous les artifices employés pour cacher les suites des liaisons criminelles ou irrégulières sont des obstacles préventifs qui appartiennent manifestement à la classe des vices. »

De pareilles citations prouvent clairement à quel point Malthus a été calomnié et méconnu. Le voilà, le remède qu'il oppose à l'accroissement de la population : la chasteté et le mariage tardif. Tous les autres moyens, il les désavoue nettement et les range dans la classe des vices. Les paroles précédentes sont suffisamment explicites à cet égard. Les suivantes ne le sont pas moins : « Tout autre commerce illicite ne tend pas moins que le mariage à accroître la population (*si l'on a recours à des moyens que la morale réprouve*) et offre une beaucoup plus grande probabilité de voir les enfants naissants tomber à la charge de la société dont ils doivent être membres. »

Donc, les deux moyens et les deux seuls que Malthus voulait employer contre l'excès de la population étaient la chasteté et les mariages tardifs. (Cité par le Dr Jean Lamy.)

se sont émus de cet état de choses et ont jeté un cri d'alarme qu'on a bien entendu, mais dont on n'a tenu nul compte. Le Dr Doléris, notamment, accoucheur de l'hôpital Boucicaut, a apporté à la Société d'Obstétrique des chiffres scrupuleusement exacts qui montrent le mal beaucoup plus étendu qu'on ne le pensait ; partout, dans toutes les maternités, la proportion des avortements a augmenté en l'espace de six années ; en sept ans, elle a triplé, à Tenon et à Saint-Antoine, doublé à Boucicaut, Lariboisière et Beaujon ; elle atteint dans son ensemble 18 p. 100 des accouchements ! Encore dans cette statistique ne figurent pas les femmes soignées chez elles, ou chez les sages-femmes, ou dans des maisons de santé. Et le Dr Doléris de conclure que ces avortements *provoqués*, criminels par conséquent, sont en rapport aux fausses couches spontanées dans une proportion de 50 p. 100.

Or, si l'on réfléchit que cette épidémie abortive sévit surtout dans la masse populaire, véritable source des forces nationales et encore peu initiée aux pratiques bourgeoises de l'abstinence procréatrice, on reconnaîtra aisément quels effets désastreux elle peut avoir pour l'avenir de la race ; les bourgeoises ne font plus d'enfants ; les femmes des basses classes les suppriment avant qu'ils viennent au monde et n'hésitent pas à risquer leur vie ou leur liberté pour échapper au devoir maternel.

Quelles sont donc les causes sociales de l'avortement ? Certes, les humanitaires invoqueront, non sans apparence de raison, la misère ; la pauvreté est un mal terrible, disent-ils, mais combien plus terrible encore quand la maternité vient se greffer sur elle ! Ce serait exact si, dans les milieux urbains où sévit précisément l'avortement, on laissait sans ressources aucunes la femme qui donne des enfants à son pays. Mais oublie-t-on tout ce que l'assistance publique ou privée met en œuvre pour soulager les misères maternelles? Oublie-t-on ces œuvres admirables qui s'appellent la Bouchée de Pain, la Goutte de Lait, les Mutualités Maternelles qui ressortissent à l'initiative particulière? Oublie-t-on que, dans une ville comme Paris, la femme enceinte trouve d'abord un asile-ouvroir pour les dernières semaines de sa grossesse, puis fait ses couches à la Maternité, en sort avec son bébé et un trousseau pour celui-ci, touche ensuite des bons de lait, des bons de pain, des bons de loyer, des primes quand elle allaite elle-même, des layettes quand celles qu'on lui a remises sont hors d'usage. Puis c'est la crèche municipale qui recueille le petit être, c'est l'asile ensuite, c'est l'école où il trouvera des aliments chauds et des vêtements fournis par la Caisse des Ecoles. Plus tard, quand l'enfant aura terminé sa scolarité, il pourra, après deux ans d'apprentissage, remettre à ses parents, jusqu'à son départ pour le régiment, un salaire dont le total sera supérieur aux sommes que son éducation leur aura coûtées. En vérité, c'est un abus des sentiments humanitaires que d'invoquer la misère comme facteur exclusif, comme cause sociale des avortements; la femme et la fille-mère peuvent élever leur enfant, grâce à l'intelligente solidarité des pouvoirs publics et de l'initiative privée.

Et pourtant, cet argument d'ordre sentimental, cet apitoiement sur la mère coupable d'avoir tué son enfant ou d'avoir recouru aux offices d'une faiseuse d'anges, triomphent régulièrement dans les procès d'assises. Systématiquement, le jury absout la criminelle; l'avocat n'a qu'à retracer le désolant tableau de la fille-mère séduite et abandonnée, du sinistre avenir qui attendait son enfant pour émouvoir les jurés jusqu'aux larmes. La coupable, dit-il, ce n'est pas cette misérable loque humaine échouée sur le banc d'infamie, c'est la société, cette infâme société si dure aux victimes de l'amour ! Il lui attribue, à cette société, tous les péchés d'Israël et les autres, mais il se garde bien d'énumérer toutes les œuvres de protection dont elle entoure ceux et celles que les coutumes archaïques, les mœurs, les préjugés rejettent aux bas-fonds. Au théâtre se développe la même thèse qu'au prétoire, et le public, jurés, bourgeois et ouvriers se laissent prendre à sa magie, sans réfléchir qu'ils seraient les premiers à condamner à leur foyer la pratique de ces théories antisociales.

En réalité, les mêmes causes qui, dans la classe bourgeoise, incitent à l'abstinence procréatrice, poussent la classe prolétarienne à l'avortement provoqué. Elles peuvent se résumer en une seule formule : le refus du devoir social. Une propagande intensive a été menée, soit par les professionnels de l'avortement qui, en toute liberté, étalent leurs réclames cyniques, soit par la littérature néo-malthusienne qui, en prétendant s'inspirer de principes généreux, ne flatte en réalité que l'égoïsme étroit des individus.

Les charlatans qui trafiquent de l'avortement sont légion. Ce sont eux qui font passer, à la dernière page des journaux, des annonces hypocritement humanitaires pour informer qu'avec eux, les *retards, de quelque nature qu'ils soient*, sont supprimés. Il n'est pas de femme qui ne comprenne le sens de ce langage. Ces trafiquants ne peuvent être poursuivis pour leur réclame, et c'est ainsi qu'aujourd'hui, une femme, une fille, constatant avec terreur une grossesse dont elle ne peut ou ne veut supporter la responsabilité et les charges, sait à quelle porte sonner pour se faire délivrer.

Puis il y a les convaincus, les apôtres de l'avortement qui, appliquant jusqu'au bout leurs théories, se dépensent pour faire adopter dans tous les milieux les pratiques abortives. Leur formule est simple : la femme a le droit à l'amour, elle doit pouvoir aimer sans concevoir et, si elle a conçu, elle doit pouvoir se libérer de son fardeau. C'est dans cet esprit qu'était rédigée la brochure d'un instituteur qui signait Dr B. et qui, dans son immonde libelle, indiquait les voies et moyens de la prophylaxie anticonceptionnelle et de l'avortement. Du même auteur, il existe un ouvrage à l usage des médecins, pharmaciens, officiers de santé, sages-femmes, empiriques et gens du monde pour qui la fin justifie les moyens.

Il fut poursuivi en cour d'assises et acquitté.

Puis il y a les libelles que nous avons cités plus haut qui, sans préconiser ouvertement les manœuvres abortives, les justifient, les favorisent moralement. Ils ne traitent, objectera-t-on, que de prophylaxie anticonceptionnelle. Mais qui ne voit que, à la faveur de cette propagande, il se crée autour de la femme une atmosphère trouble où elle perd la notion exacte du bien et du mal, où sa conscience vacille, où elle vient à considérer comme l'adversaire, comme l'ennemi, l'enfant qui peut naître d'une nuit d'amour, que peut-être elle porte dans ses flancs ? Le Dr Doléris l'a fort bien expliqué : « Pour le public toujours simpliste des classes ouvrières, la distinction entre la suppression de la conception et la suppression d'une gestation qui commence n'est pas tellement grande, au point de vue moral, et on conçoit que, dans les réflexions de cerveaux peu cultivés, ces deux actes aient précisément la valeur de simples nuances. Supprimer par avance l'être qui pourrait être conçu, supprimer l'embryon qui vient de l'être, doivent sembler tout un, ou peu s'en faut, à des gens pour lesquels le mobile est tout. »

Reste enfin, comme facteur de propagande, la littérature des romanciers sociologues qui, eux aussi, contribuent à créer l'atmosphère dont nous parlons. Des livres entiers sont consacrés au problème malthusien. La plupart s'inspirent, on ne saurait le nier, de sentiments généreux, mais ils plaident pour des intérêts particuliers. Ce sont des cas spéciaux qu'ils abordent, tel celui de cette héroïne que son père, magistrat, fait avorter parce qu'elle a été syphilisée par son amant. Il ne faut pas confondre avec cette littérature quelques ouvrages tels que *Maternité*, de M. Brieux, la *Graine*, d'André Couvreur, qui sont faits pour nous rappeler que la procréation est un acte sérieux.

Mais ces cas déterminés, précis, où les écrivains préconisent l'avortement, — on pourrait écrire l'avortement thérapeutique, — le public les élargit bien vite. Sa conscience est heureuse de trouver une échappatoire à ses scrupules : il ne sent bientôt plus le particularisme de l'intrigue imaginée par le romancier ; il n'en voit que la conclusion : l'excuse, la justification, la nécessité de l'avortement [1].

1. *Cf.* au sujet des opinions de nos contemporains sur la prophylaxie anticonceptionnelle et sur l'avortement, l'enquête de la *Chronique Médicale*, année 1905.

Citons encore parmi les ouvrages néo-malthusiens une pièce de Maldague intitulée le *Droit de la Chair*, jouée en 1908 chez Mévisto. Mais laissons la parole à M. Brisson, le critique du *Temps*, qui commente ainsi la pièce : « Le droit

D'autres écrivains n'ont point limité à de certains cas la liberté de l'avortement et réclament hautement le droit absolu pour la femme non seulement de concevoir à son heure, mais d'interrompre à son gré le cours d'une gravidité qu'elle n'a point consentie. Le Dr Klotz-Forest, notamment dans sa brochure : *De l'Avortement. Est-ce un crime ?* demande la suppression du paragraphe 317 du Code pénal qui punit de la réclusion les manœuvres abortives. Ses arguments sont ceux des néo-malthusiens, de la *Ligue de la régénération humaine*, ceux que Mme Nelly Roussell a développés avec une grande éloquence, que Mme Séverine a exposés avec une fougue romantique : « L'avortement, s'écrie celle-ci, je voudrais bien qu'on me dise d'abord où et quand il commence... A quel moment est-il légal, à quel moment ne l'est-il pas ?... Voyez-vous, l'avortement est un malheur, une fatalité, pas un crime... Tant qu'il y aura de par le monde des bâtards et des affamés, le drapeau de Malthus, le drapeau taché de sang des infanticides avant la lettre, flottera sur ce troupeau d'amazones rebelles qui, forcées par nos lois de tenir leurs seins arides, ont droit de garder leurs flancs inféconds[1] !... »

Tous ces arguments, on le voit, frappent à la même porte. Ils tendent à détruire chez la femme l'instinct

de la chair, c'est le droit qu'ont les ogresses de dévorer leurs petits, et le droit qu'ont les jeunes femmes de les empêcher de venir au monde, quand cette naissance inopportune leur peut occasionner quelque péril ou quelque embarras. Telle est la thèse soutenue par Georges Maldague... Son héroïne se tue, n'ayant pu obtenir du médecin l'infâme complaisance qu'elle sollicitait. Et le plus curieux, c'est que l'auteur semble sincère et développe doctoralement ce paradoxe ».

1. Cité par le Dr J. Vidal. *Le Droit à l'avortement.*

maternel, ils s'adressent à son égoïsme sensuel, ils lui parlent toujours de droits, jamais de devoirs, ils ont soin de passer sous silence les multiples interventions de la société en faveur de la puériculture, ils placent la maternité sous le jour le plus défavorable et brisent ainsi le plus grand ressort de la race, en niant les joies du foyer, l'intimité de la famille, en annihilant les forces vives du pays. Certes, les malthusiens pensent faire œuvre de progrès social en libérant la femme de sa charge la plus sacrée ; au fond, et nous l'allons montrer, ils concourent à l'œuvre d'anéantissement anarchique poursuivie par des sociologues qui aboutissent à un véritable nihilisme.

D'abord, un point que les propagandistes de l'avortement se gardent bien de mettre en lumière : c'est que les manœuvres abortives, en dépit des progrès de la science chirurgicale, sont toujours dangereuses, pleines d'aléas et souvent mortelles. Le Dr Maygrier, accoucheur de Lariboisière, avance que les avortements *provoqués* donnent à l'hôpital une mortalité de 56,8 p. 100. Ce chiffre peut paraître excessif, mais il faut remarquer qu'il ne concerne que les femmes amenées à la maternité, après un avortement difficile, et qu'il laisse à part celles soignées à domicile. Quand même la vérité serait au-dessous de ce chiffre élevé, on voit que nous sommes encore loin de l'innocuité absolue des procédés vantés et mis en pratique pour la *suppression des retards*... Si la femme d'ouvrier, si la fille-mère savait mieux à quoi elle s'expose en se livrant aux mains des faiseurs d'anges, elle serait peut-être moins docile à se laisser tenter par leurs promesses.

Et puis le problème doit être envisagé de plus haut. C'est fort bien de penser au droit à l'amour de l'individu ; il ne faut pas pourtant lui sacrifier le droit à la vie de la nation. Or, la dépopulation, telle qu'elle résulte de l'abstinence procréatrice ou des manœuvres abortives, met en péril l'existence même de notre race. C'est en cela surtout que cette question de la dépopulation est véritablement sociale.

Il ne s'agit point ici de morale ; nous n'avons point qualité pour parler à ce titre. Laissons donc à d'autres le soin de juger si l'amour moderne est ou n'est point compatible avec les exigences de la conscience. Aussi bien, puisque la morale devient de plus en plus utilitaire, restons sur le terrain de l'utilitarisme.

Mais n'envisageons point l'intérêt particulier. Celui-là fait œuvre de mauvais sociologue qui sépare l'individu de la collectivité et le considère comme une entité qui n'a point à connaître des besoins de la masse. Or, c'est bien ainsi que procèdent aujourd'hui la plupart des idéologues qui veulent le bonheur du citoyen, fût-ce au détriment de la nation. Ils abordent sous cet angle tous les problèmes de l'actualité sociale : criminalité, prostitution, dépopulation, etc... Ici, encore, ils obéissent à des impulsions morales et non à des arguments raisonnés. Il faut avouer, d'ailleurs, que leur sensiblerie — le grand mal contemporain — se trouve bien placée, car nulle n'est plus digne d'intérêt et de sollicitude que la femme qui va procréer et assumer ainsi des charges redoutables.

Mais à tout bien considérer, leur morale utilitaire est singulièrement prise en défaut ; elle est à courte vue ; elle ne voit pas que le bonheur de la masse est intimement lié à la prospérité du pays, à la vitalité de la race. Si le pays tombe en décadence, si la race s'atrophie, si, d'une façon générale, la masse est menacée, l'individu en sera-t-il plus heureux? La logique répond non.

La logique dit au contraire que, si la France se dépeuple, comme sa terre est féconde, son climat excellent, et sa fortune bonne à prendre, elle sera rapidement la proie de l'étranger. Notre défense nationale est donc gravement atteinte par le fait même que notre natalité diminue. Dans vingt ans, notre contingent aura fléchi très sensiblement.

M. Messimy, ancien rapporteur à la Chambre du budget de la Guerre, établissait récemment la quotité des futurs effectifs. Ses chiffres témoignent d'un pessimisme malheureusement justifié :

« Pendant l'année 1886, écrivait-il, il est venu au monde, en France, 466.000 garçons, qui ont produit 223.000 soldats bons pour le service armé.

« Aux années 1900 à 1904, qui ont donné une moyenne de 426.000 naissances, ne correspondent plus que des contingents d'environ 195.000 hommes.

« Chacune de ces classes est donc inférieure de 28.000 hommes à celle incorporée en 1907; l'ensemble des soldats appelés sous les drapeaux pour deux ans sera donc inférieur de 56.000 hommes à ce qu'il était en 1907.

« Les résultats du calcul seraient encore bien plus frappants, du reste, si je recherchais les effectifs correspondants aux naissances de 1907 et 1908.

« On peut présenter cette décroissance sous une forme saisissante en la traduisant en régiments d'infanterie (trois bataillons de 500 hommes) : *Par rapport à l'année dernière, notre armée perdra, d'ici quinze ans, du fait de l'abaissement de la natalité, l'effectif de 37 à 38 régiments !* »

Pendant ce temps, nos prolifiques voisins, beaucoup moins atteints par le fléau malthusien, continueront à dresser devant nous des armées bien plus fortes.

Après la guerre, les deux pays, France et Allemagne, étaient numériquement presque égaux. Aujourd'hui, ils sont dans le rapport de 4 à 6. Que la progression s'accentue et nous nous trouverons en état d'infériorité tellement manifeste que la tentation sera irrésistible pour nos voisins comprimés dans leurs frontières.

Voici, au surplus, un parallèle exact de la natalité entre les différents pays d'Europe :

D'après le Dr Bertillon (statistique parue dans *le Journal* du 31 janvier 1908) : tandis qu'en 1906, la France a gagné 26.000 habitants, l'Allemagne, en 1905, augmentait de près de 800.000, l'Angleterre de 500.000, l'Autriche de 400.000. Conclusion : la France qui, en 1851, comptait comme l'Allemagne environ 35.000.000 d'habitants, en compte, aujourd'hui, 39.000.000 et sa voisine 62.000.000. L'Angleterre qui, en 1851, avait 27.000.000 d'habitants en compte aujourd'hui 45.000.000 ; l'Autriche en avait 31.000.000, aujourd'hui 50.000.000 ; l'Italie 24.000.000, aujourd'hui 35.000.000. Et ainsi de suite...

« Jamais, ajoute le Dr Bertillon, depuis que la statistique existe, c'est-à-dire depuis plus de cent ans, le nombre des naissances n'avait été aussi faible qu'en 1906. »

Cependant, la statistique la plus récente, dressée en janvier 1909 par le ministère du Travail, permet de reprendre confiance dans l'avenir. Est-ce par hasard, est-ce l'effet de la croisade prêchée par M. Piot et ses partisans ? Toujours est-il que la balance penche de nouveau en faveur de l'excédent des naissances. Dans le premier semestre de 1908, le nombre des naissances s'est élevé de 3.000, tandis que celui des décès baissait de 58.000. Ces six mois nous apportent un assez joli progrès, surtout si on les compare aux six premiers mois de 1907. L'année dernière, les décès dépassaient de 55.000 les naissances ; cette année, dans le même espace de mois, ce sont les naissances qui dépassent de 11.000 les décès.

Quand on développe, devant un néo-malthusien, l'objection tirée des nécessités de la défense nationale, il riposte que la fraternité des peuples saura bien un jour imposer la paix universelle. Les événements de la politique nous prouvent qu'il ne faut pas faire fond sur l'internationalisme pacifique.

Il répond aussi que le mouvement gagnera peu à peu les pays voisins et que la natalité baissera chez eux comme chez nous. C'est possible, c'est probable même, mais n'oublions pas que la dépopulation est en raison directe de l'instruction et de la civilisation. Nous avons sur ce point une avance de plusieurs lustres ; aussi notre infériorité numérique qui, d'année en année, va s'accroître, nous mettra à la merci d'une invasion. C'est alors que le citoyen qui aura suivi les égoïstes conseils des néo-malthusiens goûtera le parfait bonheur.

Si la guerre peut être évitée, l'infiltration étrangère ne le sera point. Nous sommes déjà, à Paris, inondés, pour ainsi dire, par des commerçants, des industriels, des employés, des ouvriers étrangers qui viennent prendre leur part du gâteau ; beaucoup, il est vrai, y font souche de Français. Mais ces concitoyens d'adoption ne sont pas des Français de race ; ce n'est point eux qui perpétueront notre génie, qui, comme le coureur antique, prendront de la main de leurs prédécesseurs le précieux flambeau. L'âme française se perdra ainsi, se diffusera, se noiera dans la confusion cosmopolite.

Quant à la femme, sera-t-elle plus heureuse d'être restée inféconde ou de n'avoir consenti à ne mettre au monde qu'un enfant ? L'affirmer, c'est mal connaître ses réelles aspirations, ses instincts, son but dans la vie. Elle redeviendra, comme le fait justement remarquer le Dr Vidal, la servante de l'homme, car sans enfants, elle est sans défense. C'est par l'enfant qu'elle s'affranchit dans une société où grandit la conscience des droits et des devoirs. C'est pour l'enfant que cette société donne à la femme aide, protection, secours de toutes sortes.

Le féminisme fait donc fausse route en voulant persuader à la femme qu'elle doit vivre comme il lui plaît, par son seul travail, n'acceptant du devoir maternel que ce qui lui convient. « L'épouse, dit le Dr Bertillon, ne doit pas d'abord être ouvrière, commerçante, compagne ou femme du monde, elle doit avant tout être mère. »

Y a-t-il un salut à cette situation critique ? C'est improbable. On remonte difficilement un courant social si favorable à l'égoïsme des individus. Seul le progrès moral est capable de combattre l'effet des funestes théories qui tendent à le justifier. Et le progrès moral est le dernier mot du progrès social.

TROISIÈME PARTIE

LE PROGRÈS ET LA SANTÉ

I

L'Art de guérir

La maladie est la plus lourde, la plus cruelle, la plus tenace de toutes les tares qui frappent l'humanité. Depuis que l'homme a pris conscience de sa force, il s'est employé à lutter contre la maladie. La médecine poursuit donc un double but : guérir et prévenir. Voyons comment y réussit le progrès moderne.

L'art de guérir passe, non sans raison, pour avoir fait d'immenses progrès au cours des cinquante dernières années. De fait, s'il fallait juger des résultats obtenus par la multiplicité des méthodes nouvelles et des médicaments nouveaux, on serait en droit d'affirmer le triomphe définitif de la science sur la maladie et la mort.

La réalité est moins séduisante. Certes, on ne saurait nier que les thérapeutes modernes ont doté l'humanité de découvertes précieuses. Ce serait faire montre d'une partialité injustifiée que de nier les progrès accomplis par la médecine depuis Molière.

Il est cependant des esprits cultivés, même chez les médecins, qui ne reconnaissent point l'évidence. Contempteurs systématiques du présent, ils commettent la même erreur que les Pangloss qui croient aux vertus universelles des panacées modernes.

La vérité tient dans le juste milieu. Mais l'observateur équitable reconnaîtra aisément que les résultats obtenus actuellement ne sont pas en rapport avec le prodigieux effort de la science contemporaine. Il semble qu'il y ait une fuite mystérieuse par où s'écoule une partie de cette énergie intelligente. Cela tient à ce que les novateurs, en dépit de leur talent, de leur génie même, n'ont point considéré tous les facteurs déterminants de l'effet morbide, ni toutes les conséquences qu'entraîne l'application de leurs découvertes.

Nous en avons eu un exemple retentissant avec le radium. Lorsque les Curie eurent révélé au monde savant les propriétés énigmatiques de ce corps, on pensa aussitôt à en faire bénéficier la thérapeutique. On prôna alors la radiothérapie. On crut tenir la guérison du cancer et d'autres affections réputées jusqu'alors incurables. Un immense espoir gonfla les poitrines... Bientôt il fallut se rendre à l'évidence. Le radium, excessivement dangereux à manier, tenait beaucoup moins qu'il n'avait promis.

***

La médecine moderne repose sur l'œuvre de Claude Bernard, sur la méthode expérimentale. Jusqu'alors la thérapeutique, que n'éclairait point la physiologie, était restée empirique. On sut désormais établir l'origine des maladies. Puis Pasteur vint ; ses théories bouleversèrent complètement la science et l'établirent sur des bases nouvelles et, sans doute, indestructibles. L'édifice scientifique fut rebâti de toutes pièces. Il se trouva que quelques-unes des pièces de l'ancienne médecine prirent place dans le nouvel édifice, mais sous des noms différents. Les fameuses *humeurs peccantes*, dont on se gaussait tant, furent débaptisées et rentrèrent dans les théories de l'intoxication intestinale. Les célèbres miasmes furent remplacés par les microbes. La nouvelle méthode eut ce résultat inattendu, mais précieux, de confirmer expérimentalement les hypothèses d'autrefois qui ne reposaient que sur l'intuition.

Elle eut également pour conséquences des découvertes remarquables pour la thérapeutique. Les sérums firent leur apparition, et le premier en date, le sérum de Roux-Behring, fut salué avec enthousiasme par le public et le corps médical : la diphtérie n'était plus invincible.

On pouvait espérer, après cette découverte née des théories pastoriennes, qu'un champ extraordinairement fertile était réservé à la sérothérapie. On entrevit la possibilité de juguler par ce moyen toutes les maladies infectieuses. Ce qui avait réussi pour la diphtérie pouvait-il échouer pour la tuberculose, la fièvre typhoïde, la syphilis ? Quelle heureuse révolution dans l'art de guérir ! Quels lendemains bénis pour l'humanité, délivrée enfin de tous ces détestables cadeaux issus de la boîte de Pandore !

Ici encore, cette espérance que légitimaient les premiers résultats obtenus devait faire place à une désillusion décevante. Le laboratoire, qui permettait d'affirmer les diagnostics, se montrait impuissant à établir les sérums préventifs et curatifs des infections ; en dehors de la diphtérie, aucune maladie n'était vaincue. Seuls, des sérums antivenimeux, antipesteux, anticholériques, antitétaniques présentaient une efficacité réelle ; mais combien restreint le rôle qu'ils étaient appelés à jouer, en Europe surtout ! Quant aux vieilles forteresses de la maladie, formidables bastilles d'où elle nargue l'humanité, elles restaient imprenables. La tuberculose résistait aux découvertes sensationnelles, mais rapidement taxées d'impuissance ; la syphilis, en dépit de la bonne volonté des chimpanzés, était indifférente à la sérothérapie. La fièvre typhoïde semblait fléchir, mais cette victoire était encore bien incertaine puisque la nouvelle médication ne se généralisait pas.

Tant d'efforts, les plus louables, les plus intelligents, les plus généreux se heurtaient donc à une opposition toujours vigoureuse de la maladie. Le défaut de sa cuirasse n'était point et n'est point encore trouvé. Ainsi se démontrait cette éternelle vérité que les résultats acquis, dans ce domaine de l'initiative humaine comme dans tout autre, sont toujours inférieurs à la somme d'énergie, de talent dépensés en vue d'un but beaucoup plus élevé.

D'autre part, ce progrès si lent, si pénible ne s'est point acheté gratuitement. L'engouement des hommes de science pour le laboratoire leur a fait délaisser la sage méthode des vieux médecins, la clinique. L'examen des malades, l'auscultation prirent le second rang dans leurs préoccupations. L'œil vissé sur le microscope, ils partirent à la découverte des microbes ; la Pravaz en main, ils inoculèrent cobayes, lapins et chevaux. Et l'enseignement de la médecine se ressentit profondément de ces nouvelles tendances. C'est à peine si l'on apprit aux étudiants la bonne et utile clinique qu'ils auront, une fois praticiens, le devoir de connaître à fond. On les initia au jeu des théories, à la casuistique et on oublia de leur apprendre leur métier. Plus d'un jeune docteur est ainsi sorti de l'école, très ferré sur la microbiologie, mais incapable de diagnostiquer une pleurésie ou un embarras gastrique.

Rien d'étonnant, du reste. Le Français a hérité de son ancêtre latin un amour immodéré pour la discussion stérile et le bavardage d'école. Quel champ plus ouvert à cette douce manie que celui des gloses scientifiques où les idées générales et abstraites tiennent lieu d'arguments décisifs et probants ?

Toutefois, la vérité nous force à reconnaître qu'une réaction vigoureuse se manifeste contre ce travers qui a porté des fruits néfastes. Sous la pression des intéressés, c'est-à-dire des praticiens et des étudiants, on a amorcé la réforme des études médicales. Puissent-elles enfin, dirigées dans la voie de la méthode d'observation, donner aux générations médicales prochaines une instruction essentiellement pratique, produire des hommes de l'art et non point des théoriciens impuissants devant la tâche difficile qui leur incombe !

D'une façon générale, la thérapeutique moderne, qui s'enrichit chaque jour de remèdes nouveaux, a marqué à son actif une conquête précieuse : la suppression de la douleur. Douleur spontanée de la maladie, douleur provoquée par le chirurgien, l'une et l'autre s'effacent devant l'analgésique et l'anesthésique.

Le simple praticien est armé redoutablement contre la douleur. Les dérivés de l'opium, la cocaïne, le pyramidon, etc., sont par lui distribués *larga manu*. D'ailleurs, que lui demande le malade ? De ne plus souffrir. Progrès donc, progrès indéniable puisqu'une simple piqûre de morphine peut faire soudain cesser les tortures d'une colique hépatique. Et, cependant, on peut se demander si ce progrès ne s'achète pas un peu cher.

Tout d'abord, sans avoir besoin de se lancer dans de hautes considérations philosophiques, il nous faut constater que la morphinomanie, si répandue, a souvent son origine dans l'usage thérapeutique qu'un médecin a fait de la morphine un jour où son malade l'implorait de calmer ses souffrances. Le docteur, qui sait cependant les dangers de cette initiation, s'est laissé fléchir ; il a pratiqué la bienfaisante piqûre : c'est une révélation pour le malade, une porte ouverte sur les rêves paradisiaques ; les jours suivants, il sera poursuivi par le désir d'une nouvelle piqûre; le voilà candidat à la morphinomanie. S'il n'a pas une volonté de fer, il dégringolera rapidement dans l'abîme où se noient tant d'intelligences et tant d'énergies.

Mais il y a plus. La suppression de la douleur, si souhaitable, n'est pas sans répercussion sur la constitution de l'individu. A ne plus vouloir souffrir, notre sensibilité, déjà suraiguë, devient plus délicate encore, et nous perdons en courage ce que nous gagnons en analgésie. Il est facile de s'en rendre compte. Qui de nous supporterait aujourd'hui une amputation à la mode d'Ambroise Paré, alors que nous exigeons du dentiste une piqûre de cocaïne pour l'avulsion d'une dent ? Or, le courage de souffrir est une des formes de la vaillance, et la suppression de la douleur nous incite forcément à la veulerie et à la lâcheté.

Ce n'est pas tout encore : la douleur est le mal nécessaire. Son utilité biologique est facile à démontrer ; elle constitue une défense, une protection de l'individu assailli par le traumatisme ou par quelque autre phénomène. Utile dans l'ordre moral puisque, d'après Gœthe, la conscience de l'homme est surtout faite de douleur, elle est non moins un fait vital de l'ordre physique. La supprimer, c'est donc modifier, c'est altérer les conditions mêmes de la vie, c'est nous mettre en état d'infériorité dans la lutte pour l'existence.

Reste la chirurgie. Ici encore, grand progrès. L'école de Pasteur, par sa découverte de l'antisepsie et de l'asepsie, a permis aux opérateurs toutes les audaces, toutes les initiatives. Les procédés d'anesthésie supprimant enfin la douleur, cet obstacle terrible aux interventions chirurgicales, celles-ci ont pu être étendues largement. L'ouverture d'un ventre, réputée autrefois comme un pis aller extrêmement périlleux, est aujourd'hui une opération facile et presque sans danger. La grande chirurgie abdominale, instaurée d'après les principes pastoriens, est à l'abri des terribles complications infectieuses qui, voici trente ans à peine, condamnaient presque irrémédiablement les opérés. L'art des accouchements a tiré également de cette découverte un inestimable profit. L'infection puerpérale a disparu des maternités qu'elle ravageait jadis. En ville, elle est également devenue une exception.

La chirurgie d'armée a également bénéficié de ce progrès. Qu'on en juge par cette comparaison : pendant le siège de 1870, à Paris, tous les blessés transportés à l'hôpital étaient condamnés par avance et sans appel ; l'employé qui signait leur billet d'admission pouvait du même coup établir leur feuille de décès. Lors de la guerre russo-japonaise, si meurtrière cependant, les armées belligérantes n'ont point perdu plus de 2 p. 100 de leurs blessés évacués sur l'arrière ou soignés sur place. Cette statistique éloquente dispense de tout commentaire.

L'époque contemporaine a donc consacré le triomphe de la chirurgie, triomphe éclatant qui a frappé le public d'admiration pour l'art qu'Ambroise Paré pratiquait avec tant de noblesse, de modestie et de science. A tel point que ce même public, discutant des progrès de l'art de guérir, proclame couramment que la médecine est restée stationnaire, tandis que la chirurgie, seule, a franchi les étapes de la victoire. Jugement erroné, nous venons de le voir.

Mais tout triomphe a son revers. Ce n'est pas impunément que le chirurgien s'est vu le dieu moderne, fils d'Esculape, capable de tous les miracles. Enhardi par la sécurité de ses interventions, très rémunératrices, il s'est laissé griser par le succès. Il a multiplié leur nombre, parfois sans raison. Dans chaque malade, il a vu un excellent sujet à opération. De là, cette réputation, exagérée évidemment, de *coupe-toujours* que le public lui a faite.

La témérité des chirurgiens n'a point été sans danger. La défaveur, dont certains praticiens ont été victimes de la part du public, tient à cette tendance néfaste qu'ils ont manifestée d'opérer souvent sans nécessité absolue. Loin de nous, aussi bien, la pensée de les accuser d'un trop vif appétit de lucre. Les chirurgiens, en toute bonne foi, ont cru pendant longtemps que, dans nombre de cas, il n'y avait point de salut en dehors de leur art. Les jeunes générations de chirurgiens professaient pour la médecine interne un souverain mépris. Dans les sociétés savantes, à l'Académie de Médecine notamment, de longues discussions s'ouvrirent sur la nécessité d'interventions chirurgicales : la question est toujours pendante en ce qui concerne l'appendicite. Mais le grand public n'a pu pénétrer les arguments scientifiques de ces discussions. Il a cru que les médecins accusaient les chirurgiens d'opérer inconsidérément, et sa confiance s'est trouvée ébranlée ; de ce fait, l'œuvre de guérison a pu quelquefois être compromise.

Au point de vue purement matériel, cette tendance a eu des conséquences aussi fâcheuses. Lorsque l'ovariotomie fut devenue une opération courante, la mode s'établit de traiter par cette intervention bon nombre de maladies des femmes. Aussi plus d'une, portant une affection curable par d'autres procédés, fut condamnée irrémédiablement à la stérilité. Or, la race française n'est point assez prolifique pour que sa vitalité puisse être atteinte par le bistouri du chirurgien. Si la morale ne gagnait guère à la mode de l'ovariotomie, le malthusianisme en profitait. Singulier choc en retour du progrès !

Une réaction s'imposait. La chirurgie conservatrice, prônée par des maîtres courageux, est venue s'opposer à la chirurgie dévastatrice. Un enseignement nouveau professe aujourd'hui que l'amputation définitive d'un membre ou d'un organe ne doit être pratiquée que lorsqu'on a perdu tout espoir de le conserver. Alors, le triomphe du praticien est, en apparence, moins brillant, mais combien plus utile son rôle social !

Ces quelques réserves faites, constatons donc que l'art de guérir a réalisé, au cours de ces cinquante dernières années, de notables progrès qui n'ont point été achetés trop chèrement par une rançon trop lourde. Considérons maintenant les maladies elles-mêmes et leur évolution, dressons le bilan des efforts entrepris par les savants et des résultats obtenus.

Ici encore, nous trouverons entre la cause et l'effet une disproportion considérable.

II

L'Évolution des maladies

Le chapitre de l'évolution des maladies est un des plus importants de la pathologie générale ; il constitue, pour ainsi dire, la clef de voûte de l'art médical.

On pourrait s'imaginer que la vie humaine est sujette à un certain nombre déterminé de maux, dus à des causes diverses, et qu'en faisant disparaître ces causes, l'effet disparaissant aussi, le nombre des maladies ira diminuant sans cesse ; le progrès serait ainsi continu, lent, mais sans recul possible.

C'est mal connaître les conditions mêmes de la vie que de s'arrêter à un concept aussi simple. Tout ici-bas subit l'évolution fatale : le mal comme le bien ; tout s'adapte aux nouvelles conditions créées par l'évolution, et la maladie n'échappe pas à cette loi.

Comment en serait-il autrement, d'ailleurs ? Le progrès, entendons par là l'ensemble de nos étapes vers un avenir meilleur, modifie chaque jour notre manière de vivre, crée un milieu social différent, un perpétuel changement. Sans doute, nous y trouvons un avantage. Mais tout n'y est pas qu'avantage. Secondairement, les causes de maladies peuvent être influencées, développées, exaspérées par le progrès. De même que notre état mental supporte de son fait des modifications incessantes et pas toujours heureuses.

Aussi l'histoire de la médecine nous montre-t-elle que certaines maladies ont connu des heures d'apogée, et ont disparu aujourd'hui, tandis que d'autres, presque inconnues autrefois, peuvent être considérées comme des acquisitions nouvelles. On peut diviser les maladies en trois groupes : celles d'hier qui ne présentent plus guère qu'un intérêt historique ou tendent à disparaître ; celles d'aujourd'hui contre lesquelles le savant lutte de toutes ses forces, avec plus ou moins de succès ; celles de demain, menaçantes déjà et qui s'avancent rapidement pour prendre la place de leurs aînées. Au premier groupe appartiennent d'abord la lèpre, la peste, le pourpre, le feu de saint Antoine, les épidémies gangréneuses du moyen âge, etc. Plusieurs de celles-ci, mieux connues, sont identifiées avec des affections de notre époque ; d'autres paraissent définitivement terrassées. La principale raison de leur virulence épidémique était la déplorable hygiène, individuelle et collective, des siècles passés.

Au second groupe ressortissent les grandes maladies actuelles : fièvres éruptives, diphtérie, tuberculose, syphilis, etc. Le terrain conquis sur elles, grâce à nos hygiénistes modernes, est considérable. Quelques chiffres permettront de mesurer ce progrès :

De 1777 à 1806, à Trieste, la variole a tué 14.036 individus par million d'habitants ; de 1838 à 1850, après l'introduction de la vaccination, 182 pour le même nombre d'habitants. A Berlin, elle a fait, de 1781 à 1805, 34.422 victimes ; de 1810 à 1850. 170 individus par million d'habitants[1]. En Suède, avant l'introduction de la vaccine, la moyenne du

1. Chiffres fournis par Lotz, de Bâle, à la Commission fédérale de Suisse, en 1889.

décès par variole était de 165,82 par 100.000 habitants ; avec la vaccine facultative, elle fut de 55,60 ; puis de 18,20 avec la vaccine obligatoire. En Allemagne, avant 1875, date de la vaccination obligatoire, la mortalité était de 33,84 sur 100.000 âmes ; après 1875, elle tomba à 7,3 ; dans l'armée, elle est devenue nulle. En Angleterre, de 16,98 elle est tombée à 7,61, chiffre double de celui de l'Allemagne, parce que la revaccination n'y est pas obligatoire[1]. Voici qui montre surabondamment combien l'Académie de Médecine a eu raison de demander, en 1904, l'obligation de la vaccination et de la revaccination.

La diphtérie, depuis la découverte du sérum de Roux-Behring, est aujourd'hui combattue avec de grandes chances de succès. La mortalité est tombée de 56 p. 100 à 16 ou 10 p. 100 ; cette différence est surtout marquée pour le croup où la proportion de guérisons monte de 23 à 51 p. 100. D'autre part, les méthodes préventives ont donné d'excellents résultats : sur 502 enfants appartenant à 200 familles où s'était produit un cas de diphtérie, on n'a observé que 13 cas seulement, dont aucun mortel.

La tuberculose, bien qu'attaquée vigoureusement de tous les côtés à la fois, ne semble pas devoir céder un pouce de terrain. Nous consacrerons plus loin un chapitre spécial aux conditions sociales qui en favorisent le développement. Bornons-nous, pour le moment, à poser quelques chiffres qui éclaireront suffisamment le lecteur sur l'étendue du fléau. Nous les empruntons à l'excellent traité des *Maladies*

1. Chiffres du Dr Louis Guinon.

populaires du Dr Louis Rénon. La tuberculose frappe, en France, 7 à 800.000 personnes et en tue 150.000. A Paris, elle fait de 12.000 à 13.000 victimes par an, environ 51 pour 10.000 habitants. Certaines campagnes sont aussi atteintes que les grandes villes : dans une commune de 1.250 habitants, dans une seule rue comprenant 134 habitants, on a compté 17 tuberculeux. Aucune des agglomérations humaines n'échappe à ses ravages : l'armée française a perdu, en 1888, 5,48 pour 1.000 de son effectif par tuberculose ; en 1895, 9,48 ; en 1898, 8,01 [1]. Dans la marine, même désastre : la moitié des matelots morts à l'hôpital de Brest, de 1880 à 1897, ont été enlevés par la phtisie. En 1898, la flotte française perdit 2.176 hommes par réformes et décès ; 29 p. 100 étaient tuberculeux.

Dans les hôpitaux, la tuberculose fauche le personnel : en 24 ans, sur 102 décès de religieuses à l'Hôtel-Dieu, 82 sont mortes de phtisie (plus de 80 p. 100). les infirmiers paient au fléau un tribut de 36 p. 100. Les prisons fournissent les statistiques suivantes : détenus, 44 pour 10.000 ; agents, 17 pour 10.000. Les gardiens de la paix ne sont pas moins éprouvés : 37 p. 100 de tuberculeux parmi les 7.678 réformés entre 1890 et 1899.

Ces chiffres tendraient à montrer que le fléau n'est pas en recul, malgré toute la vigueur apportée à le combattre. Nous verrons plus loin combien cette lutte est difficile en raison des multiples facteurs sociaux de tuberculose. Mais nous sommes bien forcés, en nous cantonnant pour le moment sur le terrain purement médical, de constater que les nouveaux traitements préconisés comme antituber-

1. Chiffres fournis par M. Letulle à la Commission de la Tuberculose, en 1900.

culeux sont loin d'avoir les résultats qu'on en attendait. Brouardel avait cru pouvoir énoncer cet aphorisme : « La tuberculose est la plus curable des maladies contagieuses. » Il nous faut revenir de cet optimisme que la réalité dément cruellement.

Le traitement de la tuberculose est devenu une question d'écoles. Cependant que l'école allemande préconisait le sanatorium, hors duquel elle n'admettait point de salut, la française soutenait que le sanatorium n'est point indispensable, qu'il nécessite des dépenses énormes et que les résultats obtenus ne sont pas meilleurs que ceux donnés par la cure libre. Les différents congrès : de Moscou, qui s'inclinait devant l'*arche sainte* du sanatorium formé, de Paris, de Bruxelles, de Washington (1908) ont retenti des discussions passionnées entre partisans et adversaires de la *cure fermée* en sanatorium. En 1901, le Dr Louis Rénon écrivait : « Malgré tous les efforts louables qui se poursuivent depuis trois ans la création de sanatoria pour tuberculeux pauvres est attaquée à son tour, et cela au nom des dépenses formidables que coûterait leur installation et du peu de résultats qu'ils pourraient donner. On a fait remarquer qu'à Angicourt le lit revenait à 6.000 fr. et que, en comptant au moins 300.000 tuberculeux à hospitaliser en France la dépense totale reviendrait à 1 800,000.000 avec un budget annuel d'au moins 528000.000. Or, beaucoup croient qu'on ne trouverait jamais le quart, même pas le dixième de ces sommes fantastiques, et beaucoup pensent qu'il serait fâcheux qu'on les trouvât, car ceux qui les auraient données, Etat, départements ou particuliers, regretteraient un jour, en présence des maigres résultats, d'avoir ouvert pour si peu leur bourse, dont ils auraient pu, même au point de vue de la tuberculose, faire un emploi singulièrement plus utile. »

Les Allemands reconnaissent eux-mêmes que le sanatorium est manifestement insuffisant pour juguler le fléau social, et, récemment, le professeur Nietner, de Berlin, avouait que le sanatorium populaire n'est utile qu'aux malades susceptibles de guérir ou de s'améliorer considérablement en trois mois de séjour dans cet établissement. Toute la campagne antituberculeuse de l'Allemagne s'appuie sur la loi du 13 juillet 1899 relative à l'assurance contre l'invalidité. Par l'intermédiaire des institutions d'assurances ouvrières, l'Etat institue l'assurance obligatoire contre la maladie et l'invalidité. Assurances et caisses de maladie, constatant que, sur 100 rentes payées, 22 à 25 étaient servies à des tuberculeux, obtinrent la création de sanatoria où le malade serait soigné trois mois, temps suffisant pour obtenir, pensait-on, une guérison *économique*. L'Etat, contribuant pour une somme de 50 marks à la rente annuelle, avait intérêt à la guérison rapide de l'ouvrier tuberculeux, à ce que l'*invalide* pût, le plus promptement possible, reprendre son travail. C'est cet argument, financier et non sentimental, qui décida de la création des sanatoria.

Il existe aujourd'hui en Allemagne 99 sanatoria populaires et 36 privés avec un nombre total de 12.000 lits où sont traités chaque année 48.000 tuberculeux. En France, nous possédons actuellement une dizaine de sanatoria populaires et autant de privés. Mais le record est tenu par la Suisse qui, du traitement de la tuberculose, a fait une véritable industrie et a installé d'immenses sanatoria pour cure d'altitude. Malgré les chiffres fournis par le professeur Nietner affirmant (sans prouver) que la mortalité uberculeuse en Prusse est tombée de 35 pour 0.000 habitants, en 1860, à 17,12 en 1907, on ne aurait, sans parti pris, déclarer le sanatorium oblіatoire et suffisant pour le traitement des phtisiques. l ne faut point non plus le déclarer inutile et néіste. Il présente ses indications particulières, con·ient aux malades indisciplinés, par exemple. Mais n obtient les mêmes résultats par la cure libre, ırsque les malades se soumettent aux strictes pres·riptions de leurs médecins.

La question de l'assistance au tuberculeux, à sa ımille est autrement importante ; au point de vue e la prophylaxie sociale, elle présente un intérêt ıajeur ; de ce côté, l'Allemagne est en avance sur ı France[1]. Et pourtant, en deçà comme en delà du hin, chez tous les peuples civilisés pour tout dire, a tuberculose ne recule pas : nous verrons plus loin s raisons de cet échec[2].

La fièvre typhoïde, si elle n'est point absolument rrassée, est cependant moins redoutable qu'autre-

1. Cf. à ce sujet Louit, Th. de Paris 1903. *L'assistance à la mille des tuberculeux en Allemagne.*

2. Nous pourrions ici reproduire les nombreuses statisques dressées dans tous les pays pour prouver que la mordité tuberculeuse est en diminution ou en augmentation. 'ais ces statistiques ne prouvent rien ; elles ne peuvent re établies que dans les grandes villes ; au village, le rvice de statistiques est rudimentaire ou nul. Or, comme expliquent MM. Letulle et Léon Petit, les tuberculeux uittent en masse les villes pour aller mourir à la camıgne. « Nous sommes ici en présence d'un de ces mirages fréquents dans les statistiques, mirage analogue à celui ui fait croire à une diminution considérable de la tuberılose dans toutes les armées, alors que cette diminution est ue à un recrutement plus sévère et à des réformes plus ımbreuses. »

fois. Moins fréquente et plus curable, on peut, o doit la considérer comme une maladie en régression Lorsqu'on découvrit que le germe typhique était, l plus souvent, véhiculé par l'eau de boisson, les municipalités urbaines consentirent des sacrifice héroïques pour distribuer de l'eau dont la puret fût certaine à l'émergence et conservée tant dans l trajet d'amenée que dans le réseau de distribution

Problème facile à poser, difficile à résoudre. Paris devrait aujourd'hui ignorer la fièvre typhoïde puisqu'il est alimenté en eau de source. Mais cett eau n'est pas pure d'une façon permanente. Le bassi de Paris offre un sous-sol crayeux qui n'oppos qu'une faible résistance aux souillures de la surface; le filtre est défectueux; aussi lorsqu'une période de pluie succède à une période de sécheresse une petite épidémie de typhoïde se déclare dans l capitale moins d'un mois après. Toutefois, le résultat obtenu, aussi bien à Paris que dans les autre villes françaises, est appréciable. Dans l'armée après que les casernes furent alimentées en eau potable, la mortalité par typhoïde tomba de 1.864 e 1888 à 292 en 1890. Pour la garnison de Paris, l diminution atteignit d'emblée 75 p. 100. En Angleterre, après la mise en vigueur de la loi sanitair (1880), la mortalité typhique passa de 12 à 2 pou 10.000 habitants. Cependant la typhoïde n'a pas encore disparu, tant s'en faut; ses ravages son moindres, mais trop grands encore; il est vra qu'elle reconnaît d'autres facteurs étiologiques qu l'impureté des eaux de boisson : produits alimentaires nocifs, poussières infectieuses, etc., peuven véhiculer le redoutable bacille d'Eberth.

Les maladies vénériennes, dont nous reparleron

au chapitre *Prostitution*, sont vigoureusement combattues, non point tant au point de vue prophylactique que curatif. La méthode des injections mercurielles a sauvé d'innombrables syphilitiques. Ici donc progrès de la science, recul de la maladie.

La rage n'existe plus que pour mémoire, grâce à Pasteur.

Quant aux épidémies exotiques, elles ne semblent plus devoir ravager l'Europe comme au cours du siècle dernier. Le choléra, quoi qu'il advienne dans l'avenir, ne pourra plus faire en Europe ces incursions foudroyantes qui enlevaient, en France seulement, 114.000 habitants au cours de l'épidémie de 1832 à 1835; 110.000 de 1848 à 1849; 143.000 de 1854 à 1855; 14.000 de 1865 à 1866. La découverte du mode de contage cholérique, les procédés plus ou moins énergiques de désinfection, les mesures préventives internationales nous permettent de ne pas espérer le retour de pareilles hécatombes.

Ce n'est point, toutefois, que les sources des épidémies asiatiques soient taries. Les rives du Gange, patrie du choléra et de la peste, sont toujours des foyers actifs d'où irradient les épidémies. A la Mecque, le choléra est en permanence. Il va trouver, ainsi que l'expliquait à l'Académie de Médecine le professeur Chantemesse, dans la voie ferrée qui relie depuis peu la ville sainte à l'Europe, un mode de propagation singulièrement commode. En rapprochant les distances, le chemin de fer nous rapprochera du foyer cholérique qui, hier encore, nous apparaissait lointain et d'accès difficile. Les mesures sanitaires, dans les ports et gares frontières, devront être plus rigoureuses encore qu'elles ne le sont aujourd'hui, et peut-être leur barrière sera-t-elle parfois forcée. Au surplus, nous ne devons pas oublier que le choléra, qui vient d'hiverner en Russie, menace sérieusement l'Allemagne orientale; mais dans un pays à civilisation intense, comme l'Empire allemand ou la France, il lui serait impossible de faire de sérieux ravages.

Toutes ces maladies d'aujourd'hui — nous n'en avons énuméré que quelques-unes ayant un caratère social, — peuvent donc être considérées comme suivant une évolution régressive. La tuberculose même, qui se maintient à un taux élevé, sera assurément vaincue un jour comme la diphtérie ou enrayée comme la typhoïde. L'hygiène moderne parfera sa victoire. Mais pourquoi faut-il que d'autres maladies — les fléaux de demain — se dressent déjà menaçantes, prêtes à prendre, dans le milieu social, la place que leur laisseront leurs aînées disparues?

***

Les maladies de demain, nous pouvons les prévoir d'abord en observant le mouvement morbide contemporain, puis en examinant quels seront les nouveaux facteurs sociaux qui les engendreront.

La première observation nous permet de constater la fréquence croissante du cancer qui gagne de jour en jour; certaines provinces françaises sont littéralement dévastées par lui, notamment la Normandie. Dans les agglomérations urbaines, il prend droit de cité. On a signalé de véritables maisons à cancer dont les locataires sont tour à tour dévorés par ce minotaure. Or, jusqu'à présent, la science a été absolument incapable de déterminer le mode d'éclosion du cancer. Plusieurs hypothèses éphémères ont été échafaudées. On a incriminé le climat humide, les conditions d'habitation, l'alimentation, la syphilis, les souris même ; mais ce ne sont point là des facteurs nouveaux ; la Normandie a été de tout temps humide, l'hygiène alimentaire n'était pas meilleure autrefois qu'aujourd'hui, la syphilis et les souris ne datent pas d'hier. Et cependant le fait est patent : tous les cancers, mais surtout ceux des voies digestives sont en progression.

Au reste, voici quelques chiffres empruntés aux statistiques du Dr J. Bertillon[1] :

Sur 100.000 habitants, combien de décès annuels par cancer :

Paris :	1876-1880	94
—	1881-1885	95
—	1886-1890	99
—	1891-1895	99
—	1896-1900	105
—	1901-1905	109

Le même accroissement se remarque à Londres et à Berlin, dont nous citons les chiffres. Sur 100.000 habitants combien de décès annuels par cancer :

Londres :	1851-1860	42
—	1861-1870	48
—	1871-1880	55
—	1881-1890	68
—	1891-1900	85
—	1901-1904	92

1. Jacques Bertillon. *De la fréquence des principales causes de décès à Paris pendant la seconde moitié du* XIX*e siècle, et notamment pendant la période* 1886-1906. Paris, Imprimerie municipale.

	Cancers et tumeurs	Tumeurs utérines
Berlin : 1881-1885.	55	14
— 1886-1890.	65	12
— 1891-1895.	75	13
— 1896-1900.	85	13

On voit donc que ce n'est pas sans raison qu'on peut classer le cancer dans les maladies de demain.

L'appendicite, elle aussi, devient menaçante. Inconnue voici un demi-siècle, elle tient aujourd'hui une place respectable dans la statistique. C'est la maladie à la mode, la maladie bien portée. A dire vrai, elle n'est point extrêmement grave, assez toutefois pour amener une issue fatale dans des cas encore trop nombreux. Ici, même incertitude dans la pathogénie que pour le cancer : on a accusé les corps étrangers (pépins de raisin, etc.), puis les vers intestinaux, puis l'abus de la viande dans l'alimentation ; demain verra fleurir une nouvelle théorie. Cette multiplicité d'hypothèses, nullement vérifiées, est le signe de l'incertitude des hygiénistes. Or, comment prévenir des maladies dont on ignore l'origine ?

Mais c'est surtout en envisageant les conditions du milieu social de l'avenir que nous pouvons estimer la rançon que les générations futures paieront à la maladie. Trois facteurs sont ici à considérer : le mode d'alimentation, le mode de travail, le mode de plaisir.

L'alimentation a toujours joué un rôle considérable dans l'étiologie des maladies. Nous ne savons pas manger. Au surplus, les industriels et les commerçants, qui ont à tâche de subvenir aux besoins de notre estomac, ne se gênent guère pour adultérer les produits naturels et nous empoisonner lentement, mais sûrement. Leur art néfaste s'est accommodé de toutes les conquêtes de la science moderne ; ils se sont admirablement adaptés à ce qu'ils considèrent comme le progrès. Par ce vocable, ils entendent les moyens les plus sûrs de parvenir à la fortune, fût-ce au détriment de la santé publique.

Les fraudeurs ont donc fait de larges emprunts à la science et surtout à la chimie moderne. Les plus modestes se contentent de faire passer pour un produit supérieur une marchandise de qualité inférieure ; c'est la fraude à l'étiquette, caractérisée par la vente de vieux médocs en provenance de l'Hérault ou de champagnes fabriqués avec des raisins de Touraine. Les plus audacieux frelatent les denrées alimentaires, sans se soucier des graves conséquences qui peuvent résulter de leur consommation. C'est une sorte de sabotage que les pouvoirs publics s'efforcent mollement de réprimer.

On dresserait un curieux répertoire de toutes les fraudes commises impunément jusqu'ici par des industriels indélicats : huile d'olive, fabriquée avec des cacaouettes, vinaigre d'acide acétique, poivre de pyrèthre, moutarde de tourteaux de colza, chocolat de noisettes et d'arachides, confitures mêlées d'antiseptiques, sucre de saccharose, etc., etc.

Ce sont les boissons, surtout, qui ont été sophistiquées. Le mouillage du vin, du lait est une opération trop tentante pour n'être pas pratiquée de façon courante. Cependant les laboratoires peuvent dépister cette fraude en constatant la faiblesse alcoolique du vin ou la faible teneur du lait en matières solides. Mais on ne prend pas les fraudeurs sans vert : quand on leur reproche un vin trop faible, ils prétendent qu'il résulte de vendanges d'Aramon, plant de vignes qui fournit un vin très mouillé ; quand on les poursuit pour lait baptisé, ils assurent qu'il a été fourni par une vache hollandaise, nourrie de drèches, dont le lait est naturellement très faible. Il faut alors établir la densité du lacto-sérum pour convaincre le fraudeur de son imposture.

Le lait subit bien d'autres falsifications que le mouillage et l'écrémage. On y introduit, pour remplacer la crème prélevée, des matières grasses étrangères telles que l'axonge et le beurre de coco, procédé facilement applicable par l'emploi des stabilisateurs, tamis dont les trous sont d'un dixième de millimètre et à travers lequel on fait passer le lait sous pression pour équilibrer les matières grasses en suspension. C'est à ce moment que le fraudeur remplace la crème par le beurre de coco. On y ajoute pour l'épaissir de la fécule ou de l'amidon, fraudes grossières, et enfin des antiseptiques pour le conserver : bicarbonate de soude, acide borique, bichromate de potasse, formol, eau oxygénée, etc., etc.

Quant au vin, il n'est peut-être pas de produit qui ait été si outrageusement frelaté. Il semblait que la chimie n'ait eu d'autre but que de gâter cette boisson hygiénique, à ne considérer que ses applications imprévues par les *fabricants* de vins. Et pourtant, le vin, — définition de la loi du 3 septembre 1907, — ne doit provenir que de la fermentation de raisin frais ou de jus de raisin frais. Cependant, certaines opérations sont admises par la loi : adjonction de bisulfites alcalins pour détruire les germes de maladie des vendanges atteintes de cryptogames, d'anhydride sulfureux (pour le même objet), d'acide citrique, de colle et clarifiants, d'acide tartrique ajouté à la cuve, etc., etc. Mais désormais sont interdits les fameux colorants, dont le plus célèbre, la fuschine, a fait de grands ravages dans la santé publique ; les sèves, bouquets et essences qui vieillissaient en vingt-quatre heures un vin de quelques mois et exerçaient une action nocive sur l'économie ; la glycérine, les acides nitrique, sulfurique, chlorhydrique, salicylique, borique ou autres analogues employés à la fabrication d'un vin qui n'avait que de très lointains rapports avec le jus de la treille. Mais il n'y a point que le *fabricant* qui truque : le débitant au détail ne se fait pas faute d'allonger le vin en le mouillant, en y ajoutant de l'alcool et en utilisant le tartre des fûts vides qu'il incorpore au produit. On voit que lorsque le consommateur déguste le *petit bleu* sur le zinc, la boisson hygiénique a subi plus d'une adultération. Aussi le service de la répression des fraudes, en contraignant le commerce alimentaire à rester honnête, rendra-t-il à la population un immense service.

La bière, autre boisson hygiénique, qui doit être uniquement préparée avec de l'orge germée, du houblon, de la levure et de l'eau, contient souvent d'autres produits. Le houblon est remplacé par le quassia amara, l'absinthe, la gentiane, l'écorce de saule, l'aloès, la coloquinte, la colchique, le capsicum, la noix vomique, la jusquiame, le romarin, le trèfle d'eau, le chardon bénit, la petite centaurée, la coque du Levant, l'écorce de garou, etc., etc., et la tisane ainsi obtenue est colorée avec de l'acide picrique ; on y ajoute de l'alcool, de l'acide phosphorique et salicylique, on la plâtre et on la surplâtre.

Les cidres et poirés, purs jus de pommes et poires, sont adultérés par des acides, antiseptiques, des colorants comme l'aniline, la cochenille, le pernambouc, le caramel, le coquelicot, etc.

Les spiritueux, déjà toxiques quand ils sont naturels, le deviennent davantage lorsqu'ils contiennent des essences tétanisantes ou convulsivantes, des impuretés, des aldéhydes, du furfurol et surtout lorsqu'ils sont fabriqués avec de l'alcool dénaturé. Un procédé de fabrication d'absinthe employé par certains mastroquets consiste à masquer le goût du dénaturant (méthylène) par une essence très forte : pendant quinze jours, la liqueur est buvable ; passé cette quinzaine, le goût du dénaturant reprend le dessus.

Le beurre est sophistiqué par la margarine qui coûte 1 franc le kilo, d'où bénéfice pour le commerçant de 2 francs par kilo vendu, par l'huile de coco ou végétaline, par des antiseptiques, et enfin on augmente sa teneur en eau en le lavant insuffisamment. Les fromages sont falsifiés par de l'amidon, de la fécule, de la craie, du plâtre, du sulfate de baryte, des graisses étrangères, des colorants d'aniline.

Les farines, sans parler de celles qui peuvent être livrées à la consommation altérées par des moisissures ou des parasites, sont parfois additionnées de substances minérales, plâtre, os pulvérisés, alun, talc, — ou végétales comme la sciure de bois dur. On se souvient des procès intentés récemment aux minotiers convaincus de talquer leurs farines.

Les gâteaux n'ont point échappé à cette emprise de la chimie culinaire. De temps à autre, on signale des empoisonnements graves imputés à des choux à la crème ou à des saint-honorés. Or, les crèmes présentent parfois des traces suspectes de poisons métalliques dus à un étamage plombifère des récipients ; elles peuvent être faites avec des blancs d'œufs gâtés, des vanilles avariées. Quant à la pâtisserie, proprement dite, elle s'est enrichie de substances véritablement peu destinées à cet usage : vaseline, chromate de plomb, de zinc, sels d'étain incorporés aux pâtes des gâteaux.

Les cafés sont falsifiés par l'enrobage dans de l'huile, de la vaseline, de la gomme laque ou du copal ; le café moulu contient de la chicorée, de la betterave, de la carotte, du gland doux, de la sciure de bois, de la poudre de noyaux de pêches. On augmente le poids des feuilles de thé par des substances minérales ; on remet en vente des thés épuisés après les avoir colorés au bleu de Prusse ou à l'extrait de campêche. Au chocolat, on incorpore de l'amidon, de la fécule, du bois de santal. Les miels, confitures, sirops, bonbons sont l'objet de falsifications multiples : glucose, saccharose, lévulose, amidon, dextrine, gomme, gélatine, vanilline, matières colorantes, acides, etc., etc.

Enfin les préparations de charcuterie, de conserves de viandes donnent lieu également à des adultérations pouvant exercer une action néfaste sur la santé du consommateur (botulisme).

Il ne faudrait pas croire, par cette longue énumération, qu'on ne s'alimente que de produits sophistiqués et falsifiés. L'immense majorité du commerce français est honnête. Elle a salué avec joie la loi du 1er août 1905 sur la répression des fraudes dont l'application assurerait à la population des aliments purs. Mais nous voulions montrer comment la chimie moderne, tout en servant le progrès, avait également fait le jeu de commerçants sans vergogne. Du moins, la société peut-elle se défendre contre eux, et cette même chimie qu'ils ont utilisée pour leurs fins criminelles est aussi celle qui décèle, dans les laboratoires, leurs manœuvres frauduleuses : 13.000 jours de prison et 90.000 francs d'amende par mois, tel est le bilan de la répression des falsifications alimentaires pour l'année écoulée. Souhaitons que la leçon soit exemplaire et qu'en cette matière, la science ne serve désormais qu'à assurer le bien-être de la masse et non la fortune des fraudeurs[1].

Néanmoins, on conçoit sans peine que ces fraudes alimentaires exercent sur la santé des consommateurs une action fâcheuse. Mais quand bien même on arriverait à ne livrer au public que des produits absolument purs, notre mode d'alimentation, absolument défectueux, interviendra encore pour développer en nous des diathèses redoutables.

L'évolution de l'alimentation dans un pays civilisé est curieuse à suivre : plus l'individu se raffine et mieux il se nourrit ; mais ici encore, le mieux est souvent l'ennemi du bien. L'homme du xxe siècle ne se contente plus des aliments d'autrefois ; les classes ouvrières, notamment, absorbent une quantité de viande bien supérieure à jadis ; il en résulte une suralimentation générale, constatée déjà par les physiologistes Maurel, Pascaut, Laumonier. « Des enquêtes locales comme celles de Maurel, écrit le Dr Laumonier, il ressort que la suralimentation habituelle est de plus en plus répandue. Beaucoup de causes interviennent dans ce résultat, l'accroissement des richesses, l'augmentation du bien-être, le perfectionnement de l'outillage et des procédés de production, la facilité des communications, l'élévation des salaires, certaines conditions économiques, les assurances, les mutualités et autres moyens de prévoyance, qui, en garantissant l'avenir pour une somme modique, donnent plus de latitude pour la satisfaction des

1. Nous devons à l'obligeance de M. Roux, le très distingué chef du service de la répression des fraudes au ministère de l'agriculture, ces détails suggestifs sur l'adultération criminelle des produits alimentaires.

besoins quotidiens. Et puis il y a la contagion de l'exemple et l'effet des prédications hygiéniques. Le bourgeois, gros et gras, se gavait de viande et s'abreuvait de boissons alcooliques ; l'ouvrier, qui est maintenant son égal, veut faire comme lui. De plus, on lui a dit, et il le croit, qu'une alimentation très abondante lui était nécessaire, et il en use. Il est bien excusable, car quelle raison a-t-il de se méfier de ces philanthropes qui prétendent parler au nom de la science et de la justice ? Ignorant et simpliste, il a suivi leurs conseils qui, inspirés sans doute par une bonne intention, n'en menacent pas moins de donner des résultats désastreux. Tout progrès d'un côté est compensé par une régression de l'autre, et le bien-être se paie en maladie et en déchéance précoce[1]. »

La conséquence pathologique de cette suralimentation, c'est l'arthritisme qui atteint aujourd'hui un nombre considérable d'individus. Or, l'arthritisme est assurément une diathèse de déchéance ; elle atteint l'homme dans ses forces vives et dans sa postérité ; elle provoque lentement un amoindrissement de la vitalité de la race. Aussi peut-on, pour l'avenir, envisager une fréquence plus grande encore qu'aujourd'hui de toutes les manifestations arthritiques, frappant soit la nutrition générale, soit l'appareil circulatoire, soit le système nerveux, soit le foie ou le rein. Il faudrait qu'une rigoureuse hygiène alimentaire se substituât à la suralimentation coutumière : c'est l'éducation de tout un peuple à entreprendre.

1. *L'arthritisme par suralimentation*, par le Dr J. Laumonier (*Bull. de Thérap.*, oct. 1908).

*
* *

Le travail exige également une dure rançon. Nous verrons plus loin comment il influe, par ses conditions nouvelles, sur le développement de la tuberculose. Mais il a d'autres effets sur l'individu : le chapitre des maladies professionnelles augmente à mesure que le machinisme se perfectionne.

Faisons tout de suite la part des accidents du travail en progression considérable, surtout depuis l'application de la loi de 1898, à ce point que le professeur Brissaud a pu découvrir une maladie nouvelle, la *sinistrose*, qui sévit avec une certaine intensité dans les milieux ouvriers. En outre, il est à constater que les catastrophes dans les vastes exploitations industrielles sont plus terribles qu'autrefois, parce que, grâce au progrès, celles-ci réunissent sur le même point un nombre parfois immense d'ouvriers : témoin la catastrophe de Courrières où plus de 1.000 mineurs trouvèrent la mort[1].

Les maladies professionnelles qui échappent

1. D'une statistique, publiée en décembre à Washington, il résulte que, dans ces six dernières années, aux États-Unis, les accidents des seules mines de charbon ont causé la mort de 12 000 personnes. Rien qu'en 1906, on compte de ce chef près de 3 000 décès. En Europe, les statistiques publiées par les divers États ne fournissent pas de chiffres aussi élevés ; néanmoins, en 1905, les accidents de mines diverses et de carrière ont causé plus de 2 000 morts. A cela, joignez les accidents mécaniques mortels des usines et des ateliers propres au machinisme contemporain, qui représentent un peu moins de 10 p. 100 des accidents totaux du travail et vous arriverez à un total déjà énorme, que l'on ne peut malheureusement préciser, faute de documents suffisamment explicites et complets. Dr Laumonier. *Nouvelles causes de mortalité.*

encore à la législation des accidents du travail sont innombrables ; les unes sont fort anciennes comme l'anémie des mineurs, d'autres récentes, telle l'intoxication cuprique des wattmen. Pour tout dire, il n'est pas une affection quelconque (y compris la syphilis, y compris même l'alcoolisme qui devient professionnel chez les ouvriers des hauts fourneaux) qui ne puisse avoir son étiologie dans les conditions mêmes du travail. Ces maladies sont donc de deux sortes : les spéciales, telles que l'intoxication phosphorée des allumettiers, saturnine des peintres, mercurielle des chapeliers, nicotinique des cigarières, etc., etc., et les générales qui circulent, pour ainsi dire, dans le milieu social, mais que l'ouvrier contracte à l'occasion de son labeur : rhumatisme, tuberculose, névropathie, etc. On voit que le cadre en est vaste, et il serait superflu de démontrer que les progrès du machinisme et le travail intensif des ateliers favorisent l'éclosion et le développement de ces affections, et le favoriseront plus encore dans l'avenir.

Au reste, c'est le genre de vie que nous menons, c'est notre mode d'existence de plus en plus artificielle, enfiévrée, qui commande les maladies auxquelles nous succombons. Notre système nerveux subit de tels ébranlements qu'il finit par se laisser vaincre ; aussi la névropathie, que Bouchard rattachait à la diathèse arthritique, nous asservit tous plus ou moins. Notre siècle est celui des hystériques, des neurasthéniques et aussi des fous.

La paralysie générale, inconnue il y a un siècle, est aujourd'hui des plus répandues : bien que le chiffre des paralytiques généraux internés soit loin de représenter la totalité des sujets atteints de cette terrible maladie, on se fera une idée de la fréquence de l'affection par ce fait que, sur un total de 103.486 aliénés d'asiles pris dans tous pays, la statistique relève 15.462 paralytiques généraux, soit 15 p. 100[1].

La raison de cette fréquence toujours croissante de la paralysie générale? On a incriminé exclusivement la syphilis, mais la syphilis des siècles passés ne présentait point cette redoutable complication. Celle-ci exige un autre facteur : la cérébralité. Krafft Ebing résumait cette étiologie en deux mots saisissants : civilisation, syphilisation[2]. On en trouve la démonstration évidente dans cette constatation que les milieux urbains fournissent à leurs asiles une proportion de paralytiques généraux de 50 p. 100 du chiffre total des aliénés et les milieux ruraux 6 p. 100. Dans les asiles privés, alimentés par les classes élevées de la société, cette proportion est de 50 p. 100.

Voilà donc la rançon de notre intellectualisme! Il en coûte cher à l'homme de penser, d'agir, de progresser. L'aliénation mentale devient un véritable fléau social, alimenté par l'alcoolisme et le surmenage. D'autre part, ceux qui échappent à ce danger présentent souvent des tares nerveuses ou psychiques fort incommodes et qui les placent en état d'infériorité, eux ou leur descendance.

Si l'on joint à ce tableau les nouvelles causes de mortalité dues aux inventions récentes, on aura une idée exacte des difficultés que l'existence humaine rencontrera dans l'avenir. Les simples accidents de

1. Régis, *Précis de Psychiatrie*, 2e édit.

2. Encore convient-il d'ajouter que certains neurologues comme Joffroy, certains hygiénistes comme Martial incriminent d'autres infections que la syphilis (alcool, intoxications professionnelles, etc.). Mais tous donnent la première place étiologique au surmenage cérébral.

la circulation urbaine se chiffrent par les statistiques suivantes :

Aux Etats-Unis, en 1906, 10.000 personnes sont mortes par accidents de chemins de fer et 70.000 ont été blessées. Depuis cinq ans, le nombre total des morts a dépassé 41.000 et celui des blessés 250.000. La voie ferrée consomme donc en Amérique, en une seule année, deux fois plus d'existences que toute la guerre des Etats-Unis contre l'Espagne. En Europe, les chiffres sont ici encore moins élevés, et chaque Etat paye un tribut qui varie annuellement entre 1.500 et 4.000 morts, suivant l'étendue de son réseau. L'automobilisme arrive presque immédiatement après, avec un nombre rapidement croissant de décès. En France, en moins de dix ans, il a déjà causé plus de 10.000 décès. Si l'on faisait la somme de toutes ces morts, imputables à des causes essentiellement modernes, on arriverait vraisemblablement à un chiffre effroyable[1].

On voit que le progrès laisse, comme on dit en médecine, une séquelle qui n'est point quantité négligeable. Si les maladies contemporaines reculent, d'autres s'avancent, aussi redoutables, en même temps que se multiplient les accidents de toutes sortes.

En réalité, la nature est une terrible marâtre qui ne désarme jamais. Elle veut quand même et par tous les moyens imposer sa loi de sélection, et la société se débat en vain contre les épreuves dont elle l'assaille. Cette constatation est singulièrement pessimiste et de nature à décourager les meilleurs volontés. Mais, à y bien réfléchir, cet ordre de choses est normal. Tout, ici-bas, subit l'évolution : on a l'habi-

1. Dr J. Laumonier. *Nouvelles causes de mortalité.* (*Correspondant Médical*, 1908.)

tude de ne considérer que l'évolution du bien et on oublie celle du mal, en l'espèce de la maladie qui, elle aussi, se transforme, s'adapte aux conditions nouvelles. Qui sait même si ce mal n'est pas une des conditions mêmes de notre vie, s'il ne nous vaccine pas contre un mal pire encore ou si, à vouloir vaincre un fléau, nous ne préparons pas la voie à un autre plus dangereux ?

Mais nous sommes là dans le domaine des pures hypothèses. Les efforts de la science dans la lutte contre la maladie ne peuvent produire des résultats absolus. Nul ne connaît mieux leur relativité que les vrais savants. Et leur zèle ne s'en trouve pas diminué. Si le résultat acquis n'est point en rapport avec leurs efforts, ce n'est pas une raison pour refuser à ces hommes de cœur le tribut de reconnaissance auquel ils ont droit. Bravant souvent l'impopularité, dépensant sans compter leur énergie et leur talent, ils poursuivent un but altruiste et peut-être au-dessus de leurs forces. Le tort du public est de leur demander plus qu'ils ne peuvent donner et de les rendre responsables de ces inévitables mécomptes de la science.

III

Le Public et l'Hygiène

Reste à examiner maintenant comment le public s'accommode de l'hygiène et comment celle-ci peut influencer les mœurs contemporaines.

Le public se divise en deux classes distinctes : une qui ne croit point à l'hygiène, l'autre qui lui voue une foi mystique.

La première comprend ces individus qui, sous couleur qu'on attente à leur chère liberté, refusent d'obéir aux règlements sanitaires et aux arrêtés de police. Ils sont plus nombreux qu'on ne pense. Ce sont ceux, par exemple, qui continuent de cracher par terre, sur le parquet des tramways ou des bureaux de poste, en dépit de toutes les recommandations et interdictions. Cette mesure de propreté a de la peine à se faire accepter des Français parce qu'elle se heurte à une habitude invétérée. Le plus docile des citoyens, celui qui est tout prêt à se sacrifier dans l'intérêt général, alléguera qu'il ne fait de tort à personne en crachant par terre et que, par conséquent, le lui interdire, c'est un abus de pouvoir attentatoire à sa liberté. On perdra son temps à essayer de lui démontrer que la loi doit être générale, que, pour empêcher un tuberculeux de disséminer les microbes de son expectoration, il faut que lui, le citoyen bien portant, donne l'exemple. Raisonnement inutile ; il continuera à mépriser les crachoirs inesthétiques mis à sa disposition par la prévoyance de certaines administrations. Dans la rue, il ne fera pas un pas pour aller cracher dans le ruisseau, mais il salira le trottoir.

Cette rébellion, si minime en soi, est cependant caractéristique, car nous la retrouvons à chaque prescription d'hygiène. La loi oblige les parents à ne point envoyer à l'école, avant un délai déterminé, les enfants qui sortent d'une maladie contagieuse. Combien, malgré l'avis du médecin, enfreignent cette défense ! Ils se soucient peu de faire éclore une épidémie dans le milieu scolaire ; ils ne voient dans le règlement qu'une mesure vexatoire et tyrannique.

Le soldat, le marin, l'ouvrier, l'employé, sermonnés par leurs chefs, n'ont cure de leurs recommandations. Il leur semble qu'en pénétrant dans leur vie privée, on commette un abus de pouvoir.

Et pourtant, la plupart de ces prescriptions, si peu obéies, se confondent avec les lois de la propreté simple et banale. De toutes ces mesures individuelles, le bain est assurément la plus utile et la plus facile à appliquer. Hélas ! il faut bien l'avouer, aux yeux de beaucoup de Français, le bain est un luxe bon pour les gens du monde, mais superflu pour les classes moyenne et prolétaire. C'est par là qu'on peut se rendre compte de la difficulté, de l'impossibilité, pourrait-on dire, d'établir dans notre pays une hygiène générale salutaire.

C'est à cette opposition tacite, mais formidable, à cette force d'inertie inébranlable que se heurte l'hygiéniste. Volontiers on le tourne en ridicule, on lui reproche ses inévitables exagérations, et, s'il vient à légiférer, une clameur d'impopularité couvre sa voix. Le Parlement a voté, en 1902, une loi sur l'hygiène. Elle n'a encore reçu nulle part son application ; les municipalités reculent devant les décisions qu'elles sont amenées à prendre pour en assurer l'exécution, car elles craignent la vindicte populaire qui se traduit aux élections par une majorité hostile. Quelques-unes, pour se conformer à la loi, ont pris des arrêtés — un de plus — que personne n'observe, car nulle police n'inquiète les délinquants. Ainsi donc, lorsque, par la complète obéissance de tous, on pourrait améliorer la santé publique, on se heurte à l'indifférence, à l'opposition quasi-unanimes. Un certain nombre de maladies, dont le mode de contage est nettement déterminé, les fièvres éruptives notamment, devraient fournir aujourd'hui une statistique bien inférieure à celle d'hier ; en réalité, il n'en est rien.

On peut poser en principe que, dans une société bien régie, où chacun, le citoyen comme l'Etat, ferait son devoir, la typhoïde, la scarlatine, la variole, la diphtérie, le typhus devraient être accidentels, exceptionnels et ne jamais prendre la forme épidémique. Nous sommes encore loin de cet idéal. L'atteindrons-nous jamais? Etant donnée la somme considérable d'efforts dépensés et neutralisés en partie par des forces invisibles, il serait chimérique de l'espérer.

***

Quant aux croyants qui, professant un culte pour l'hygiène, lui font des sacrifices démesurés, n'ont-ils point, à leur tour, à lui payer une rançon? Il faut reconnaître la vérité : leur foi en la nouvelle idole est souvent la chose la plus décevante du monde.

Il paraît, à première vue, légèrement paradoxal de prétendre que la prophylaxie des maladies, les mesures d'antisepsie ou même de simple propreté puissent modifier l'état d'esprit de la société; en tout cas, il semble que si, sous cette influence, celle-ci évolue, ce ne puisse être que vers le bien. Un examen plus approfondi de la question nous démontrera que ce n'est pas tout à fait exact.

Nous ne faisons pas ici le procès de l'hygiène que nous reconnaissons pour une science fort belle, basée sur des données expérimentales justifiées. Mais autre chose est l'hygiène proprement dite, autre chose cette méthode faussement scientifique et vulgairement empirique que, sous ce vocable, certaines personnes mettent en application. Cette pseudo-hygiène porte de mauvais fruits, et il est facile de le démontrer.

Les citoyens qui « font de l'hygiène » commettent, la plupart du temps, d'enfantines bévues qu'ils éviteraient s'ils se donnaient la peine de réfléchir un instant. Pour eux, le microbe, voilà l'ennemi. D'où qu'il vienne ou qu'il aille, ils le pourchassent à grand renfort de sublimé ou d'acide phénique. Leur conception de la contagion est fort simpliste : c'est le microbe qui donne la maladie, supprimons le microbe, nous supprimerons la maladie.

Raisonnement fort logique, mais qui pèche par la base. Le public, mal renseigné sur toutes ces questions, ne sait pas que l'anéantissement des microbes est aussi impossible que le dénombrement d'une armée de sauterelles. Nous vivons dans un milieu essentiellement microbien : si bien que le microbe apparaît presque comme une condition même de la vie. Ce que doit poursuivre l'hygiéniste, c'est la suppression du microbe *virulent*, c'est l'épuration relative de l'ambiance et non la stérilisation absolue, totale. Or, le public, en cette occasion plus qu'en toute autre encore, veut et cherche l'absolu. D'où les déboires qu'il éprouve. Après avoir stérilisé, fait bouillir et désinfecter, arrosé d'antiseptiques tout ce qui est susceptible de l'être, le citoyen qui fait de l'hygiène s'imagine être à l'abri de tout contage. S'il faisait examiner ses vêtements, il serait étrangement et désagréablement stupéfait. Pour être logique avec soi-même, il lui faudrait vivre en reclus, dans une étuve, loin du contact des hommes, loin de toute souillure, et encore n'aurait-il aucune sécurité. Dans son alimentation, ce brave citoyen a supprimé toutes les crudités, tous les fruits qu'on ne pèle pas, tous les mets préparés à l'avance ; il boit de l'eau d'Evian, mais il ne se doute pas que son assiette est peut-être polluée, sa fourchette contaminée et son verre souillé.

D'ailleurs, il est à remarquer que c'est parmi ce public précautionneux à l'excès que les maladies contagieuses sévissent le plus. Combien de gens, adonnés exclusivement à l'Evian ou à l'eau bouillie, ont fait une fièvre typhoïde! Combien de ces apeurés contractent des maladies infectieuses! La raison en est facile à donner.

Leur organisme, qu'ils mettent si soigneusement à l'abri de toute contagion, est un terrain vierge : le jour où, malgré toutes les barrières, un bacille à l'état virulent y pénétrera, il y proliférera à merveille, telle une graine semée dans un terrain bien préparé à cet effet. La maladie sera alors inévitable.

Au contraire, chez l'individu qui s'est peu à peu habitué à cette ambiance microbienne, il se produit une sorte de vaccination, de mithridatisme de l'organisme et, lorsqu'un contage y tombe, il y a bien des chances pour qu'il reste stérile. La preuve, c'est que les médecins, si souvent appelés, soit à l'hôpital, soit en ville, auprès de malades contagieux, sont très rarement atteints. Ils s'aguerrissent progressivement et leur organisme devient indifférent à toute invasion microbienne. Strauss a eu un jour l'idée d'examiner le nez et la gorge des élèves qui fréquentaient son service à l'hôpital Saint-Antoine. Il y trouva toute une variété de bacilles fort redoutables, mais sans prise sur ces jeunes gens qui se portaient admirablement.

Aussi, en matière d'hygiène, n'est-ce point tant le microbe qu'il faut considérer que le terrain sur lequel il évoluera, le cas échéant. Sur des individus vigoureux, propres et pas poltrons, le microbe glissera et ne provoquera pas de réaction morbide. Chez des sujets chétifs ou malpropres et souvent timorés, il s'installera en souverain.

On voit par là l'état d'esprit de l'individu en proie à la hantise du microbe. Cette fausse notion d'hygiène développe en lui une peur déprimante, une phobie dont les conséquences sont insupportables pour lui-même comme pour son entourage. Ses conditions de sociabilité sont sensiblement altérées. A notre époque où la vie en commun prend de jour en jour une place plus grande, le *microbiophobique* vit à part, craignant de se mêler à ses concitoyens qu'il regarde volontiers comme autant de pestiférés. Son existence devient un problème fort compliqué, car il s'astreint à des obligations pénibles et il est la proie constante d'une crainte chimérique. Il en souffre donc lui-même, et il en fait souffrir les personnes qui l'entourent. Au fond, cette terreur des microbes, plus fréquente qu'on ne croit, est une forme non pas de la pusillanimité, mais d'une maladie de la volonté : c'est une phobie moderne.

C'est là un cas tout particulier qui n'affecte pas l'ensemble du corps social. Celui-ci cependant a subi le contre-coup mental de la notion de contagion, trop imprudemment peut-être lancée dans le public. Nous assistons, en ce moment, à une formidable explosion d'égoïsme provoquée uniquement par la peur de la maladie. Un seul exemple, pour le prouver : dans combien de maisons, dans combien de familles, les malheureux tuberculeux sont-ils traités en parias redoutables, chambrés à l'écart, séparés des êtres aimés sous le prétexte que leur maladie est contagieuse ! On a beau dire à leur famille que si la tuberculose est transmissible, elle est facilement évitable grâce à des mesures énergiques de désinfection fréquentes et à l'éducation du malade et de son entourage : la famille est obsédée par cette hantise, et le phtisique meurt dans son coin, sans le secours d'aucun de ceux qu'il chérit, abandonné des hommes.

Voilà, grâce à l'hygiène mal comprise, ce que devient le tuberculeux dans sa famille. Dans la société, c'est encore pis. Nous empruntons à Albert Robin les quelques observations suivantes qu'il a communiquées, voici deux ans, à l'Académie de Médecine. Elles se passent de commentaires :

1° Un honnête ouvrier est renvoyé de l'hôtel qu'il habite parce que son logeur a découvert qu'il avait fait un séjour au sanatorium d'Angicourt ;

2° Un domestique, atteint d'une tuberculose fermée (non contagieuse par conséquent), ne veut pas revenir au dispensaire, parce que si ses patrons le savaient, ils le mettraient à la porte ;

3° Un journalier, phtisique au deuxième degré, est renvoyé par son propriétaire, le lendemain du jour où le service sanitaire a désinfecté son logement ;

4° Un palefrenier est renvoyé parce qu'il vient au dispensaire ;

5° Pour la même raison, une femme de chambre est mise dans l'alternative de quitter immédiatement sa place ou de subir une diminution de 15 francs par mois sur ses gages !

6° Un phtisique sortant de Beaujon se voit refuser l'accès de la maison paternelle sous prétexte qu'il contagionnera ses frères ;

7° Une dame amène sa femme de chambre à la consultation en paraissant l'entourer d'une grande sollicitude. Elle déclare au médecin que la jeune fille tousse quelquefois, qu'elle désire absolument savoir ce qu'elle a, que, lui portant le plus vif intérêt et étant très satisfaite de son service, elle tient à lui faire donner tous les soins nécessaires. Or, la jeune fille est atteinte de tuberculose, mais de tuberculose fermée (non contagieuse). Les deux femmes s'en vont. A peine arrivée dans la rue, la maîtresse accable d'injures cette servante qu'elle prétendait beaucoup aimer. Elle pousse des hurlements, ameute les passants, traite la pauvre fille de « peste qui infecte la maison », et lui défend d'y rentrer.

Ces faits, authentifiés par l'autorité du savant professeur, sont, du reste, corroborés par une pétition des malades sortant du sanatorium d'Angicourt, demandant qu'on s'occupe d'eux, déclarant qu'ils sont marqués d'une tare indélébile, qu'ils ne peuvent trouver de travail nulle part.

Ainsi donc, la vulgarisation de la fausse hygiène nous ramène aux sombres années du moyen âge, où le lépreux était, vivant, séparé du monde. Le même mobile, la peur, commande les mêmes actes.

Est-ce là le but poursuivi par les hygiénistes ? Assurément non. Les responsables sont ceux qui ont vulgarisé cet art difficile, qui ont parlé au public sans s'être assurés que son éducation scientifique était préalablement faite. Les hommes de science nous comprendront. Car ils pensent comme nous que rien n'est plus périlleux que de répandre des notions pratiques quand le substratum théorique fait défaut. Evidemment, c'était fort louable que d'enseigner à la masse comment se propagent les maladies, mais il fallait se souvenir que le corps social n'a pas l'esprit scientifique et qu'il obéit plus à la voix des instincts qu'à celle de la raison. Il fallait le mettre en garde contre l'absolu qui est sa loi générale, il fallait éviter que l'hygiène fût une cause supérieure d'égoïsme et qu'elle vînt fortifier ce mobile de tant d'actions sociales ou individuelles : la peur.

QUATRIÈME PARTIE

LES TARES SOCIALES

CHAPITRE PREMIER

LA TUBERCULOSE, MALADIE SOCIALE

I

Nous avons, à dessein, distrait du chapitre sur l'hygiène moderne et ses résultats ce qui a trait à la tuberculose. Il semble à première vue que la lutte contre ce fléau dévastateur de la race française appartient à l'hygiène générale et individuelle. La tuberculose n'est-elle pas contagieuse et, par conséquent, ne suffit-il pas d'enrayer et de supprimer la contagion pour enrayer et supprimer le mal ? Cette manière de voir, qui est vraiment simpliste, a été celle des hygiénistes officiels : elle a abouti à des déboires décourageants. C'est aussi que la question est beaucoup plus complexe et ne se résout pas par quelques mesures prophylactiques plus ou moins draconiennes. Grancher avait défini la tuberculose : maladie sociale. Il faut entendre par là qu'elle a des causes multiples, inhérentes aux conditions de la vie moderne et qu'on ne saurait en modifier la distribution, en arrêter la propagation qu'en modifiant le corps social.

Telle qu'elle est aujourd'hui, la tuberculose est l'exutoire par lequel s'éliminent les moins résistants, le van qui sépare le bon grain de l'ivraie : c'est par elle surtout, en un mot, que s'exerce la sélection de la race. Ce n'est point une raison pour la respecter. Au contraire, tous nos efforts doivent tendre à substituer à la sélection naturelle une sélection artificielle. Le transformisme est brutal et aveugle, il nous appartient de le domestiquer, de l'asservir comme le font les éleveurs. La tuberculose est la rançon la plus lourde de la vie moderne. Voyons ce qu'on fait pour l'atténuer et s'il ne conviendrait pas de faire mieux.

« La France perd, chaque année, au minimum 140.000 tuberculeux, ce qui représente la population d'une ville comme Toulouse. » Ce chiffre était donné en 1900 par la Commission de la tuberculose.

Depuis, le fléau a empiré, si l'on s'en rapporte à l'opinion générale des médecins. L. Rénon, en 1907, donne le chiffre de 150.000 morts et de 7 à 800.000 malades. A Paris, il disparaît en un an 12 à 13.000 phtisiques (soit 51 pour 10.000 habitants). Cette sombre statistique, le comte d'Haussonville la commente ainsi : « Si, au XIXe siècle, le choléra a coûté à la France 400.000 citoyens, si la guerre depuis Marengo jusqu'au Tonkin nous a enlevé 2.000.000 d'hommes, la tuberculose, pendant ce même laps de temps, a détruit plus de 9.000.000 de Français. » Au cours d'une génération, ajoute le Dr Fauchon, cette terrible maladie touche un quart des individus et en tue au moins un sixième.

Il est donc bien légitime de penser que la tuberculose est le plus grand facteur actuel de la sélection : les moins résistants sont frappés et disparaissent ; les forts restent indifférents à cet assaut permanent. Une conclusion logique s'impose : cuirasser les individus contre les attaques du fléau, les rendre plus vigoureux, moins vulnérables, et, pour cela, améliorer le terrain où tombent, à chaque instant, des graines contagieuses.

Une deuxième conclusion, pessimiste celle-ci, se déduit des statistiques précédentes : c'est qu'en dépit des efforts entrepris, soit par les pouvoirs publics, soit par l'initiative privée, le fléau n'a pas été enrayé ; il continue son œuvre dévastatrice. Convient-il donc de proclamer notre défaite ? Non, mais il est nécessaire de nous orienter autrement et de recourir à d'autres armes que celles employées aujourd'hui, puisqu'elles font long feu.

Le principe qui a dominé la campagne menée contre la tuberculose est la guerre au bacille de Koch, cause directe de la maladie : sans bacille de Koch, pas de phtisie ; supprimons le bacille, nous supprimerons la maladie, telle a été la dominante de la guerre antituberculeuse.

Assurément, ce programme était conforme à la logique : les expériences de laboratoire, la clinique prouvaient surabondamment la transmissibilité du mal. On le crut d'abord héréditaire, car des générations de tuberculeux succédaient à des parents tuberculeux. Un examen plus approfondi permit de constater que les enfants de ceux-ci naissaient la plupart du temps sans lésion, mais seulement avec une prédisposition, un terrain préparé, et qu'ils étaient contagionnés par leur entourage dès les premiers mois de leur vie. Au reste, la contagion conjugale est plus fréquente encore que ce mode de transmission paternelle ou maternelle ; enfin les désolantes observations relatives aux ateliers tuberculeux, aux maisons tuberculeuses ne permettaient plus de mettre en doute ce facteur primordial, la contagion, dans la distribution de la maladie sociale.

La guerre au microbe commença donc, acharnée, impitoyable, inexorable. Ce furent les malades qui en firent les frais. Nous avons vu plus haut de quel ostracisme inhumain ces malheureux étaient victimes de la part d'apeurés et d'égoïstes qui auraient volontiers approuvé le retour aux mesures prophylactiques du moyen âge contre la lèpre. Cruauté inutile cependant, puisqu'après dix ans de cette lutte opiniâtre, le fléau n'a pas reculé et qu'au contraire, il consomme chaque annce autant d'existences.

La raison de cet échec ? Elle est facile à donner. Le bacille de Koch n'est point, comme celui de la diphtérie ou de la typhoïde, un microbe accidentel se développant dans des conditions spéciales, par foyers irradiants que l'on peut rapidement détruire. Il est général, il est universel, pour tout dire, il est banal. Non seulement il flotte dans l'air où il se répand après la dessiccation des crachats, non seulement il s'attache à tous les objets qu'il rencontre et qui deviennent pour lui autant de véhicules, mais encore il n'est pas spécialement funeste à l'espèce humaine, il passe indifféremmnent d'un animal à un autre, et notamment du bœuf à l'homme. On peut donc le définir le parasite innombrable. Attaqué sur un point, il se réfugie ailleurs. On croit lui enlever une forteresse, il en a cent autres qui échappent à notre active surveillance. De même qu'il est impossible d'interdire aux rats les cales d'un navire ou les sentines d'un égout, de même c'est folie que d'espérer une destruction radicale du bacille de Koch.

La destruction partielle qu'on peut opérer en pourchassant les tuberculeux et en les excluant du milieu social est si infime que la statistique de morbidité et de mortalité n'en est guère influencée. Du reste, n'est-ce pas le même résultat, quasi-négatif, autrefois obtenu par la claustration des lépreux ? Les mesures prises contre eux n'empêchaient nullement leur maladie de se propager. Pour être logique, il faudrait procéder à une *stérilisation destructive* du tuberculeux, autrement dit, le jeter au feu pour supprimer le point de départ de la contagion[1].

On voit donc l'inutilité des cruautés dont les malheureux phtisiques ont été l'objet. Ici encore, le public, insuffisamment instruit, a poursuivi la recherche de l'absolu, alors qu'il aurait dû se contenter du relatif.

Car il ne faudrait point passer d'un extrême à l'autre et décréter l'inanité des mesures prophylactiques. Tout au contraire, il faut continuer la chasse au microbe de Koch, mais une chasse raisonnée et raisonnable qui ne se traduise pas par l'ostracisme des malades. L'éducation de ces derniers, confiée aux médecins traitants, peut être fort efficace, bien que le tuberculeux, rendu profondément égoïste par la maladie, ne se fasse, en général, aucun scrupule de contaminer autrui. Enfin cette hygiène spéciale doit n'être qu'un des minimes facteurs de la lutte contre la tuberculose. Il faut combattre non seulement la diffusion des microbes, mais encore, mais surtout, les causes qui la facilitent, et, d'emblée, la question dépasse les limites de l'action

1. Cette mesure paradoxale a été préconisée par quelques médecins qui poussent jusqu'à l'extrême limite la rigueur de leur logique. Hâtons-nous de dire qu'elle a soulevé une hilarité générale, masquant une protestation indignée, chez la quasi unanimité de leurs confrères.

médicale, elle devient nettement sociale et apparaît comme un des plus difficiles problèmes soumis à la sagacité des sociologues.

II

La Tuberculose et le Travail

Ce sont les conditions mêmes de la vie moderne qui ont provoqué la généralisation de la tuberculose dans toutes les couches de la société, mais principalement dans les basses classes. Il est évident que, d'une part, la phtisie consomme beaucoup plus d'existences qu'autrefois, que, d'autre part, la lutte pour la vie, malgré le progrès et en raison du progrès, est devenue plus ardente, plus difficile depuis un siècle environ ; la loi du travail notamment, la plus dure qui soit imposée à l'humanité, est chaque jour plus rigoureuse que la veille. Evidemment, ce n'est pas une raison suffisante pour attribuer à ces deux ordres de faits une relation de cause à effet ; il pourrait n'exister entre eux qu'une simple concomitance due au hasard. Mais si nous portons plus loin notre observation, nous réunirons assez d'éléments pour justifier notre hypothèse.

A quoi peut tenir, en effet, cet envahissement de la tuberculose dans notre société contemporaine ? Ce n'est pas à une modification radicale ou lente de la race. Celle-ci subit, évidemment, l'évolution inéluctable, elle s'adapte, elle se sélectionne, elle résiste par tous les moyens en son pouvoir à toutes les causes destructives ; mais il faut remarquer que cette évolution est elle-même subordonnée à celle du milieu, des conditions d'existence, au progrès, en un mot ; nous ne marchons pas en tête du mouvement des races, nous ne faisons que le suivre d'un pas essoufflé.

On ne peut, non plus, attribuer la pénétration tuberculeuse à des perturbations climatériques.

A l'hygiène défectueuse? Mais l'hygiène contemporaine est bien supérieure à celle d'autrefois. Les villes sont notablement assainies, leur alimentation en eau potable est assurée, les nuisances sont rationnellement évacuées, les rues sont plus larges, les habitations plus ventilées. C'est dans le dédale tortueux des vieilles cités sans air et sans lumière que la tuberculose aurait dû sévir cruellement aux siècles passés, et pourtant point. D'autre part, l'homme se nourrit mieux; il jouit d'un confort inconnu autrefois; le citadin n'est plus confiné dans l'atmosphère empuantie et viciée de l'agglomération urbaine; il se donne de l'air, il fait du sport, son existence est plus conforme à ses besoins physiologiques. Pourquoi donc est-il plus vulnérable?

Tout simplement parce que cette modification, heureuse pourtant, dans son existence ne comporte pas que des conséquences favorables; ce progrès se paie d'un tribut, d'une rançon dont on méconnaît l'origine, mais qui n'en est pas moins redoutable. D'abord, il entraîne un changement dans la vie mentale de l'individu et du corps social.

Ce qui caractérise notre époque, c'est le besoin de bien-être matériel, de luxe, de plaisir. Ce besoin, on ne peut le satisfaire qu'en produisant un labeur plus actif. Du haut en bas de l'échelle sociale, on cherche à extraire du travail son maximum de rendement; il en résulte un surmenage colossal où nos forces s'épuisent. C'est surtout dans le domaine du travail industriel que cette observation s'impose. Le patron, poussé par la concurrence, entraîné lui-même par des besoins chaque jour grandissant, pose en principe la réduction, la compression de la main-d'œuvre et son adaptation brutale au machinisme. L'atelier, le comptoir, le bureau sont pour lui autant de terrains de grande culture qui doivent produire le plus en dépensant le moins. Théorie économique qui s'accorde fort bien avec ses intérêts, qui ruine la santé de tous ceux qu'il emploie. Combien, en effet, de lieux de travail qui sont de véritables nids à tuberculose, sans air, sans lumière, où les poussières souillent une atmosphère déjà viciée par l'entassement des ouvriers et le relent des locaux !

En 1900, la Commission de la tuberculose signalait un atelier, dans le XIVe arrondissement de Paris, où la phtisie faisait des ravages terribles ; elle y remarquait une place dans un courant d'air glacé, loin de toute lumière naturelle, dont les occupants disparaissaient régulièrement en moins de douze mois, emportés par la tuberculose !

Il s'agit là de conditions de travail profondément défectueuses, et il suffirait évidemment d'une inspection rigoureuse pour les réformer. Mais il y a plus : dans les ateliers normalement agencés, dans les magasins-caravansérails qui peuplent Paris et les grandes villes de province et de l'étranger, dans les bureaux des grands établissements financiers, la tuberculose frappe à coups redoublés sans qu'on tente de l'arrêter. Et comment l'en empêcher ! Elle est la conséquence du surmenage intensif, de la vie antihygiénique qui est la règle dans les bagnes du travail moderne.

L'employé d'un grand magasin passera toute une journée dans une atmosphère impure, sans air et souvent sans lumière naturelle, et il n'arrêtera pas de satisfaire la clientèle impatiente ou de tenir sa comptabilité. Joignez à cela le souci d'une responsabilité souvent lourde et les exigences d'une discipline d'autant plus sévère que le personnel est nombreux. Quand, la journée finie, l'employé se retrouve sur le trottoir de la rue, à l'air libre, il a donné une somme de travail qui n'est pas en rapport avec sa fatigue corporelle ou cérébrale. Dans un autre milieu, il pourrait fournir un labeur double avec une fatigue moindre.

L'employé de banque ou de bureau est soumis aux mêmes conditions de travail. Combien sont relégués, entassés dans des locaux mal aménagés, dans des sous-sols éclairés artificiellement ! Même ceux qui sont favorisés d'une place aérée ou ensoleillée travaillent encore dans des conditions d'hygiène générale très défectueuse. On exige beaucoup d'eux et on les spécialise tellement que leur travail devient d'une monotonie désespérante. Eux aussi sont adaptés à une sorte de machinisme où s'épuisent leurs efforts continus. Pour eux, comme pour les ouvriers d'usine, nulle distraction pendant les heures dues au patron, nulle initiative, nulle liberté d'action, mais la pierre de Sisyphe à rouler sans cesse. Or, l'organisme humain, a dit sagement le Dr Ardeletti, est merveilleux d'endurance, de souplesse, d'élasticité, mais il a ses caprices, ses besoins de détente, ses instants de défaillance. On ne peut impunément l'accoupler à un organisme insensible qui marche sans trêve et sans repos avec une régularité impitoyable ; ce faisant, on le surmène et ce surmenage affecte surtout les centres nerveux qui sont les capricieux dispensateurs de cette force sans laquelle il n'y aurait ni mouvement ni perception [1].

1. Dr ARDELETTI. *Lectures sur la tuberculose.*

Le travail moderne, groupant dans un même local un trop grand nombre d'individus, trop divisé pour permettre le jeu de leurs facultés intellectuelles et une saine hygiène cérébrale, a pour conséquence inévitable le surmenage. Or, rien ne prépare mieux un terrain à l'invasion morbide, les moins résistants se laissent rapidement entamer ; c'est par ce mécanisme que la tuberculose pénètre dans tous les milieux et fauche ceux qui ne peuvent s'adapter à ces conditions nouvelles.

III

La Tuberculose et l'Alcoolisme

Travail, plaisir, tels sont les deux grands facteurs de la vie contemporaine. Cercle vicieux social : l'homme peine au-dessus de ses forces pour satisfaire son besoin de plaisir. Ce besoin devient d'autant plus impérieux que sa tâche journalière a été dure.

Aussi n'est-ce pas une jouissance discrète, la satisfaction de sentiments délicats, de sensations modérées qu'il lui faut. Rapidement, dans sa jeunesse, il épuise la coupe des plaisirs inoffensifs et, pourrait-on dire, physiologiques. Bientôt, il force la note et tombe alors dans les excès et notamment dans les déceptions de l'alcoolisme.

Il est bien certain que le dévergondage des jeunes gens prématurément initiés à l'amour, et la prostitution chez les femmes favorisent l'invasion tuberculeuse. Mais sans doute en a-t-il été ainsi de tout temps, et il ne faut pas voir dans la dissolution des mœurs contemporaines un agent phtisiogène, car nous ne sommes aujourd'hui ni moins ni plus chastes qu'autrefois.

Il n'en est pas de même de l'alcoolisme. Nous verrons plus loin quels ravages cette autre plaie des temps modernes exerce dans la société et les conséquences terribles qu'elle entraîne. Au premier rang de celles-ci, il faut placer la tuberculose. Hayem a synthétisé d'une façon saisissante les rapports de ces deux affections morbides : « La phtisie se prend sur le zinc. »

C'est l'alcoolisme *moderne* qui est responsable de cet état de choses ; entendons par là la consommation des absinthes, apéritifs, spiritueux composés, constituant, pour ainsi dire, l'alcoolisme chimique. Autrefois, les pays d'ivrognes, les pays à vins, fournissaient déjà un tribut plus lourd que les autres à la phtisie : le Languedoc, la Bourgogne étaient, voici cent ans, des centres de tuberculose ; or, les Auvergnats, les Bourguignons étaient déjà de gros buveurs de vin et même d'eau-de-vie.

Cependant on sait, de documents certains, que jadis la femme française payait à la tuberculose un plus lourd tribut que l'homme, tribut un tiers plus élevé ; aujourd'hui, la fréquence est la même chez les deux sexes, ce qui ne peut s'expliquer que par l'alcoolisation du sexe fort depuis un demi-siècle.

En outre, les courbes de statistique entre l'alcoolisation et la mortalité tuberculeuse sont à peu près parallèles. La géographie de l'alcoolisme est celle de la phtisie. Les départements les plus frappés par la phtisie sont d'abord tous ceux du bassin normand-picard-parisien, ceux de Bretagne et ceux qui s'étendent comme une large bande nord-sud du Doubs au Gard (Doubs, Jura, Haute-Savoie, Rhône,

Ardèche, Gard). Dans ces départements, la mortalité tuberculeuse varie de 57,3 à 41,3 pour 10.000 habitants (le minimum est observé dans la Haute-Marne : 20 pour 10.000). Or, les régions les plus meurtrières sont bien celles où l'alcoolisme sévit le plus.

Un tableau statistique de Brouardel, publié en 1900, confirme ce rapport pour les agglomérations :

Décès tuberculeux pour 10.000 habitants

30 à 40, on boit. . . .	12 lit. 47	d'alcool	par	habitant
40 à 50 —	15 — 21	—	—	—
50 à 60 —	14 — 72	—	—	—
60 à 70 —	16 — 36	—	—	—
70 à 80 — . . .	17 — 16	—	—	—
80 à 90 —	17 — 30	—	—	—
90 décès et au-dessus —	50 — 70	—	—	—

c'est-à-dire que la mortalité tuberculeuse suit une ascension parallèle à la consommation de l'alcool [1].

Autre preuve encore : c'est dans les départements les plus alcoolisés que les conseils de revision prononcent le plus d'ajournements, c'est-à-dire où l'on rencontre le plus de candidats à la tuberculose. D'après l'étude des tableaux de recrutement, on peut constater que, depuis soixante ans, la tuberculose a sans cesse augmenté en Bretagne : à l'heure actuelle, le Finistère et le Morbihan présenteraient plus de conscrits tuberculeux que les autres départements français. Or, c'est là où l'éthylisme sévit avec le plus

1. Commission de la tuberculose, 1900. Rapport de G. de Lavarenne.

de rage, décimant à la fois les populations terriennes et les populations maritimes.

Letulle, dans sa communication au Congrès de la tuberculose à Vienne (1901), a résumé ainsi les rapports des deux fléaux sociaux : « L'ouvrier parisien, écrit-il, est alcoolique avant de devenir tuberculeux, il s'alcoolise tous les jours sans le savoir et prépare ainsi son organisme à l'invasion de la tuberculose. Une fois tuberculeux, tous ou presque tous nos malades précipitent le mal en s'alcoolisant davantage. » Neuf dixièmes des ouvriers parisiens atteints de phtisie sont des alcooliques.

« L'alcoolisme, ajoute-t-il, prépare la voie à la tuberculose pulmonaire. L'ouvrier boit surtout, il mange à peine, il mange mal et met ainsi son organisme en état de moindre résistance ; je puis affirmer, en matière de conclusion, que de toutes les maladies chroniques, l'intoxication lente par l'alcool est celle qui prépare le *mieux* l'homme à l'invasion de la tuberculose pulmonaire, celle qui aggrave le plus sûrement ses formes cliniques et en assombrit le mieux le pronostic, en frappant d'impuissance le traitement. » On peut, en effet, considérer comme perdu le phtisique alcoolique.

Ce que le savant médecin de Boucicaut conclut de ses observations sur le milieu ouvrier parisien peut s'appliquer à tous les milieux urbains. C'est dans les conditions d'alimentation défectueuse du travailleur et dans son alcoolisation consécutive qu'il faut chercher l'origine de sa tuberculisation.

Dans les milieux campagnards, mêmes causes, mêmes effets. Ici cependant, l'évolution de la tuberculose est retardée par la vie au grand air du paysan ; celui-ci supporte mieux, au début, l'intoxication éthylique ; en outre, il boit des produits moins frelatés que le citadin. Mais tôt ou tard, il arrive à l'échéance, la phtisie, et celle-ci suit alors une marche plus rapide peut-être qu'à la ville. D'une façon générale, on doit poser en principe absolu que l'alcool, sous toutes ses formes, mais surtout sous la forme synthétique (absinthe, amers, eaux-de-vie plus ou moins artificielles), est le grand pourvoyeur de la tuberculose. Ainsi l'homme chez qui la passion de boire altère profondément la vitalité organique, peut être considéré comme un candidat très sérieux à la phtisie. C'est la rançon de son plaisir.

IV

La Tuberculose, le Dépeuplement des campagnes et l'Habitation insalubre

Le travail et le plaisir modernes ne sont pas les seules causes sociales de l'extension tuberculeuse. Tous deux influent sur la race, la prédisposent à une moindre résistance contre les maladies de déchéance dont la tuberculose est le prototype, mais l'un et l'autre ont modifié également nos conditions d'existence, et ces nouvelles conditions favorisent à leur tour notre tuberculisation.

En premier lieu, il faut placer le dépeuplement des campagnes au profit des villes. Nous avons, dans un chapitre précédent, envisagé les causes et les conséquences de cet exode de la population vers les centres urbains. Or, les paysans arrachés à leur terre deviennent une proie facile à la tuberculose. Le mécanisme de cette invasion morbide est compréhensible. L'homme soustrait à ses champs, à l'air natal, au grand soleil, au labeur fatigant, mais sain des travaux agricoles, à l'alimentation simple et moins toxique que celle des villes, se trouve brusquement transplanté dans un milieu complètement nouveau ; il y respire un air moins pur, il y travaille la plupart du temps en lieu clos, dans des conditions moins hygiéniques et plus pénibles, il se nourrit mal, il boit davantage, car les occasions de boire s'offrent à lui à chaque instant, enfin il est mal logé ; comment pourrait-il se faire immédiatement à cette brusque et fâcheuse modification ?

Aussi il est peu de ces déracinés qui, sitôt passée la fièvre des premiers mois, ne présentent un fléchissement quelconque dans leur vitalité. Les plus forts s'adaptent, — toujours la loi de sélection, — les plus faibles sont touchés et disparaissent bientôt.

Mais ils ne s'en vont pas sans transmettre à d'autres le germe de mort qu'ils ont reçu. Ils deviennent des agents actifs de propagation tuberculeuse, ils sèment la maladie sur leur passage, dans leur entourage, dans leur famille. Souvent, ils s'en retournent au pays, et là encore continuent inconsciemment leur œuvre de contagion. Les Limousins notamment ont, par ce moyen, tuberculisé leur pays qui, autrefois, était un des moins attaqués par la phtisie. Ils viennent à Paris pour la belle saison, y contractent la maladie, s'en retournent chez eux à l'automne, véritables pourvoyeurs de tuberculose, tels les pèlerins de la Mecque transportant aux portes de l'Europe le choléra qui sévit en Asie.

Un second facteur, non moins important, intimement lié aux conditions de la vie urbaine, c'est l'habitation insalubre. Brouardel le considérait même comme la cause primordiale de la tuberculisation française. Peut-être en a-t-on exagéré la valeur, car il est incontestable qu'aux siècles passés, l'habitation était plus défectueuse encore qu'aujourd'hui. Néanmoins, il est indubitable que l'entassement de familles entières dans des chambrettes sans air et sans lumière favorise l'éclosion de la phtisie et prépare le terrain chez des organismes en voie de déchéance.

« Là où n'entre ni soleil ni lumière, le médecin entre souvent », dit un vieux proverbe persan que Brouardel aimait à répéter. Les rayons lumineux sont, en effet, les meilleurs destructeurs de contage, surtout de contage tuberculeux, et, par contre, celui-ci conserve une longue vitalité dans les coins sombres, humides et mal ventilés. De plus, l'organisme humain a besoin de lumière et d'air pur ; les échanges intra-cellulaires, la vie, en un mot, sont plus actifs dans un milieu lumineux et aéré ; les terrains y sont moins préparés à l'invasion morbide, c'est pourquoi l'existence à la campagne constitue l'idéal hygiénique.

La société contemporaine méconnaît absolument cette loi physiologique. Il semble qu'elle ait tout fait pour la braver. L'entassement, le surpeuplement constituant le milieu insalubre par excellence, les hommes se sont serrés les uns contre les autres et vivent plus à l'étroit que les fourmis dans leurs fourmilières. Le logement insalubre est la règle pour beaucoup de gens qui s'imaginent, au contraire, sacrifier beaucoup à l'hygiène de l'habitation. Les maisons de luxe, — ces immeubles qui font l'orgueil de nos belles avenues parisiennes, — sont admirablement aménagées pour favoriser la contagion tuberculeuse. Ce n'est pas là un paradoxe. On pourrait croire que ces superbes salons d'apparat, ces coquets boudoirs largement éclairés réalisent le summum de l'hygiène : d'accord. Mais ils ne sont pas toute l'habitation. Il ne faut pas s'habituer à considérer les seules pièces ouvrant sur les avenues et largement baignées de lumière. Par derrière, il en est d'autres qui prennent jour sur des courettes minuscules, véritables *in-pace* où jamais le soleil ne pénètre, — quelques-unes mêmes sont vitrées, — et qui constituent un excellent foyer pour le développement des germes contagieux. Ces pièces, ce sont les communs, cuisines, w.-c., et... des chambres à coucher. Dans son besoin de paraître, le bourgeois français sacrifie les plus belles pièces de son appartement et les consacre aux réceptions. Il y passe une minime partie de sa journée. Par contre, la chambre à coucher qui le retient au moins huit heures sur vingt-quatre n'est pas aérée et jamais ensoleillée. L'occupant se place ainsi dans les conditions d'hygiène les plus défectueuses et les plus néfastes.

Ce n'est pas tout : ces immeubles somptueux ont quelque part sous les toits des chambres de domestiques, veuves de cheminées, d'une exiguïté révoltante, et qui sont manifestement dangereuses pour leurs locataires, des jeunes filles de la campagne le plus souvent, des déracinées qui, plus que toutes les autres, auraient besoin d'une habitation salubre pour s'adapter. Or, elles partagent leur temps entre une chambrette inhabitable et une cuisine obscure et malsaine. Aussi, combien se tuberculisent et se vengent inconsciemment en contaminant leurs patrons[1] !

1. « Que l'on visite, au cinquième étage, les chambres réservées aux domestiques, on verra dans le plus grand nombre des maisons neuves, des chambrettes ayant 2 m. 50 de large avec un cubage d'air insuffisant, dans lesquelles tiennent difficilement un lit, une table, une chaise. C'est là que se fait le tuberculeux, et c'est de là que descend la tuberculose dans les appartements réservés aux maîtres. » Rapport de la Commission de la tuberculose, 1900.

Ainsi, les maisons d'apparence confortables sont déjà suspectes. Que dire alors des taudis où logent, dans les faubourgs, des centaines et des centaines d'ouvriers ? La cherté des loyers, à Paris, a pour conséquence l'entassement dans une seule pièce de tous les membres d'une famille ouvrière : père, mère, enfants des deux sexes, grands-parents parfois, couchent dans le même dortoir qui déjà serait insuffisant pour deux personnes. « Qui n'a pas été médecin du bureau de bienfaisance, écrit le Dr Séailles, qui n'a pas, à toute heure du jour et de la nuit, franchi le seuil de cette unique chambre, souvent mal aérée, sans soleil, sans lumière, ne peut se faire une idée du désordre, de la saleté quelquefois repoussante qui règne dans ces réduits de l'agglomération. Dans cette seule pièce, tout le monde procède à sa toilette, plutôt sommaire, la ménagère fait la cuisine, les nourrissons s'étiolent, les vieux s'éteignent, les travailleurs reposent la nuit leur corps encrassé de sueur, les malades, car il y en a souvent, toussent, crachent et contaminent les objets et l'atmosphère empuantis. »

Autre conséquence : l'hygiène déplorable de son habitation provoque la négligence de l'occupant ; celui-ci ne fait rien pour parer son taudis, il se déplaît chez lui, il n'y demeure que pour y dormir et, sitôt qu'il a un moment de libre, il descend dans son salon, c'est-à-dire chez le marchand de vins. Ainsi, l'insalubrité du logement a pour résultat de favoriser la maladie et de développer l'ivrognerie. « Le taudis, disait Jules Simon, est le pourvoyeur du cabaret. »

Il semble qu'il serait facile de remédier à cet état de choses, puisque voici bientôt quarante ans qu'on en connaît les conséquences. Korosi, en 1872, publiait le tableau suivant sur la mortalité à Buda-Pesth :

				Mortalité.
Chambres habitées	par	1 ou 2	personnes. . . .	20
—	—	3 à 5	—	29
—	—	6 à 10	—	32
—	—	plus de 10	—	79

Il faudrait donc, de toute nécessité, améliorer le logement des pauvres et même des riches, et le soumettre aux lois d'une hygiène élémentaire. Mais le remède est plus facile à formuler qu'à appliquer. C'est qu'en effet, le logement insalubre, le taudis ouvrier, la cité immense abritant des centaines de locataires constituent pour le capitaliste le meilleur des placements financiers. Les locataires ne sont point exigeants, ne demandent jamais de réparations ; habitués à la crasse des murs, à l'humidité des escaliers, à la pourriture des planchers, ils paient leurs petits termes sans murmurer. S'ils quittent, s'ils sont expulsés, d'autres les remplacent sur l'heure. Il est tels de ces immeubles à Paris et dans les grandes villes de province qui valent tout juste le prix des terrains qu'ils occupent et qui rapportent de 15 à 20 p. 100. On comprend que les propriétaires respectent ces vétustes pierres pour le plus grand profit de leur portefeuille et le plus grand dommage de la santé publique.

Une solution héroïque s'impose, celle que l'Angleterre a adoptée voici un demi-siècle : l'expropriation systématique de l'immeuble insalubre. C'est là une bien grosse dépense pour un budget comme le nôtre, déjà difficile à boucler, mais c'est le seul moyen de supprimer les foyers irradiants de tuberculose urbaine.

A la campagne, les conditions d'habitation ne sont pas meilleures. Certaines contrées, la Bretagne par exemple, ignorent complètement les notions les plus simples de l'hygiène. Dans beaucoup de fermes les garçons couchent dans un coffre de l'étable ou de l'écurie. Que dire d'ailleurs du lit breton, sinon qu'il est un réceptacle de tous les germes de contagion venus du dehors ? La Bretagne n'a pas, au reste, le monopole de l'insalubrité ; dans toutes les provinces françaises, on rencontre le même mépris de l'hygiène vulgaire. Aussi, la tuberculose s'y installe en souveraine, favorisée en outre par l'alcoolisme, alors qu'elle n'y devrait être qu'à titre précaire et purement accidentel.

V

La Tuberculose et le Paupérisme

Nombreux sont donc les facteurs d'extension tuberculeuse sous notre climat qui, cependant, est un des plus enviables et des plus sains. C'est dire que les autres pays d'Europe et ceux du Nouveau Monde ne sont point épargnés par le minotaure. Il ne faut pas croire cependant que la question des races soit à dédaigner dans le problème si redoutable qui nous occupe. Le Dr Ardeletti a fait remarquer avec juste raison que la phtisie est surtout une maladie des gens du Nord, de ces Anglo-Saxons dont on vante, parfois avec raison, la supériorité, mais qui présentent, eux aussi, leurs points de moindre résistance.

Les races du Midi sont des races de plein air et de soleil, ce sont aussi des races sobres. (L'homme du Nord est un lymphatique.) Passionnellement, le Méridional, sous des apparences plus exubérantes, présente plus de retenue que le Septentrional. Surtout, il est moins émotif, il se contente d'extérioriser bruyamment ses impressions et ses sensations, mais il a soin de ne pas se laiser entamer par le mordant des passions. L'homme du Nord, au contraire, est rapidement dominé par l'émotion, le désir et la recherche de sensations violentes. Il ne sait point résister à l'alcool qui le sollicite impérieusement, à la volupté qui le maîtrise, tandis que, sur ce point spécial, l'homme du Midi obéit à son instinct naturel et très développé, mais ne dépasse la mesure que dans des circonstances exceptionnelles. Telles débauches, inoffensives pour un Latin, seront néfastes à la vitalité d'un Anglo-Saxon.

Il en résulte nécessairement que le Méridional offre moins de prise à la déchéance morbide et aux maladies qui en sont l'expression. Si donc on laissait agir le jeu de la sélection naturelle, on serait en droit d'escompter une diminution numérique des races septentrionales. Mais d'autres causes interviennent pour contre-balancer ce facteur de sélection.

Au fond, toutes ces considérations : travail, plaisir, dépeuplement des campagnes, habitation insalubre, doivent s'effacer devant une autre qui les prime toutes et qui est le puissant levier de tous les phénomènes de désagrégation sociale. Qui ne voit que toutes ressortissent, de près ou de loin, à une cause primordiale, à ce mal dont toutes les sociétés ont souffert et qui constitue le déchet de la civilisation, — au paupérisme ?

C'est dans la classe pauvre que s'accumulent les foyers de tuberculose, d'où ils se propagent à toutes les couches sociales. N'est-ce pas elle qui offre le plus de prise au mal ? Elle peine dans les conditions les plus dures et les moins hygiéniques, elle se loge mal, elle se nourrit mal, elle offre le moins de résistance à la passion alcoolique parce qu'elle ignore les plaisirs de l'esprit et les joies morales, elle s'adapte le plus difficilement aux nouvelles conditions de la lutte pour l'existence, parce qu'elle est le plus mal armée. Sa revanche est que sa ruine par la tuberculose entraîne la ruine de ceux qui, mieux partagés, ont érigé en loi sociale leur égoïsme étroit et la satisfaction de leurs appétits. La phtisie est une maladie de déchéance physiologique, mais qui ne sait que celle-ci est la conséquence inévitable de la déchéance sociale ?

Si l'on envisage ainsi d'en haut la marche envahissante de la tuberculose, si l'on considère impartialement tous les facteurs qui la favorisent, préparent ses étapes et lui tracent le chemin, on reconnaîtra combien vaine, combien puérile même a été la lutte entreprise contre le fléau depuis nombre d'années Plus récemment, ce combat est entré dans une phase active, et les résultats n'ont pas été sensiblement modifiés. Le nombre des victimes de la phtisie s'accroît toujours.

C'est qu'il ne suffit pas seulement de nommer des commissions où des savants de bonne volonté préparent des textes législatifs, ou d'organiser des congrès nationaux ou internationaux où l'on palabre souvent à côté de la question. Il faut, les causes étant bien établies, chercher à les réduire à l'impuissance.

Combattre l'alcoolisme, c'est fort bien ; faire l'éducation du peuple, c'est mieux. Mais comment détourner ses yeux du mirage pernicieux de l'absinthe, si on ne supplée à cette passion, à ce plaisir, à cette habitude par une autre plus conforme aux aspirations de l'âme humaine et aux besoins physiologiques du corps ?

Supprimer le logement insalubre, oui. Mais comment révolutionner la société en expropriant la formidable quantité d'habitations malsaines, en inculquant l'hygiène et la propreté à une partie de la race qui, depuis mille ans, proclame l'intangibilité de la crasse ?

Et surtout comment modifier les conditions du travail ? L'avènement du collectivisme les bouleverserait assurément, mais nullement dans un sens favorable au but poursuivi, car il augmenterait encore davantage que le régime actuel le travail en commun, la division, l'éparpillement des forces vives de chacun et la monotonie désespérante de la vie où s'épuisent l'effort individuel, l'esprit d'initiative, la force de résistance. La tuberculose sévira toujours tant que les hommes se tasseront pour un labeur plus pénible, pour une existence moins conforme à leur tempérament, à leur état de nature, comme disait Jean-Jacques.

Seul, l'affranchissement des classes pauvres, leur élévation à un sort plus heureux, leur amélioration matérielle et morale peut faire fléchir la tuberculisation de la race. En dehors de cette œuvre sociale, pas de salut. Toutes les énergies, les meilleures volontés se briseront. Il ne s'agit donc plus de limiter un contage et de lui faire la chasse, il s'agit de combattre résolument le paupérisme. Certes, c'est une utopie chimérique de vouloir le supprimer, il est le mal nécessaire. Mais tout au moins peut-on le diminuer. Le gros de l'armée sociale ne s'adapte pas au progrès, ou plutôt ne s'adapte qu'à ses conséquences destructives, tels que l'alcoolisme et la tuberculose. Si les parties dirigeantes veulent être préservées de ces fléaux, il faut qu'elles fassent acte d'altruisme. C'est encore la meilleure manière d'être égoïste.

CHAPITRE II

LA VIEILLESSE PRECOCE

Dans notre société organisée et civilisée, le vieillard est un citoyen qui a droit, après sa contribution à l'effort commun, à la sollicitude commune. Cette notion si simple est cependant nouvelle et, en France du moins, elle a peine à se codifier en texte législatif, à se matérialiser sous forme d'institution nationale.

Certains pays d'Europe, l'Allemagne notamment, ont constitué des retraites pour la vieillesse ; la France, qui a toujours marché en tête du progrès politique, n'en est encore qu'à l'assistance aux vieillards indigents : ainsi la charité d'Etat supplée à l'insuffisance de la solidarité sociale.

Ce n'est point ici le lieu d'écrire un plaidoyer en faveur des retraites ouvrières et paysannes. Les débats de la loi votée par la Chambre, en suspens devant le Sénat ont suffisamment éclairé l'opinion publique sur l'obligation impérieuse qui incombe à la société d'assurer le sort des vieillards. Le vieillard doit, à l'avenir, être considéré comme une charge sociale : conception strictement platonicienne ; pendant son enfance, l'homme reçoit de l'Etat l'instruction et l'éducation qui feront de lui un citoyen actif et utile ; à l'âge adulte, il concourt à la prospérité nationale, tout en prenant sa part des joies et des douleurs de la vie individuelle et collective ; vieux, il reçoit de la société un peu de ce qu'il lui a prodigué, afin de s'acheminer lentement et sans craindre la misère vers le repos suprême.

Le jour donc où, en France, le budget des retraites ouvrières sera définitivement établi, un grand pas aura été fait vers le progrès, c'est-à-dire vers la justice sociale. Mais ce ne sera là qu'une mesure palliative, car la vieillesse elle-même, dernier échelon qui conduit l'homme à son tombeau, est pour beaucoup, pour tous, pourrait-on dire, l'étape la plus douloureuse, le calvaire de la vie.

Certes, il est des vieillards heureux qui ne connaissent ni les infirmités physiques ni la décadence intellectuelle et que leur situation de fortune met à l'abri du besoin. Combien d'autres, ayant perdu leur activité, leurs forces vitales, assistent impuissants à leur décrépitude et se raccrochent désespérément à la vie qui les fuit !

Le plus semblable aux morts meurt le plus à regret !

Cet état de « misère physiologique » est évidemment contre nature. Tous les savants qui s'occupent de biologie sont unanimes à déclarer que la vieillesse contemporaine n'est point le stade normal, précis, d'une évolution dont le libre jeu n'a pas été contrarié. La plupart sont d'accord pour affirmer que la vieillesse qui guette l'homme à partir de la soixantaine, parfois même avant, est une vieillesse précoce, artificielle et qu'elle résulte d'une usure prématurée provoquée par les conditions mêmes de l'existence moderne. Ne serait-ce donc qu'en abrégeant ses jours que l'homme s'assure de nouvelles conquêtes dans l'ordre matériel et dans le domaine moral ?

En tout cas, la précocité de la vieillesse chez nos contemporains est un fait prouvé par les observations concluantes des *gérontologistes*. Déjà Buffon avançait que chaque être vivant a sa durée déterminée et que celle de l'homme doit varier entre 90 et 100 ans. Flourens, établissant ses calculs par la comparaison entre elles des espèces, prétendait que la longévité d'un animal était égale à cinq fois sa période d'accroissement : le chien croît en 3 ans, il en vit 15 ; le cheval 5, il en vit 25 ; le cerf 6, il en vit 30 ; par conséquent, l'homme qui croît en 20 ans doit vivre normalement un siècle [1].

De nos jours, Metchnikoff pense, comme Buffon, Haller, Flourens et nombre de biologistes des siècles passés, que l'homme ne poursuit qu'exceptionnellement sa carrière naturelle et normale. D'abord, il meurt le plus souvent de maladie. Le vieillard lui-même succombe rarement, comme Legouvé, à l'affaiblissement sénile : c'est une pneumonie, une tuberculose, une défaillance du cœur, du foie, des reins, une infection quelconque qui l'emporte. Or, cette maladie ultime n'est que l'aboutissant inévitable d'une déchéance pathologique, évoluant depuis un temps plus ou moins long et ayant créé un lieu de *moindre résistance*. Rien de physiologique là-dedans ; tout y est pathologique.

En réalité, l'homme devrait mourir physiologiquement, s'éteindre doucement comme une lampe qui,

1. La période d'accroissement d'un animal est considérée comme terminée lorsque les os sont reliés aux épiphyses. Chez l'homme, l'épiphyse fémorale inférieure ne commence à se souder qu'à 18 ans et n'est guère complète qu'à 22 ans ; de même l'épiphyse tibiale supérieure.

après avoir jeté une clarté brillante, pâlit peu à peu, devient veilleuse, charbonne et expire enfin faute de combustible. Dans ces conditions, déclare Metchnikoff, non sans apparence de paradoxe, le vieillard devrait être heureux de mourir. En effet, tout acte physiologique, accompli en état de parfaite santé, s'accompagne d'une sensation de bien-être, d'un sentiment *d'euphorie* qui est, pour ainsi dire, le critérium de la santé. Manger quand on a faim, boire quand on a soif, dormir quand on a sommeil, n'est-ce pas là pour l'homme, comme sans doute pour l'animal, un plaisir spécial, plaisir négatif, diront les philosophes, puisqu'il résulte de la suppression d'un besoin, mais plaisir tout de même ? Eh bien, on ne meurt pas avec plaisir, on ne meurt pas comme on s'endort.

Sans doute, et c'est là le point faible de la théorie de Metchnikoff, l'incertitude où nous sommes de l'au delà, notre ignorance absolue de ce qui se passe derrière le mur de la vie angoissent les plus résolus d'entre nous, et font qu'on n'envisage point le dernier sommeil comme une courte nuit au réveil assuré. La supériorité indiscutable de l'animal sur l'homme, même le plus fruste, c'est que l'animal ignore la mort, n'a point la notion du temps, tout au moins du lendemain et qu'il s'imagine sans doute la vie terrestre éternelle. Tout au contraire, notre existence, à nous qui occupons les degrés ultimes de l'échelle animale, est empoisonnée par l'obsession de la mort ; notre jeunesse, notre maturité sont guettées par la vieillesse, et nous savons que nous ne pouvons y échapper qu'en subissant un sort plus cruel encore. Croyants ou incroyants, mystiques ou positivistes, tous plus ou moins cuirassés de philosophie contre les affres de la mort, nous ne pourrons jamais sans doute l'envisager comme un aimable repos auquel on aspire après une journée bien remplie.

Il n'en est pas moins vrai, et l'histoire de l'humanité le prouve, que la vieillesse devient de plus en plus précoce, la mort, dite naturelle, de plus en plus prématurée. Ce n'est pas l'avis de Jean Finot qui, dans sa remarquable *Philosophie de la longévité*, assure que la vie humaine ne cesse d'augmenter. Mais sa statistique est beaucoup trop restreinte pour présenter les garanties d'une certitude vraiment scientifique ; ce n'est point sur un siècle ou deux qu'il faut la faire porter, mais sur l'ensemble de l'histoire humaine : encore ne pouvons-nous malheureusement remonter plus loin en arrière que les temps bibliques. Anatole France l'a justement fait observer : l'évolution géologique n'a point procédé par à-coups, par convulsions formidables, mais par un processus si lent qu'il a échappé à l'observation humaine ; de même l'évolution sociale, de même l'évolution biologique des espèces procèdent avec une extrême lenteur et non par *variations brusques*. Un siècle ne modifie pas plus la face du monde qu'une pluie d'orage ne fait grossir la mer. Il faut donc reculer jusqu'aux premiers témoignages de l'existence humaine pour comparer la longévité d'autrefois et celle d'aujourd'hui.

Or, la *Genèse* (ch. VI, § 3) dit textuellement : « Mon esprit ne contestera point toujours avec les hommes, car aussi ne sont-ils que chair ; leurs jours seront donc de six vingt ans. » C'est encore la *Genèse* qui attribue à Adam une vie de 930 ans, à Seth de 912 ans, à Enos de 905 ans, à Kénan de 910 ans, à Mahalaléel de 895 ans, à Jéred de 962 ans, à Hénoch de 365 ans, à Méthuséla (Mathusalem) de 969 ans, à

Lémec de 777 ans, à Noé de 950 ans, etc., etc. Probablement ces âges sont calculés d'après des principes différents des nôtres. Henseler pense qu'à cette époque éloignée chaque saison comptait pour un an, de sorte que la longévité de Mathusalem se réduirait à 242 ans[1], ce qui, on l'avouera, est un âge déjà fort respectable et dépassant, malgré l'affirmation contraire de Metchnikoff, de beaucoup les grandes longévités des temps modernes. On peut donc admettre avec beaucoup de probabilité que la vie humaine s'est raccourcie depuis les âges préhistoriques. Assurément, avec les progrès de l'hygiène et de l'art médical, elle tend, depuis le XIXe siècle, à suivre un mouvement ascensionnel; mais l'écart entre l'époque des patriarches et la nôtre est encore énorme.

Nous dirons plus : les acquisitions récentes dans le domaine hygiénique et médical n'ont point donné tous les résultats qu'on était en droit d'en attendre pour la prolongation de l'existence.

La moyenne de la vie est passée de 35 ans, au commencement du XIXe siècle, à plus de 42 ans, à la fin de la même époque séculaire. Progrès considérable, assurément; progrès insuffisant, toutefois, si on considère que la puériculture, mieux comprise, sauve annuellement des milliers d'enfants; que les grandes épidémies ont disparu; que la chirurgie préserve aujourd'hui de nombreuses existences; que les femmes en couches ne meurent plus d'infection puerpérale; qu'on peut enfin se garantir souvent des maladies microbiennes.

Mais d'autres causes sont intervenues pour atténuer ces progrès, les enrayer et faire remonter les

1. Cité par METCHNIKOFF. *Essais optimistes.*

courbes de mortalité et de sénilité. Ce sont, en premier lieu, les intoxications passionnelles et les maladies vénériennes. Quoi qu'en dise le professeur Augagneur qui proclame l'innocuité de la syphilis, celle-ci n'en est pas moins un facteur puissant de décadence individuelle et sociale. Nous aurons plus loin l'occasion, lorsque nous traiterons le chapitre de la prostitution, de revenir sur le paradoxe de l'ancien professeur lyonnais. Qu'il nous suffise ici de citer Metchnikoff qui, lui, est en conformité d'idée avec la plupart des savants : « La grande importance de cette maladie vénérienne, écrit-il, comme cause du caractère douloureux et pathologique de la vieillesse se manifeste surtout dans l'artério-sclérose. D'après les recherches très consciencieuses réunies par un médecin suédois, Edgren, dans sa monographie de l'artério-sclérose, un cinquième de tous les cas de cette maladie sont dus à la syphilis. Dans un nombre de cas plus considérable (25 p. 100), il a pu reconnaître comme cause l'alcoolisme chronique. Ces deux facteurs réunis occasionnent donc presque la moitié des cas d'artério-sclérose. Le virus syphilitique et l'alcool agissent comme des poisons amenant d'abord la dégénérescence et l'induration de la paroi des artères et ensuite l'affaiblissement des éléments nobles de l'organisme. »

Sans doute, la syphilis et l'alcoolisme ne sont point des acquisitions récentes. Il est difficile d'établir si la maladie vénérienne est plus ou moins répandue à notre siècle qu'aux siècles passés. Toutefois, il semble qu'elle ait plus profondément pénétré dans la masse, qui s'est adaptée à elle, pour ainsi dire, par suite des tares héréditaires et des croisements de syphilitiques et de non syphilitiques. En ce qui concerne l'alcoolisme, le fait n'est pas niable. Il a non seulement pris un développement intensif au cours des cinquante dernières années, mais, en outre, il s'est modifié avec les progrès de la distillerie et de la chimie, il s'est transformé en intoxication beaucoup plus redoutable, par suite de l'adjonction d'essences tétanisantes aux alcools de consommation ; il affecte non plus seulement le foie, comme c'était le sort des buveurs de vin, mais aussi, mais surtout les centres nerveux : la dégénérescence de l'alcoolique moderne est beaucoup plus accentuée que celle de l'ivrogne d'autrefois. Ce facteur de décadence s'est donc développé à la fois en quantité et en qualité [1].

Enfin, il est péremptoirement démontré que notre mode d'alimentation influe fâcheusement sur l'évolution de notre organisme et l'amène à une usure rapide. La Rochefoucault disait fort justement : « Peu de gens savent être vieux. » Il aurait pu également affirmer : « Peu de gens savent devenir vieux. » L'homme mange trop et il mange mal. Son tempérament étant le plus souvent dominé par le neuro-arthritisme, il absorbe des aliments qu'il digère et assimile incomplètement et qui sont la source de poisons, de toxines dangereux et abondants. Metchnikoff, sur cette thèse de l'auto-intoxication permanente par les poisons du gros intestin, a échafaudé un traitement préventif de la vieillesse par les ferments du lait caillé. L'avenir dira ce que vaut cette thérapeutique. Constatons, pour le moment, que notre organisme ressemble à une chaudière qui s'incrusterait par suite de la surcharge calcaire des eaux dont on l'alimente ; la chaudière s'use rapidement et même éclate parfois brusquement.

1. METCHNIKOFF. *Etudes sur la nature humaine.*

Il en va de même pour nous : notre cuisine alambiquée, sophistiquée trop souvent, notre abus de la viande, dont nous faisons une consommation de plus en plus grande, obligent notre foie, notre rein à un excès de travail qui les fatigue et les épuise, sans compter que cette infinie flore microbienne, entretenue ainsi à grands frais dans notre intestin, a sa répercussion sur tous les organes, notamment sur le système nerveux et la circulation ; elle est, elle aussi, une cause fréquente d'artério-sclérose.

La gourmandise est donc notre pire ennemie, et le centenaire Cornaro avait raison de morigéner ses intempérants contemporains : « Oh ! malheureuse Italie, s'écriait-il, ne t'aperçois-tu pas que la gourmandise t'enlève chaque année plus d'habitants que la peste et la famine ne pourraient en détruire ? Les véritables fléaux sont les festins trop fréquents qui sont si outrés qu'on ne saurait faire de tables assez grandes pour arranger la quantité de plats dont la prodigalité les couvre ! Quelle fureur ! Quelle folie ! Mets-y ordre pour l'amour de toi-même. Otez cette mort du milieu de nous et cette peste inconnue de nos pères. » Et, pour mettre sa morale en action, Cornaro, après avoir mené une vie dissipée jusqu'à 75 ans, adopta un programme d'alimentation réduit au minimum : 12 onces de solide, 14 onces de vin par jour. Vers la fin de sa vie, passé cent ans, il faisait d'un jaune d'œuf deux repas.

Ce n'est pas que nous recommandions son exemple. Nous n'avons point, du reste, pour but d'écrire ici un chapitre sur l'art de vieillir. Mais nous voulions insister sur cette vérité, banale à force d'avoir été répétée, que la sobriété est le meilleur des brevets de longue vie. Or, il apparaît bien que plus l'homme se civilise, moins il devient sobre.

D'abord parce qu'à mesure qu'il conquiert du bien-être, ses passions se développent, et quelle passion plus insidieuse, plus sournoise que celle de la bonne chère ? En outre, la somme de travail chaque jour plus grande qu'il est obligé de fournir, travail matériel ou intellectuel, l'incite à s'alimenter au delà de la mesure normale. L'ouvrier, pensant à tort que le vin donne des forces, en boit trop ; le bourgeois, convaincu que la viande seule peut suppléer à leur déperdition causée par le travail, en absorbe outre mesure. Si on ajoute à cela que les arthritiques sont naturellement enclins à la gloutonnerie et si un peu de gourmandise vient se greffer sur leur diathèse, on voit que, fatalement, ils deviendront les victimes d'une surcharge alimentaire dont la vieillesse précoce sera le prix.

Enfin les commotions morales, les soucis, les émotions, les passions, tout ce qui met en jeu la sensibilité de l'homme, influent nécessairement sur sa destinée. Ce n'est point impunément qu'il est chaque jour aux prises avec les difficultés de la vie. Pour les uns l'existence est âpre, le lendemain incertain, et leurs nuits sans sommeil, peuplées de cauchemars douloureux, sont des facteurs de vieillesse. Pour d'autres qui pourraient connaître un bonheur relatif s'ils possédaient la sagesse, c'est l'ambition, c'est l'amour, c'est parfois un besoin immodéré de travail qui les dominent. Plus nous progressons, plus notre horizon moral est agité, plus nos passions nous dirigent ; elles activent notre combustion, font flamber notre vie comme un foyer activé par un vent violent, mais le feu s'éteint d'autant plus rapidement qu'il a brûlé plus haut.

Il faudrait que, tout en progressant, nous sachions revenir vers une modération, une pondération de sentiments indispensable à l'existence calme et heureuse qui nous conduirait à une vieillesse lointaine. Mais il ne semble point que le progrès soit compatible avec ce retour à l'âge d'or, dont les passions étaient exclues. Notre vie est de jour en jour plus enfiévrée, plus agitée, et nous nous détruisons nous-mêmes parce que nous ouvrons la porte aux intoxications funestes (alcool, syphilis, poisons alimentaires, etc.) et parce que, pressés de jouir, nous sommes, en dépit que nous en ayons, pressés de mourir[1].

***

Tel quel, toutefois, le progrès acquis en matière de longévité n'est pas à dédaigner. L'hygiène pénètre de plus en plus dans les milieux sociaux, aussi les facteurs de mort prématurée, la contagion mor-

1. Le docteur Wolfang Weichardt a récemment démontré que le travail musculaire était, lui aussi, un agent d'usure de l'organisme. La *Monthly Review* rapporte ainsi ses expériences : « Huit cents cobayes ont été sacrifiés. Ces innocentes victimes ont été condamnées à faire tourner la roue d'un petit moulin de discipline. Le supplice durait jusqu'au moment où le malheureux animal tombait mort de fatigue. Dans les muscles des cobayes qui avaient succombé à cette épreuve se trouvait un poison. Ce poison, injecté dans le sang des animaux qui n'avaient pas été soumis à l'expérience précédente, a produit d'abord tous les symptômes de la fatigue et ensuite a causé la mort dans un délai de vingt à quarante heures. »

Suivant le collaborateur de la *Monthly Review*, la vieillesse ne serait pas autre chose que de la fatigue accumulée et comme tout poison doit avoir son contre-poison, la toxine de la fatigue devrait avoir son antitoxine qui serait en même temps l'antitoxine de la vieillesse.

bide verront fléchir leur puissance de destruction et nous pouvons entrevoir un avenir où la vieillesse sera, pour le plus grand nombre des humains, l'étape naturelle à laquelle ils parviendront sans être fauchés en cours de route par des maladies intercurrentes.

Or, cet accroissement du nombre des vieillards ne sera pas sans influencer d'une manière spéciale l'évolution sociale et politique. Ici encore, nous serons en présence d'une rançon, peut-être imprévue, mais réelle et suffisamment lourde.

Tout d'abord, ces vieillards, parvenus sans encombre jusqu'à l'heure de la retraite, participeront encore à la reproduction de la race. Si la femme devient stérile à la ménopause, l'homme peut procréer, même dans un âge avancé. A soixante ans et plus, il peut être père, surtout si la vie lui fut clémente et s'il a pu échapper aux causes de décadence qui l'ont guetté. Il faut donc prévoir que, dans l'avenir, les enfants de vieux seront plus nombreux qu'aujourd'hui. Or, l'observation scientifique nous apprend que ces rejetons sont, la plupart du temps, des dégénérés ; la preuve en est que les éleveurs se gardent bien de choisir des procréateurs ayant passé leur pleine maturité. Donc les fils de ces vieillards, au lieu de participer à l'effort collectif et d'apporter leur tribut au travail commun, seront une charge pour la société obligée de leur porter secours, soit que leur état physique nécessite des soins assidus, soit que leurs facultés psychiques les placent en état d'infériorité. Infailliblement, ils seront voués à la défaite dans la lutte pour la vie. L'existence leur sera rude et, d'autre part, la collectivité se dépensera en forces multiples pour leur tendre la main et pratiquer la solidarité fraternelle qui régira de plus en plus les sociétés futures. Ils recevront de leurs contemporains plus qu'ils ne leur donneront. Première conséquence de la prolongation de la vie humaine.

Deuxième conséquence, et non moins lourde : le nombre des vieillards augmentant progressivement, leur influence sur l'évolution, sur les institutions politiques, sur le progrès lui-même deviendra de jour en jour plus marquée. C'est dire qu'au lieu de combattre la tradition et la routine, obstacles éternels à la marche vers le mieux être, ils les défendront de toutes leurs forces, car, par tempérament, par nature, pourrait-on dire, ils sont les apôtres du passé et les contempteurs du présent. Il est en effet d'observation psychologique courante que l'esprit du citoyen passe par différentes phases au fur et à mesure qu'il acquiert de la maturité, puis qu'il atteint la vieillesse. D'abord ardent, emballé même, cultivant l'enthousiasme et l'idéal, il est volontiers révolutionnaire, tant il a la foi dans les forces vives de l'avenir ; peu à peu, il s'apaise, il s'attiédit, il se contente d'être évolutionniste ; puis il juge trop rapide la course aux réformes, il enraye et, plus tard, apportant à son jugement la lourde contribution de son expérience, il fera machine en arrière et, du parti conservateur passera au rétrograde. Certes, tous les hommes ne suivent pas ces étapes successives et il ne s'agit pas là d'une loi absolue, mais elle est exacte pour beaucoup.

Aussi les vieillards sont-ils souvent hostiles aux formes nouvelles du progrès, et qui leur en ferait reproche ? Durant de longues années, ils ont vu la faillite de tant d'espérances ! Tant de déboires, tant de désillusions ont payé leurs efforts ! N'empêche que leur influence sur les destinées d'un pays, si elle est prépondérante, peut produire de fâcheux effets. La *gérontocratie* consacre le triomphe des antiques préjugés et surtout de la tradition.

Or, cette tradition, héritage séculaire de tous nos aïeux, ne doit être acceptée que sous bénéfice d'inventaire. Ce n'est pas à dire qu'elle doive être rejetée en bloc ; elle est assurément dépositaire des vertus primordiales de la race, de son caractère propre, de son génie ; mais elle contient aussi en substance la routine irrémédiable qui s'apeure devant chaque manifestation imprévue de l'activité humaine. Dans une comédie déjà ancienne, *les Ganaches*, Sardou avait bien mis en valeur cette craintive timidité d'un vieillard attaché à la tradition et qui s'opposait de toutes ses forces à l'établissement d'une voie ferrée dans son village, parce qu'habitué à la diligence, il ne concevait pas qu'on pût voyager autrement.

L'avis prépondérant des vieillards aura pour conséquence d'attarder la marche de la nation, de fortifier son goût pour les formes anciennes et désuètes de l'action.

CHAPITRE III

L'ALCOOLISME

I

L'alcoolisme est la plus redoutable des tares sociales contemporaines, car elle contient toutes les autres en substance. Par son action sur l'individu et sur la race, l'alcool conduit droit à la ruine les pays qui ne savent pas ou ne veulent pas se soustraire à son action dissolvante. Pourtant c'est grâce au progrès que l'alcool a pu prendre une place prépondérante dans nos foyers ; c'est grâce au progrès qu'on a pu l'extraire des sources alcooligènes jusqu'alors inconnues, le mêler à des essences plus funestes encore que lui, l'incorporer à des poisons insidieux qui sollicitent les passions des hommes. Plus encore, c'est au progrès qu'on doit la transformation de la mentalité contemporaine, cette capitulation des énergies devant le besoin irrésistible de boire.

Car, il faut le dire au début de ce chapitre, l'alcoolisme n'est pas autre chose qu'une maladie de la volonté. Il n'y a pas aujourd'hui un citoyen qui n'ait entendu parler des méfaits désastreux de l'alcool, pas un qui, à l'école, à la caserne, par la conférence, par le livre, par le journal, par l'affiche, n'ait enfin pris conscience du danger qu'il court, en s'intoxiquant d'absinthe ou d'un spiritueux quelconque. Des sociétés de tempérance, des ligues mènent une inlassable campagne : ce combat, si courageusement entrepris, aurait dû se terminer rapidement par la victoire des apôtres de la sobriété. Or, ils n'ont à leur actif que des succès partiels, et le résultat acquis est inférieur au résultat escompté. Le buveur sait pertinemment qu'il s'empoisonne, il n'en boit pas un verre de moins. Il se donne le change à lui-même en se moquant des abstinents et en traitant de billevesées les assertions des médecins et des statisticiens, mais il persévère dans son habitude car, esclave de sa passion, il n'a plus de volonté. Il s'est, au début, laissé charmer par l'absinthe ou par le mirage de spiritueux alléchants, il s'est intoxiqué sans s'en douter. Désormais c'est un homme perdu, sans ressort, sans énergie, qui ira grossir l'armée des veules et des incapables.

Aussi ce chapitre n'a point pour but d'ajouter une page de plus à celles fort nombreuses qui ont été écrites pour détourner de la société ce fléau funeste. Les savants et sociologues, tels que les docteurs Bertillon, Triboulet, Rénon, Legrain, pour ne citer que ceux-ci en France, ont dit sur ce sujet tout ce qu'il fallait dire. Mais il nous appartient plus spécialement de montrer comment l'alcoolisme est la conséquence de l'évolution sociale contemporaine, et comment les conditions de la vie moderne, — la politique, les mœurs, le travail, le plaisir, — par leur action sur l'esprit de l'homme, ont préparé le terrain à l'alcoolisme.

II

L'Alcoolisme d'hier et d'aujourd'hui

Il ne faut point confondre l'alcoolisme et l'ivrognerie. Ce sont deux modalités différentes d'une même passion, deux conséquences dissemblables d'un même vice. L'ivrogne est l'individu qui se grise et qui subit, de ce fait, une crise aiguë d'intoxication au cours de laquelle il déraisonne, il titube, il s'affaisse au moral comme au physique ; la crise passée, l'ivrogne reprend possession de lui-même. L'alcoolique est un individu qui s'intoxique lentement et inconsciemment par l'usage répété de boissons prises en trop petite quantité pour provoquer l'ivresse, mais qui, à la longue, empoisonnent son organisme. Que de gens sont stupéfaits et protestent avec indignation quand le médecin les taxe d'alcooliques ! Et cependant, les symptômes cliniques sont là qui dictent un diagnostic d'une certitude absolue. Certes, il n'y a pas antinomie complète entre l'ivrognerie et l'alcoolisme ; le même individu peut présenter une intoxication chronique coupée de temps en temps par une crise aiguë. Mais la majeure partie des alcooliques ne sont pas des ivrognes : combien d'entre eux n'ont de leur vie jamais pris une ribote !

Cette distinction est capitale, car elle permet de comprendre l'historique de la question, la manière dont elle a évolué.

La civilisation n'a point attendu six mille ans et plus pour voir le triomphe universel du dieu alcool. On se grisait chez les anciens et aussi chez les Flamands de la Renaissance et aussi dans les orgies du XVIIIe siècle. Depuis Noé, l'homme se grise. Oui, mais il ne s'alcoolise que depuis un demi-siècle.

Autrefois, on n'utilisait que les boissons fermentées, vin, cidre, bière, et, en fait de produits distillés, que quelques spiritueux à base d'alcool de raisin ou de fruits. Mais c'était surtout le vin qui faisait les frais de la gourmandise des hommes. La France fut le pays des grands buveurs de vin. Faut-il rappeler les prouesses des personnages de Rabelais qui sont représentatifs des vices et des vertus de leurs contemporains ? Faut-il rappeler les personnages historiques, tels que le duc de Vendôme, restés fameux dans les annales de l'ivrognerie ? Chez eux cependant, point d'alcoolisme, point de dégénérescence progressive, systématique, aboutissant à la ruine fatale, mais par-ci par-là des crises aiguës où l'ivresse les dominait entièrement.

Sous la Révolution, le vin joua son rôle pendant les journées sanglantes de septembre 1792, et il est certain que plus d'un égorgeur de l'Abbaye fut obnubilé par les fumées de l'ivresse ; mais ici encore, il faut voir le fait d'une crise passagère : l'alcool ne fut pas un facteur politique et ne contribua point à créer cette névrose spéciale des foules révolutionnaires.

Tout au contraire, moins d'un siècle plus tard, en 1871, nous trouvons l'alcoolisme parmi les fléaux qui déciment la population parisienne, déjà déprimée par le siège. Malgré les dénégations de M. Lucien Descaves[1] qui se refuse à admettre

1. Cf. à ce sujet *Chronique Médicale*, 1902, passim.

la part considérable qui revient à l'alcoolisme dans la genèse des événements de la Commune, nous sommes bien obligés de reconnaître, par l'aveu des témoignages oculaires et des relations impartiales, que la névrose révolutionnaire fut, à cette époque, favorisée par l'empoisonnement alcoolique. C'est là du reste un phénomène tout naturel. Les populations en proie à la disette ou à la famine cherchent un soulagement dans l'abus des boissons.

Donc, de 1789 à 1871, cette imprégnation a pénétré la société française. Depuis, elle n'a fait que s'accentuer. Que s'était-il donc passé, pendant ce siècle de progrès, pour permettre cette intoxication progressive ?

Tout d'abord, la fabrication des boissons distillées, apéritifs, absinthes, liqueurs de toutes sortes où les essences viennent ajouter leur rôle nocif à celui de l'alcool, s'accrut dans des proportions considérables. On peut affirmer que c'est à la conquête de l'Algérie que la société française est redevable de cet état de chose. Nos troupes qui firent les dures campagnes d'Afrique se laissèrent prendre au mirage insidieux de l'alcool, plus pernicieux sous les climats chauds que dans nos régions tempérées. La découverte, par une cantinière, d'une boisson prétendue rafraîchissante, à base de macération d'écorces d'oranges, inaugura l'ère des apéritifs. Les soldats revinrent en France avec la passion de l'apéritif.

Il est indubitable que l'attraction de l'alcool n'a pas cessé de croître. Il est non moins indubitable, comme le fait remarquer le Dr Legendre, qu'aujourd'hui, la réaction à l'alcool n'est plus la même qu'autrefois, ceci en raison des modalités de la vie à outrance que nous menons, avec sa surexcitation nerveuse, son cérébralisme ; nos cellules nerveuses supportent moins bien les substances toxiques[1].

Pour tout dire, notre force de résistance a diminué, résistance au besoin passionnel, résistance à l'action morbide de l'alcool. Sans doute, l'hérédité vient ici jouer son rôle ; les fils d'alcooliques, mal armés pour la vie, sont des proies toutes désignées pour le fléau ; après quelques générations, la race se trouve imprégnée.

On est donc en droit de déclarer l'alcoolisme : maladie moderne. Nous n'ignorons point que cette conception est vigoureusement combattue par des savants, comme les Drs Delpeuch et Triboulet qui, en se référant aux écrits des anciens, même à ceux d'Hippocrate, établissent que, de tout temps, l'alcool a exercé ses ravages.

L'alcool, oui ; l'alcoolisme, non.

Il est bien évident que l'abus du vin provoquait, il y a deux mille ans aussi bien qu'aujourd'hui, la cirrhose éthylique, magistralement décrite par Laënnec. Mais il est certain aussi que ce n'était pas là une *maladie sociale*, provoquant la déchéance des races ; que les facultés intellectuelles et morales des individus, que leur énergie, que leur vitalité n'étaient point compromises par elle. On trouvait des malades et non des sociétés entières frappées mortellement par l'alcool. Est-ce par là, d'ailleurs, qu'ont péri les sociétés disparues, égyptienne, grecque, romaine, gauloise, franque, dont la sobriété n'était cependant point le fait ? L'histoire répond non. Elles connurent des ivrognes, mais ne s'alcoolisèrent point.

Il faut donc, à notre sens, réserver le mot d'alcoolisme à cette *endémie* redoutable qui pénètre peu à peu les races contemporaines, latine, anglo-saxonne,

1. Cf. Rénon. *Maladies populaires.* Le péril alcoolique.

slave, etc. ; qui les place en état d'infériorité manifeste pour lutter contre les obstacles de la vie, s'oppose à leur adaptation aux conditions nouvelles de l'existence, les offre à la domination des races nouvelles, indemnes d'intoxication alcoolique, — les Japonais par exemple, — qui se présenteront au combat mieux armées, plus résistantes, ayant toutes chances de vaincre dans les conflits de toute nature.

Il est inutile et dangereux de se bercer plus longtemps de chimériques illusions. La maladie qui nous ronge a des effets désastreux ; elle développe rapidement dans le milieu social la criminalité, l'aliénation, la tuberculose ; elle provoque, au surplus, l'avachissement des esprits et l'affaiblissement des énergies. Contentons-nous, pour le moment, et cela afin de démontrer immédiatement la nécessité d'envisager le problème sous toutes ses formes, d'établir l'influence de l'alcoolisme sur la mortalité générale en France. Une enquête, établie par M. Fernet et communiquée à l'Académie de Médecine (15 novembre 1907), nous fixera sur ce point. Etant donné, dit le savant médecin, que l'alcoolisme peut intervenir à deux titres différents : comme cause principale, fondamentale, unique (*delirium tremens*, cirrhose de Laënnec), et comme cause accessoire ou plutôt adjuvante (tuberculose, érysipèle, pneumonie, maladies dont l'issue a été fatale ou qui ne se sont produites que parce que le malade était alcoolique), on arrive aux résultats suivants : l'alcoolisme, dans les services d'hôpitaux généraux, est reconnu comme cause de mort dans le tiers des cas ; il est la cause principale dans le dixième des décès. Cette statistique funèbre justifie, on l'avouera, les inquiétudes les plus pessimistes.

Et voici, comme parallèle, la progression constante de la consommation alcoolique en France : en 1831, nous consommons 2 litres et demi d'alcool à 50 degrés par tête d'habitant ; en 1900, nous consommions près de 9 litres.

En 1903, le ministère des Finances accusait une production totale d'alcool (bouilleurs et distillateurs) s'élevant à 2.001.143 hectolitres, en augmentation de 240.994 hectolitres sur l'année 1902. Il faut ajouter à ce chiffre officiel le taux de la production de la fraude qu'on évalue à 500.000 hectolitres et même, suivant M. Luzet, à 1.077.000. Or, en 1850, le chiffre des quantités d'alcool soumises à l'impôt n'était que 582.000 hectolitres ; mettons-en autant qui ont été, légalement ou non, soustraites au fisc ; nous arrivons à un chiffre trois fois moindre que celui de 1903.

Inutile d'insister, croyons-nous, sur la progression de la consommation, plus spéciale, des apéritifs et surtout des absinthes. Ce serait faire preuve de l'aveuglement le plus partial que de ne pas reconnaître l'extension continue de cette désastreuse coutume. L'heure verte est, hélas ! devenue une expression classique, et il suffit de passer devant la terrasse d'un café, vers six heures du soir, pour y respirer les relents d'absinthe qui s'en dégagent.

Quant à la consommation des boissons fermentées, vin, cidre, bière, elle varie suivant la récolte annuelle des matières premières, raisins, pommes, houblon, orge. Au reste, à notre sens, elle joue aujourd'hui un rôle secondaire dans l'alcoolisme social. Ce n'est pas le vin ou la bière qui tue notre race : c'est l'apéritif, c'est l'absinthe, c'est l'eau-de-vie. Il ne faut point demander aux hommes une impossible vertu ;

jamais la majorité ne se résoudra à ne boire que de l'eau et les abstinents absolus font preuve d'idée courte s'ils espèrent convaincre la masse. Mais si celle-ci voulait bien renoncer à l'intempérance résultant de l'habitude du petit verre ou de l'apéritif, la race serait sauvée : elle retrouverait sa vitalité compromise.

Mais que de bouleversements dans l'état moral et politique de notre pays avant d'arriver à ce résultat ! L'alcoolisme, avons-nous dit, est la résultante de notre vie contemporaine : c'est le moment de le prouver.

III

La Politique, les Mœurs et l'Alcool

Notre régime politique et fiscal, au lieu de combattre l'alcoolisme, le favorise. C'est là une vérité brutale que ne parviennent pas à démentir les efforts trop superficiels des parlementaires et des hommes d'Etat, à juste titre effrayés par la progression de ce fléau social.

En effet, l'Etat s'enrichit d'autant plus que l'alcoolisme se développe, puisqu'il perçoit une taxe fort lourde sur les spiritueux de toutes sortes. Plus on consomme d'absinthe, d'apéritifs, d'eaux-de-vie, de liqueurs, plus ses recettes sont élevées. Il a donc intérêt à ne pas laisser tarir cette source si importante de revenus, aussi n'a-t-il jamais voulu entreprendre rien de sérieux pour lutter contre le mal. Ce n'est pas en réunissant quelques commissions extraparlementaires, dont les débats aboutissent à des vœux platoniques, qu'on restreindra la consommation alcoolique et qu'on combattra la passion populaire. L'Etat le sait fort bien, du reste, et s'il se contente de cette initiative inefficace, c'est qu'il ne tient nullement à la voir triompher. Il ne se résoudra pas aisément à créer dans sa caisse un trou formidable.

Le régime fiscal actuel est donc un facteur puissant d'alcoolisme. Il ne faut point croire que l'augmentation des droits ait provoqué une diminution dans la consommation. Depuis vingt ans, le Parlement français a voté une série de taxes et de surtaxes soit sur l'alcool, soit sur les spiritueux composés; on n'en boit pas, en France, un verre d'absinthe ou de calvados en moins. Les Etats-Unis, qui avaient frappé l'alcool pur d'un droit de 545 fr. par hectolitre, l'ont réduit à 245 « en raison de l'impuissance du système ». D'une façon générale, l'élévation de l'impôt n'a d'autre effet que de favoriser la fraude, et cela se conçoit aisément : le fraudeur a d'autant plus d'intérêt à soustraire ses produits à l'impôt que celui-ci est plus lourd.

Aussi bien, lorsque le Parlement vote une surtaxe sur l'alcool, ce n'est point pour combattre l'alcoolisme, mais tout simplement pour boucler le budget. Mauvais calcul, si on en croit M. Monis qui, à la Commission des alcools de 1902, démontrait que l'élévation des droits rendrait l'alcool de consommation plus nocif, par suite de la sophistication par les fraudeurs, et ne profiterait pas du tout au Trésor. Ce n'est donc point par une mesure budgétaire que l'Etat peut intervenir dans la lutte contre l'alcoolime. Il est plus sage assurément de ne pas compter sur lui pour ce bon combat et de s'en tenir à l'initiative privée.

***

L'alcool est fabriqué par les distillateurs et les bouilleurs, il est consommé en partie à domicile, en partie dans les cafés et au cabaret.

De la consommation à domicile, peu de chose à dire, sinon qu'elle entre pour une faible part dans la consommation générale. Le Français n'aime pas boire seul, ni même en famille. Il faut à sa passion un cadre spécial. Pour le bourgeois, c'est le café ; pour le prolétaire, le cabaret, le bar, l'estaminet. Il est à peu près certain que les trois quarts, pour ne pas dire plus, de la totalité des boissons spiritueuses sont absorbés dans les établissements publics. Cela tient à la psychologie de notre race.

Le Latin, dont nous dérivons, n'est pas un solitaire qui s'absorbe dans la contemplation de la fumée de sa pipe comme l'homme du Nord. Il veut autour de lui du bruit, de l'agitation, du mouvement ; surtout, il veut parler. C'est ce besoin d'extérioriser ses sentiments et ses pensées qui le pousse à fréquenter les lieux où il pourra donner libre cours à son prurit de parole. Le café et le cabaret le sollicitent impérieusement à cet effet. Ce n'est donc pas pour boire de l'alcool qu'il entre à l'estaminet, tout au moins au début de sa passion, — c'est pour retrouver son milieu favori. Bientôt, il se laisse envahir par l'intoxication et, désormais, il est poussé vers le comptoir des marchands de vins comme le morphinomane est obsédé par sa seringue.

On compte, en France, en chiffres ronds, 500.000 établissements où l'on débite au détail des boissons alcooliques : ils sévissent surtout dans les milieux urbains et ouvriers. Le département du Nord compte près de 50.000 débitants ; celui de la Seine plus de 40.000 ; le Pas-de-Calais 22.000. Certaines villes du Nord ont 1 cabaret pour 53 habitants, c'est-à-dire 1 pour 14 électeurs.

Car, hélas ! encore ici apparaît la question politique et électorale. Elle gouverne aussi la consommation de l'alcool. Nul n'ignore, en effet, la puissance du marchand de vins. La politique locale, avec ses rivalités personnelles, ses ambitions, ses rancunes, tient tout entière dans les quelques mètres carrés de la boutique du mastroquet. La France n'a point, au reste, le monopole peu enviable de cet état de choses. Partout ailleurs, en Angleterre, en Allemagne, le débitant au détail est une force avec laquelle l'homme politique est obligé de compter. Aussi, quand l'intérêt général commande la limitation du nombre des cabarets, l'intérêt de chaque élu s'oppose à cette mesure trop radicale. Le ministère libéral anglais, sous la poussée des sociétés de tempérance du Pays de Galles, a déposé un projet portant suppression d'un certain nombre de bars dans le Royaume-Uni. Aussitôt, s'est levée une opposition formidable qui viendra à bout du projet et du ministère si celui-ci persiste dans sa manière de voir [1].

1. Notons cependant qu'un résultat appréciable a été obtenu dans certains pays.

En Belgique on a élevé le taux des licences sur les cabarets nouveaux ; résultat : 14 000 de moins en cinq ans. De même aux Etats-Unis : à Philadelphie, la licence de cabaretier coûte 1 000 dollars, aussi le chiffre des cabaretiers a diminué des deux tiers. Dans l'Ohio, on frappe d'une taxe annuelle de 5 000 francs tout établissement qui vend des liqueurs fortes ; 3 000 cabarets ont fermé le jour même de la promulgation de cette loi, et 60 p. 100 en ont fait autant dans le cours des années suivantes.

La Norvège, où l'on consommait, voici cinquante ans, 23 litres d'alcool absolu par habitant, a pris une série de mesures pour enrayer l'intoxication progressive de la race ; nous y reviendrons plus loin. Pour le moment, faisons remarquer qu'elle a, entre autres procédés légaux, limité le nombre des débits. En Suède, dès 1880, il n'y eut plus qu'un cabaret sur 13.450 habitants[1] !

Ce qui était possible en Scandinavie ne l'est-il donc pas en France ? Il faut croire que non, puisque M. Siegfried, qui demandait au Sénat, en 1899, de réduire le nombre des débits à 1 pour 300 habitants, a vu sa proposition repoussée avec ensemble, au nom de la liberté souveraine ! De même, la Commission des alcools de 1902 fut hostile à cette proposition, sous prétexte de difficultés budgétaires.

Un seul homme, en France, a osé déclarer la guerre aux cabaretiers : ce fut M. Augagneur, maire de Lyon, qui, par un décret de 1901, établit des zones d'interdiction, où il fut expressément défendu d'ouvrir des débits. Ce simple arrêté municipal a fait fermer 776 cabarets en une année.

C'est à cette seule audace que s'est bornée jusqu'ici, dans notre pays, la lutte contre l'omnipotent cabaretier. Celui-ci a ratifié la parole de lord Rosebery, en 1895 : « Si l'Etat ne se hâte pas de devenir le maître du commerce des liqueurs, le commerce des liqueurs deviendra le maître de l'Etat. » On aura une idée de l'intangibilité de cette puissance quand on saura que, dans le rapport général de la Commission des alcools, en 1902, rapport qui contient exactement 890 pages, il y en a tout juste 2 qui traitent du nombre des débits français et qui concluent, cela va

1. Documents publiés par L. Rénon. *Les maladies populaires*. Le péril alcoolique.

de soi, au respect absolu de toutes les situations acquises et à venir.

***

Chacun devient alcoolique à sa manière ; l'alcoolisme du paysan n'est pas celui de l'ouvrier ; celui du bourgeois ne ressemble pas à celui du mondain. Car le fait est navrant à constater : toutes les classes participent à l'empoisonnement social.

Le paysan s'alcoolise au cabaret du village et aussi chez lui. Tant qu'il ne boit que du vin, du cidre, de la bière, le mal n'est point grand, à la condition qu'il n'en boive pas démesurément. Sa vie au grand air compense les effets nocifs qui pourraient résulter d'une consommation abusive. Mais il ne se borne point à cela. L'estaminet le sollicite, d'abord parce que l'eau-de-vie y est bon marché (et pour cause, car la plupart du temps le patron l'a acquise en fraude de la régie chez un bouilleur), ensuite parce qu'il y rencontre des camarades et qu'il y traite des affaires.

La Normandie tient le record pour l'alcoolisation rurale, mais elle est serrée de près par la Bretagne, le Pas-de-Calais, la Bourgogne et combien d'autres provinces ! C'est dans le Midi que le paysan est le plus sobre. Encore l'alcoolisme vient-il de pénétrer dans cette région qu'il avait jusqu'alors respectée ; c'est non plus aux bouilleurs, mais aux fabricants d'apéritifs et d'absinthe qu'on doit ce progrès.

L'ouvrier des villes s'intoxique rapidement dans les bars et autres comptoirs où l'on consomme debout. Il interrompt son travail de temps en temps pour se reposer ; c'est ce moment de repos qu'il va passer chez le mastroquet le plus proche de son atelier ou de son chantier, et il n'a jamais loin à aller. Dans le langage pittoresque du faubourg Saint-Antoine, cela s'appelle *faire un raccord*. Il y a ainsi le raccord de 10 heures, de 2 heures, de 4 heures, etc.

L'ouvrier d'usine ne peut fréquenter le marchand de vins pendant ses heures de travail, car il n'a pas la liberté d'opérer de nombreux raccords. Il se rattrape à la sortie de l'usine et le soir, après son repas. Le samedi, jour de paie, il rentre chez lui, Dieu sait quand, ayant dissipé le maigre salaire que sa femme escomptait pour faire vivre le ménage toute une semaine.

C'est l'absinthe qui, de toutes les boissons spiritueuses, est la plus consommée dans les débits urbains. La marée absinthique, pour employer l'expression de M. Daremberg, monte toujours. En 1901, 300.000 hectolitres d'absinthe ont été bus ; trois ans plus tard, 60.000 de plus ! Cette statistique donne une moyenne d'un litre d'absinthe par habitant et par an. M. Daremberg, estimant qu'un habitant sur cent est buveur d'absinthe, conclut que chacun de ces alcooliques boit 1 litre en trois ou quatre jours. Mais le chiffre d'un pour cent est beaucoup trop faible. Dans la classe ouvrière, tout le monde, hommes et femmes, boit la liqueur verte ; le bourgeois en consomme au café, et le paysan commence à y prendre goût. De sorte que le tableau est plus sombre encore que celui de M. Daremberg. Peu importe que l'alcoolique consomme 1 litre en quatre ou huit jours : il est et reste dûment intoxiqué. Par contre, il est beaucoup plus grave que cette funeste passion se propage avec tant de facilité.

L'ouvrier, cependant, peut invoquer des circonstances atténuantes à sa passion alcoolique. Tout d'abord, il a été pendant longtemps sans défense contre l'attrait du poison. L'enseignement antialcoolique, à l'école, dans les cours du soir, à la caserne, date de peu. Aujourd'hui, il ne peut plus invoquer cette excuse puisqu'on lui a, sur tous les tons, prêché l'évangile de la tempérance. Mais ce n'est pas tout que d'être prévenu, il faut pouvoir suivre les conseils donnés. Et ce n'est pas toujours commode à l'ouvrier. Tout d'abord, il est sollicité par les camarades, il résiste avec peine à l'entraînement, car dans le peuple on professe peu d'estime pour les pauvres diables qui ne peuvent pas supporter un verre.

Puis, et ceci est plus grave, il y a les conditions d'existence de l'ouvrier contemporain. Et, ici, nous abordons les causes sociales de l'alcoolisme. Celles-ci ont été fort éloquemment résumées par M. Emile Gautier dans son rapport à la Commission de 1902.

« L'alcoolisme, dit M. Gautier, s'engendre de l'effondrement de la volonté, devenue peu à peu incapable de maîtriser les impulsions de l'instinct. En même temps qu'on s'évertue à restaurer les volontés chancelantes, il y a donc lieu de rechercher quelles sont les causes extérieures qui en provoquent ou en aggravent la défaillance. Parmi ces causes, une mention spéciale doit être attribuée à l'insuffisance et à la défectuosité de l'alimentation ; au surmenage physique ou moral, incitant au désir d'un réconfort immédiat ; à l'inhabitabilité des intérieurs pauvres ; à la tristesse et à l'insécurité de la vie ouvrière, avec le besoin de consolation — cette consolation fût-elle même éphémère et factice — qui nécessairement s'ensuit.

« Si le taudis est, comme on l'a dit éloquemment, au même titre et au même degré que le cabaret, le grand pourvoyeur de la misère physiologique et de la tuberculose qui en est la manifestation la plus navrante, n'oublions pas que c'est l'horreur du taudis qui fait le prestige et la fortune du cabaret. Comment l'ouvrier qui rentre le soir, épuisé par une rude journée de travail, dans des conditions souvent peu conformes aux lois de l'hygiène, ne serait-il pas tenté de préférer à son galetas étroit, poussiéreux, sombre, sale, infect, où il fait tantôt trop chaud, tantôt trop froid, sans attrait et sans gaîté, avec une bourgeoise quinteuse ou geignarde, des gosses pleurnicheurs, une nourriture parcimonieuse ou répugnante, le cabaret plus ou moins brillamment illuminé, une manière de salon à son usage, où il trouvera du feu, des journaux, des camarades, de quoi étourdir, à bon marché, tout à la fois son estomac et son cerveau ; l'occasion, enfin, de rire un brin avant d'être heureux, ce qui est encore, suivant la forte expression de La Bruyère, le plus sûr moyen de ne pas mourir sans avoir ri.

« Ils sont ainsi des centaines de milliers et des millions de pauvres diables pour qui boire, boire jusqu'à l'oubli, boire jusqu'à l'extase est la seule distraction, l'unique joie de la vie à leur portée, et qui ne peuvent ou ne savent demander un peu de ressort, un peu de montant, un peu d'illusion qu'au feu de paille de l'alcool. »

Cette page de psychologie ouvrière nous dispense de développer plus longuement ce chapitre des causes sociales de l'alcoolisme. Il démontre que celui-ci est inhérent, pour ainsi dire, aux conditions actuelles de la vie. Sans doute, dans le passé, elles n'étaient pas toujours douces pour l'ouvrier ; du moins étaient-elles moins dures qu'aujourd'hui ; le machinisme, le travail en commun, la division extrême de ce travail les ont singulièrement modifiées.

« Pour échapper à ses maux, dit M. Monis, le pauvre n'a qu'une ressource, qu'une issue : le travail, mais un travail qui n'est pas cette activité joyeuse et libre où se dépensent des forces accumulées, qui s'affirme dans l'allégresse et s'exalte par l'intérêt, l'ingéniosité de l'œuvre comme dans une jouissance personnelle ; travail industriel, sans joie et sans péril, morne et monotone collaboration de l'homme avec la machine où l'homme n'est qu'un auxiliaire subalterne. »

***

Le bourgeois alcoolique, au contraire, n'a point l'excuse de son dénuement moral et matériel : il pourrait trouver chez lui, dans sa famille, dans son travail, dans ses distractions, plus d'un dérivatif à sa passion. S'il se laisse entraîner, c'est qu'il n'a nulle volonté, c'est qu'il est un aboulique sans ressort, sans énergie, un Poliche de l'alcoolisme. Coupeau est certainement plus à plaindre.

Mais peu importe d'établir les responsabilités morales. On se trouve en présence d'un fait indéniable : c'est qu'une partie de la bourgeoisie française, par la fréquentation assidue du café, se laisse contaminer et intoxiquer. Au début, ce n'est pas l'alcool qui l'y attire, c'est le jeu, ce sont les amis ; lentement, la passion se développe.

Aussi pourrait-on tirer un bienfait social considérable de la création de cafés de tempérance, offrant les mêmes attractions que ceux où l'on débite des alcools et des apéritifs. Mais précisément, dans les cafés actuels, ce sont les boissons hygiéniques, thé, sirops, citronnades, qui coûtent le plus cher. Dans tel établissement du boulevard, on fait payer une orangeade 1 franc et une absinthe 0 fr. 40. Quelle belle prime à l'empoisonnement !

Enfin, l'homme du monde n'est pas non plus à l'abri de l'alcoolisme. Tout au contraire, son désœuvrement l'y pousse. Il s'ennuie dans son luxe comme le prolétaire dans son dénuement. Lui aussi demande à l'alcool des sensations fortes, la rupture de cette monotonie qui l'épuise. A la vérité, il ne se contente point des boissons grossières comme l'absinthe, il lui faut des cocktails raffinés, des liqueurs étrangères d'un titre très élevé, et comme d'autre part son instinct sexuel, surexcité, le pousse à la débauche, il tombe rapidement en déchéance.

Evidemment, ce tableau n'est point général. Beaucoup de bourgeois, beaucoup de mondains ont su garder, devant le vice universel, une prudente retenue. C'est chez eux, d'ailleurs, que les antialcooliques ont fait la meilleure propagande. Les convertis sont devenus aussi farouches que les Gentils sont restés inébranlables dans leur culte pour l'alcool. Ceux-là pratiquent l'abstinence la plus complète, au point de ne consommer que de l'eau d'Evian. Moins d'intransigence de part et d'autre aurait mieux fait l'affaire de la société. Mais, en France, on ne sait point garder cette sage mesure que recommandait Molière. L'exagération des abstinents a fait plus de tort qu'on ne croit à la simple tempérance.

CHAPITRE IV

LA PROSTITUTION

I

La Prostitution moderne

La prostitution apparaît dans la société comme le mal nécessaire. Elle est aussi vieille que l'humanité et durera autant qu'elle. Depuis le jour où, suivant la Bible, Agar s'est prostituée à Abraham, depuis l'époque moins légendaire des courtisanes asiatiques et égyptiennes, depuis, en un mot, les premières manifestations de la vie civilisée, la femme s'est vendue à l'homme, a fait commerce de son corps.

Nos besoins moraux, notre idéal de la vie, notre imagination, nos sentiments affectifs, notre éducation, notre hérédité nous orientent, au contraire, vers l'amour exclusif ; nos mœurs nous imposent la monogamie.

Cependant, il ne faut point considérer comme prostituée toute femme qui se vend. La loi romaine ajoutait à cette définition un terme précis : au *premier venu* (sine delectu... pecunia accepta). C'est encore ainsi que nous devons aujourd'hui caractériser la prostitution : les deux conditions nécessaires et suffisantes pour classer une femme dans l'innombrable armée des prostituées sont : d'une part, la vénalité ;

d'autre part, l'offre de son corps à un partenaire de rencontre. C'est dire que les femmes entretenues et celles qui tirent d'une liaison quelconque profit ou bénéfice doivent en être mises à l'écart. Elles n'intéressent ni le sociologue ni l'hygiéniste ; seul le moraliste pourrait les retenir ; encore perdrait-il son temps, sans doute, à les vouloir catéchiser...

***

Tous les auteurs qui ont écrit sur la prostitution en ont fait l'historique. Le cadre de notre étude est trop restreint pour que nous nous attardions à cette page si pittoresque et pourtant si instructive de l'histoire de l'humanité : qu'elle soit sacrée comme dans l'antiquité égyptienne, ou régie comme une institution d'Etat par les Solons de la Grèce, ou éperdument libertine sous les empereurs romains, qu'elle soit fouettée sous saint Louis, prospère sous la Renaissance, emprisonnée par Louis XIV, affranchie par la Révolution, réglementée par Napoléon, la courtisane a étroitement participé à la vie des peuples ; peut-être a-t-elle contribué à conserver les traditions du beau et de l'art, mais, en revanche, elle a infecté la race et disséminé les maladies vénériennes. A ce titre, la prostitution est une des tares sociales qui retient l'attention de l'hygiéniste ; par la condition dégradante qu'elle fait à la femme, par ses rapports étroits avec la criminalité et l'alcoolisme, par l'influence néfaste qu'elle exerce sur la vitalité et l'évolution d'un peuple, elle constitue un des problèmes sociaux les plus poignants.

La question que nous devons nous poser au début

de ce chapitre est de savoir comment la prostitution a été modifiée par le progrès, et, par ce mot de progrès, il faut entendre non pas seulement les conquêtes matérielles faites dans l'ordre scientifique, mais encore les acquisitions morales résultant des conceptions nouvelles de liberté, de solidarité, etc.

On pouvait supposer qu'à la faveur de ce progrès, la prostitution irait en décroissant ; l'instruction plus répandue, une éducation plus rationnelle, la notion plus précise de la valeur de la vie humaine et de la dignité de la personne, l'affranchissement progressif de la femme auraient dû en faire fléchir le graphique. Les statistiques témoignent du contraire : les écrivains, les médecins, les fonctionnaires de la Préfecture de police, les magistrats de Paris et de province sont unanimes à reconnaître que l'armée des prostituées augmente au lieu de diminuer. Assurément, il est malaisé d'en faire un recensement même approximatif, en raison de la clandestinité de cette profession. La prostitution réglementée, celle qui est limitée aux maisons publiques et aux filles soumises, tend à faire place de plus en plus à la prostitution clandestine qui s'exerce, à Paris et dans les grands centres, de mille et trois façons. A ne considérer que Paris, les chiffres varient suivant les auteurs : tel parle de 50.000 prostituées, tel autre de 10.000 seulement. Dans ces conditions, il est difficile de porter un jugement précis. C'est donc seulement d'après les impressions de ceux que leur profession conduit à s'occuper de la vie des courtisanes que l'on peut formuler une appréciation vraisemblable. Or, il est patent, il est, pour ainsi dire, de notoriété publique que la prostitution n'est pas en voie de décroissance malgré le progrès, malgré aussi les efforts de certains moralistes qui résolvent un problème social comme une équation d'algèbre.

Peut-on espérer une autre évolution de la prostitution et entrevoir son fléchissement prochain? Ceux qui se bercent de cette chimère sont des utopistes à la façon des purs de la Révolution qui croyaient suffisant d'évoquer les vertus de Caton pour aussitôt les faire germer sur le sol d'un pays. Assurément, le sort de la femme est moins précaire qu'autrefois ; elle a conquis peu à peu quelques-uns de ses droits naturels : raison insuffisante pour croire qu'elle renoncera à la vénalité de ses faveurs, sous l'influence des hasards de la vie, des déboires, des passions et des vices.

II

Féminisme, Misère et Prostitution

Cette tare, qui enraye si gravement notre marche vers le mieux, a des causes multiples. Les unes, aussi vieilles que la prostitution elle-même, d'autres nées d'hier ; on peut les classer sous deux rubriques : les causes morales, les causes sociales.

Les premières, qui relèvent de la psychologie féminine, n'échappent point à l'influence du progrès. C'est ainsi que le sentiment de la pudeur — acquisition de la civilisation — est plus développé aujourd'hui qu'hier ; notre climat, plus rude que le ciel grec ou latin, a imposé à la femme un habillement plus compliqué, ce qui n'a pas été sans lui donner plus de réserve dans sa tenue.

Les sentiments religieux sous l'influence du christianisme ont accru la somme de la moralité humaine. Et cependant la prostitution n'a pas diminué. Aux époques de la foi la plus fervente, comme en notre siècle où règne, dans la classe pauvre, l'indifférence religieuse, la prostitution sévit avec intensité, sans que la peur des châtiments éternels ait pu retenir la femme entraînée vers la prostitution. Certains philosophes, regrettant que la morale n'ait pas suivi les progrès scientifiques et que ceux-ci aient contribué à affaiblir la religiosité de la masse, voient dans le positivisme contemporain un des facteurs de la prostitution. L'histoire de cette lèpre sociale prouve surabondamment leur erreur. Croyante ou non, la femme s'est de tout temps vendue à l'homme.

C'est dans sa faiblesse organique qu'il faut en chercher la raison psychologique. Eve séduite par l'esprit du mal, c'est évidemment l'éternel roman féminin. Commandée par une sensibilité et une affectivité souvent exagérées, dominée par un état physique placé lui-même sous la dépendance de son sexe, la femme est mal armée pour lutter, c'est-à-dire pour souffrir. Ce n'est pas le progrès difficilement acquis par la société moderne qui a pu modifier ces causes morales et restituer à la femme, éternelle blessée au physique comme au moral, l'équilibre d'esprit, la volonté raisonnée, le courage nécessaire pour lui permettre d'éviter les écueils de la prostitution. Tout au contraire, nos conditions sociales semblent ajouter à sa faiblesse naturelle et la rendre plus vulnérable encore.

En état d'infériorité physiologique, elle est aussi en état d'infériorité sociale. La loi de l'homme, brutale et tyrannique, s'appesantit sur elle depuis des siècles. Toutes les tares, toutes les misères sont plus dures à la femme qui ne trouve point dans les mœurs civilisées l'appui nécessaire. Le travail, notamment, ce travail qu'on qualifie de libérateur parce qu'il conserve la dignité de l'être et procure les moyens d'existence, est pour la femme trop souvent une servitude sans joie, presque toujours sans profit. Le féminisme contemporain a cherché à améliorer ces conditions de travail. On sait à quoi il a abouti. Aveuglé par le mirage des professions libérales, il a orienté vers celles-ci les jeunes filles de la bourgeoisie. Evidemment, c'est un progrès. Mais ces jeunes filles constituent-elles toute la population féminine ? Et, au point de vue qui nous occupe, viennent-elles grossir les rangs de la prostitution ? Rarement, on l'avouera. Le féminisme leur a ouvert une nouvelle porte sur la vie, soit ; mais qu'a-t-il fait pour la classe pauvre, pour la fille d'ouvriers, ouvrière elle-même, trimant de longues heures sur un labeur ingrat pour un salaire de famine ? Rien.

Tout au contraire, il a développé chez les patrons la tendance à remplacer la main-d'œuvre masculine par le travail des femmes moins payées, plus dociles, presque aussi laborieuses que les hommes.

Il faut savoir quelle est la vie de misère et de labeur d'une ouvrière parisienne. Jules Simon, dans son livre *l'Ouvrière*, M. d'Haussonville dans *Misère et Remèdes*, M. Charles Benoist dans une série d'articles du *Temps* en ont dressé le bilan ; il est intéressant de le rappeler, car leurs observations s'échelonnent sur une période de cinquante ans.

Les travaux de Jules Simon intéressent la période de 1847 à 1851 ; la moyenne du salaire féminin était alors de 1 fr. 63. Sur les 101.000 ouvrières auxquelles s'appliquait cette enquête, 950 auraient touché par jour moins de 0 fr. 60 ; 100.050 de 0 fr. 60

à 3 francs; 626 plus de 3 francs. Les couturières auraient gagné à l'atelier 2 francs; chez elles, 1 fr. 62.

Trente ans plus tard, en 1883, M. d'Haussonville entreprend ses recherches; le prix de la main-d'œuvre, d'une façon générale, s'est sensiblement élevé; l'ouvrier gagne mieux sa vie, mais, par contre-coup, tout a augmenté : loyers, alimentation, habillement, etc. Or, l'ouvrière, elle, n'a point vu grossir son salaire; s'élevant rarement au-dessus de 3 francs, il descend le plus souvent au-dessous de 2 francs. Encore les femmes qui gagnent de telles journées peuvent-elles s'estimer heureuses. Combien d'autres s'usent les yeux à des travaux pénibles pour un morceau de pain! « Les lingères qui travaillent pour les maisons d'exportation ne dépassent pas 1 fr. 75. Les peignoirs, camisoles et autres ajustements en linge que le *Louvre* et le *Bon Marché* vendent 2 fr. 75 ou 2 fr. 50 sont donnés à forfait à une entrepreneuse qui touche 0 fr. 60, fait une partie de l'ouvrage et distribue le reste à des ouvrières qui ne reçoivent d'elle que 0 fr. 50 la pièce. A deux peignoirs et demi par jour, — pour les faire, il faudra travailler d'arrache-pied et veiller avant dans la nuit, — les malheureuses auront gagné 1 fr. 25; mais la morte-saison les attend comme les autres, et la moyenne de leur salaire s'abaisse de ce chef à 0 fr. 80 ou 0 fr. 90 par jour. »

C'est en 1893, dix ans après M. d'Haussonville, que M. Ch. Benoist chercha à établir le taux ordinaire du salaire féminin. Les chiffres qu'il donne ne sont point meilleurs : 1 fr. 50 pour une petite ouvrière, 2 fr. 50 pour une plus habile, 3 francs à 3 fr. 70 pour les meilleures de la rue de la Paix. La femme qui travaille chez elle est encore plus mal traitée :

les intermédiaires raflent le plus clair du bénéfice ; une ouvrière qui travaille de 7 heures du matin à 10 heures du soir gagne 1 franc, 1 fr. 25, 1 fr. 50 par journée de quinze heures de travail[1].

Ainsi donc, en un demi-siècle, le salaire de la femme n'a presque point varié, alors que la vie coûte assurément plus du double, alors que le goût du luxe et du plaisir s'est développé et généralisé. Comment veut-on, dans ces conditions, que la femme reste honnête ? Il lui est presque matériellement impossible d'équilibrer son budget par son travail : c'est donc à l'amour vénal qu'elle demandera parfois le superflu, souvent le nécessaire. De là à tomber dans la prostitution, il n'y a qu'un pas vite franchi. En vérité, ce serait exiger de la femme une rare vertu que de la condamner à la misère, alors qu'elle peut si aisément s'en libérer ! D'autant qu'en définitive, l'ouvrière est fille du peuple, de ce peuple dont l'éducation morale est négligée, qui ignore le prix de la vertu et qui a sous les yeux les exemples les plus redoutables, les tentations les plus séductrices.

La prostitution est donc bien fille de la misère. Cela est si vrai qu'on a vu des jeunes filles vierges, à bout de ressources, sans travail, solliciter leur inscription à la Préfecture de police et leur entrée dans une maison de tolérance !

Certes, la misère n'est point la seule cause à invoquer ; les vices, la paresse, la débauche, l'alcoolisme interviennent pour pousser la femme dans cette voie sans issue. Mais si, d'un seul article du code, le législateur pouvait supprimer le paupérisme, rendre à la femme une situation sociale qui lui assurerait

1. Dr O. COMMENGE. *La prostitution clandestine à Paris.* (Schleicher, édit.)

la dignité dans la sécurité, on verrait tomber aussitôt le taux de la prostitution.

Au lieu de supprimer cette misère, le progrès contemporain, en rendant plus dure la lutte pour l'existence, n'a fait que l'accentuer. Du moins, il a creusé un sillon plus profond entre ceux qui ont la chance de pouvoir demander à la fortune ou au travail la vie matérielle, et ceux que leurs vices, leur hérédité — leur guigne aussi — condamnent à croupir dans les bas-fonds. Toutes les conséquences du machinisme, toutes les conditions de l'existence moderne, le dépeuplement campagnard, le surpeuplement urbain [1], le chômage accentuent la misère et poussent à la prostitution.

Qu'on joigne à cela les excitations de toutes sortes et les facilités que la femme trouve à se prostituer par l'intermédiaire des bureaux de placement, des logeuses, des proxénètes de tout acabit, on ne s'étonnera point du contingent formidable de la prostitution contemporaine. Tout, dans notre société en

1. Un exemple remarquable de la prostitution des *déracinées* est donné par les domestiques, bonnes à tout faire, nourrices qui arrivent à Paris croyant trouver une place et rapidement tombent à la rue. Le Dr F. Regnault insiste également sur les conditions déplorables d'hygiène physique et morale où vivent les bonnes parisiennes, dont les patrons méconnaissent trop souvent les besoins, les aspirations. Ces filles enlevées à leur famille, se trouvant seules, à Paris, sans affection, sans appui, sans conseils, deviennent souvent victimes d'un professionnel de la débauche qui les conduit bon gré mal gré à la prostitution.

Commenge dit que c'est cette profession qui fournit le plus fort contingent à la prostitution et à la syphilis (38 p. 100). Schperck de Saint-Pétersbourg avance que sur 100 femmes syphilitiques, 19 sont des domestiques de maison bourgeoise.

Cf. à ce sujet Dr FÉLIX REGNAULT. *L'Evolution de la Prostitution.*

progrès, semble être établi pour la favoriser : la licence de la rue, la pornographie littéraire ou artistique, la condition précaire de la femme, les mauvais exemples placés sous ses yeux, exemples innombrables.

En 1899, le Dr Le Pileur, à la conférence internationale de Bruxelles, donnait le tableau suivant, qu'on ne doit accepter que sous réserves, en raison du petit nombre de sujets enquêtés, mais qui n'en reste pas moins intéressant dans l'ensemble.

Sur 582 filles interrogées, le Dr Le Pileur a relevé les causes suivantes de leur prostitution[1] :

Par paresse ou besoin de plaisir.	170	
— désir de lucre.	111	281
— misère ou manque de travail.		162
— indifférence ou mauvais exemple. . . .	29	
— luxure.	5	34
— misanthropie.		4
— ordre ou consentement de l'amant. . .	23	
— ordre ou consentement du mari.	3	26
— chagrin, suite d'abandon de l'amant. .	60	
— chagrin, suite d'abandon du mari. . .	13	73
— suite d'opposition au mariage.		2
		582

La plupart de ces malheureuses ont assurément eu, au seuil de leur vie, l'une de ces deux fées méchantes : la misère et le goût du plaisir.

Ainsi le progrès n'a point enrayé la prostitution, puisqu'il n'en a pas modifié les causes premières ; peut-être même pourrait-on l'accuser de la favoriser. Le raffinement des mœurs, par quoi se caractérise

1. Dr Félix Regnault, *Op. cit.*

notre époque, s'il favorise des arts, développe aussi dans le corps social un sentiment d'amoralité et des appétits redoutables.

De sorte qu'en définitive, l'énigme est redoutable : en instaurant le règne de la vertu, ne faut-il pas craindre de mettre en fuite les divines muses, inspiratrices du beau, et de réduire l'esprit à l'impuissance ? Assurément, cette perspective paralyserait le moraliste, s'il n'était convaincu par avance de son impuissance à modifier l'évolution sociale, à détourner l'humanité de la voie où elle est entraînée, inconsciente et déterminée, comme un fleuve entre les hautes rives qui le bordent.

III

Le Péril vénérien et les Idées modernes

Pourtant, les sociologues, depuis un certain nombre d'années, se préoccupent fortement de la prostitution, en raison des complications graves qu'entraîne cette plaie sociale. De ces complications, les plus importantes sont, d'une part, la criminalité ; d'autre part, la propagation des maladies vénériennes.

Dans le chapitre consacré à la criminalité, nous mettrons en lumière le rôle primordial de la prostitution. Qu'il nous suffise de rappeler ici l'action néfaste du souteneur, compagnon inévitable de la fille publique, soumise ou insoumise. Puibaraud a écrit : « Dans tout souteneur, il y a un assassin. » Cet aphorisme s'est trop souvent justifié pour que nous puissions ici le mettre en doute. De plus, le souteneur est l'agent le plus actif de la dissémination syphilitique. Les vénéréologues, qui interrogent les malades du dispensaire de salubrité ou des cliniques vénériennes, reçoivent presque toujours la même confidence : Ce n'est pas le client de passage, mais l'amant de cœur qui a avarié la fille. A ce titre, — graine de criminel et agent d'infection, — le souteneur est le pire fléau.

En outre, la prostitution a des rapports étroits avec le vol. L'entôlage, terme nouveau désignant une pratique déjà ancienne, marche de pair avec la prostitution. La fille ne le considère point comme un acte malhonnête, mais comme un impôt licite prélevé sur le galant. Les neurologues, notamment Mme le Dr Tarnowsky, plaident l'irresponsabilité de la fille, dont la débilité intellectuelle est plus ou moins accusée et le sens moral complètement absent. Sans vouloir entrer dans ces considérations psychologiques, retenons seulement ce fait que « la prostitution n'est pour une certaine classe de filles que le voile qui sert à cacher une autre industrie : leur véritable métier est de voler et de favoriser les voleurs et filous de toute espèce[1] ». Nombre de voleuses, arrêtées et amenées au Dépôt, sont reconnues pour des professionnelles de la prostitution, souvent avariées.

Reste enfin la question hygiénique — la propagation des maladies vénériennes — qui fait le fond du débat entre les deux écoles, abolitionniste et réglementariste. Ici, c'est un véritable problème social qui sollicite l'attention passionnée du médecin, de l'économiste, plus encore que du philosophe. De sa solution dépend en partie l'avenir de notre race, malgré les affirmations de certains savants, tels que

1. Parent-Duchastelet. *De la prostitution de la ville de Paris.*

le professeur Augagneur, qui semblent négliger l'importance et l'étendue du péril vénérien.

Les deux écoles procèdent d'un principe différent. L'une dit : la liberté est le premier des droits humains ; la femme doit par conséquent être libre, faire ce qui lui plaît et disposer de son corps comme bon lui semble. L'autre réplique : la santé publique est le premier des devoirs qui incombent à la société. Celle-ci doit se défendre contre toute contamination, poursuivre la maladie partout où elle se cache et, par conséquent, interdire à la femme de faire commerce public de son corps sans se soumettre à un contrôle constant et minutieux.

Qu'il nous soit permis, après tant d'autres, de dire notre sentiment sur la question. Au cours des précédents chapitres, nous avons suffisamment développé notre conception de la liberté individuelle et de ses limites, pour que le lecteur ne soit pas étonné de nous voir mettre au premier plan, avant toute préoccupation, la sauvegarde de la société. Nous estimons donc que la prostitution doit être surveillée non point dans un but de morale, — notre ambition n'est point si haute, — mais pour enrayer la propagation des maladies vénériennes, notamment de la syphilis.

Nous n'ignorons point qu'en prenant cette position, nous encourons les foudres des humanitaires qu'irrite l'idée d'une restriction quelconque à la liberté individuelle. Mais nous jugeons dangereuse cette sensiblerie qui consiste à protéger tous les facteurs des tares sociales, — sous couleur qu'ils ont les mêmes droits que leurs victimes, — qui prend parti pour la fille avariée contre son amant de passage, pour l'apache contre sa proie, pour l'alcoolique contre la société. Nous ne disconvenons point que, dans un état mieux policé, ces mêmes tares, prostitution, criminalité, alcoolisme, etc., seraient réduites au minimum, et qu'en conséquence, il est logique de chercher ce mieux être social. Mais en attendant cette ère nouvelle, nous pensons qu'il est nécessaire de s'attacher au salut de la race, de faire œuvre, disons le mot, de *conservation* et de ne point favoriser la progression du mal, sous prétexte de s'avancer vers le progrès.

A dire vrai, les abolitionnistes sentent si bien que le terrain sur lequel nous nous plaçons est le seul stable, qu'ils ne contredisent point ouvertement notre thèse. Ils prétendent d'abord que la protection de la société n'est pas incompatible avec la liberté de la fille, et, en outre, que la pratique réglementariste n'a donné que déboires et désillusions. C'est ce que nous allons étudier d'après les documents les plus authentiques et en toute impartialité.

***

Nous n'avons point l'intention de rouvrir un débat qui maintes et maintes fois a été à l'ordre du jour, tantôt au Parlement, tantôt au Conseil municipal de Paris, tantôt aux sociétés savantes, congrès, conférences internationales, commissions officielles, etc. Ce qu'on a écrit pour ou contre la réglementation constitue une véritable bibliothèque.

La dernière en date de ces discussions, pas toujours très pacifiques, eut pour théâtre la *Commission extraparlementaire du régime des mœurs*, instituée en 1903, à la suite d'un incident regrettable, par le ministre de l'intérieur, président du Conseil, M. Combes. A la fin de 1906, cette Commission clôtura ses travaux par la remise d'un rapport, suivi d'un projet de loi. Nous nous bornerons donc à écouter les deux sons de cloches qui ont résonné au sein de cette Commission. Disons tout de suite que la majorité y était abolitionniste. Disons aussi que l'ensemble de ses conclusions et le projet législatif, mis aux voix dans la séance du 7 décembre 1906, furent adoptés par *cinq* voix contre *deux* ; sur *soixante-dix* membres composant la Commission parlementaire, *neuf* étaient présents au moment du vote. Voilà qui peut donner une idée de l'autorité de ces conclusions.

C'est, chose singulière, un médecin qui se fit le champion passionné de la thèse abolitionniste, — et non un des moindres, M. le professeur Augagneur. Les théories auxquelles M. Augagneur s'est rallié sont singulièrement déconcertantes. Tout d'abord, il considère qu'on exagère le péril vénérien qui, dit-il, ne repose pas sur des bases scientifiques et ne s'autorise pas de faits précis. « C'est affaire de sentiment plus que d'observation raisonnée. »

En vérité, il est étrange d'entendre énoncer par un homme de science d'aussi dangereux aphorismes. N'est-ce donc pas lui surtout qui fait du sentiment en s'apitoyant sur le sort de la fille, condamnée... à une visite médicale bi-mensuelle ? Assurément, la syphilis bien soignée est curable. Mais est-ce une raison pour permettre aux prostituées de semer l'avarie à chaque contact, et ne sait-on pas, au demeurant, que, dans le peuple, l'ouvrier, l'employé n'ont pas le temps de se soigner, de suivre un long traitement et qu'au surplus, s'ils sont mariés, ils retarderont l'aveu de leur maladie pour éviter la dislocation de leur ménage ?

Et puis, même soignées, même curables, les maladies vénériennes n'en sont pas moins redoutables. Le docteur Butte, qui fort éloquemment a combattu les assertions du professeur Augagneur, a rappelé qu'à Paris, la syphilis avait tué en un an 304 individus, la scarlatine 228, la rougeole 1.532, la variole 82 (statistique de 1890). Or ce chiffre de 304 est déjà bien inférieur à la réalité. « Combien de malades, dit le docteur Butte, meurent d'affections syphilitiques, cérébrales, médullaires, pulmonaires, cardiaques, hépatiques, rénales, gastro-intestinales qui sont catalogués non pas avec les syphilitiques, mais avec les paralytiques généraux, les tabétiques, les cardiaques, les hépatiques, les rénaux, etc. ? » En réalité, ces malades meurent des suites lointaines de la syphilis. Est-ce une raison pour en méconnaître l'origine première ?

Et quand même on devrait tenir pour vrai ce chiffre trop faible de 304, ne voit-on pas qu'il est déjà de beaucoup supérieur à celui fourni par la variole ou la scarlatine ? Et quelles mesures prophylactiques ne prend-on pas contre ces deux maladies ! Quand il s'agit de variole, de diphtérie, de scarlatine, on met en branle tout l'arsenal des règlements et des lois ; on en vote de nouvelles. Contre le pauvre petit diphtérique, on ne trouve aucune mesure trop draconienne : on le met en cage, on l'injecte au sérum, on injecte tout son entourage. Après guérison, on le traîne au laboratoire municipal de bactériologie pour faire pratiquer l'examen de ses mucosités pharyngiennes. On ne lui permet sa rentrée à l'école que vierge de tout bacille, même court. Toutes les gémonies ne suffisent pas pour les autres infections ; mais pour la vérole, non pas ; c'est au pinacle qu'il la faut élever. Respect pour elle ! Saluez ! C'est la vérole qui passe. Défense d'y toucher. Elle est sacrée[1] ! »

Mais il n'y a point que l'influence de la syphilis sur la mortalité générale qu'il faut envisager : combien plus grave son retentissement sur l'avenir de la race ! La syphilis est une des tares héréditaires les plus lourdes. Tous les praticiens savent que la femme avariée avorte plusieurs fois avant de mettre au monde un enfant vivant ; que celui-ci, presque fatalement condamné en bas âge, survit rarement un an, et qu'enfin, c'est au prix de déceptions et de deuil cruels que cette mère éprouvée peut élever un enfant et le conduire à l'âge d'homme. Cette considération est-elle donc négligeable, aussi bien au point de vue sentimental qu'au point de vue social ? Et, à l'heure où s'agite le problème de la dépopulation, doit-il être dédaigné ? En vérité, l'argument des abolitionnistes est plaisant lorsqu'ils répondent par la voix de M. Augagneur : « Puisqu'en France, la natalité est restreinte par la volonté des créateurs, si les parents désireux d'avoir deux enfants, par exemple, perdent les premiers, ils n'ont qu'à persister et finissent toujours par avoir, au bout d'un temps plus ou moins long, les deux enfants désirés, vivants et bien portants[2]. »

Enfin, pour en finir avec cette singulière théorie médicale de l'innocuité syphilitique, faut-il rappeler que la syphilis héréditaire est une entité morbide nettement définie, et non une vue de l'esprit, une hypothèse théorique ? Faut-il rappeler que ces avor-

1. D. Gillet. *An. de Thérap. dermat. et syphil.*, 1904, n° 5, cité par le Dr Butte dans son Mémoire à la Commission extraparlementaire des mœurs. Séance du 4 mars 1904.

2. Rapport de M. Augagneur à la Commission extraparlementaire des mœurs.

tons réformés par les conseils de revision, ces rachitiques, ces faibles de constitution, ces dégénérés présentant des stigmates physiques et mentaux très accentués sont, en grande partie, issus de parents syphilitiques dont ils ont hérité la tare peu enviable ?

Quant à l'autre avarie, celle qu'on a appelée la petite et qui n'en est pas moins fort incommode, on est en droit de la considérer également comme un péril social, puisqu'elle atteint les trois quarts de la population masculine des villes et qu'elle offre un caractère de sérieuse gravité dans un cas sur 74. L'incapacité de travail qu'elle provoque n'est point non plus à négliger. En outre, ses complications sont suffisamment redoutables pour que certains médecins aient cru pouvoir leur attribuer la plupart des maladies des femmes[1].

Pour toutes ces raisons, nous estimons, comme l'éminent professeur Fournier, que c'est un devoir impérieux de combattre la propagation des maladies vénériennes. Nous ferons observer, au surplus, que, quelle que soit la conception, même anarchique, que l'on se fasse de l'exercice de la liberté, le contrôle de la prostitution n'est pas plus vexatoire que celui qui s'exerce sur toute autre industrie. Nous admettons fort bien que la femme puisse trafiquer de son corps et que la prostitution soit un métier. Mais

1. La petite avarie — pour lui donner le nom à la mode, — n'est point aussi bénigne que semble le croire le public. Le rétrécissement, une de ses complications fréquentes, est une lésion grave, parfois très grave et pouvant aboutir à la mort quand il n'est pas traité à temps (Prof. Guyon).

Les suites redoutables qu'elle comporte pour les femmes sont attestées par des maîtres comme Pinard, Budin, Porak, Bar. « C'est la plaie des jeunes ménages, dit Pinard, c'est un véritable fléau, responsable, pour la moitié des cas, des laparotomies pratiquées dans mon service. »

est-ce que toutes les professions ne sont pas soumises, plus ou moins, à des lois d'intérêt général? Est-ce que les industries dangereuses ne sont pas l'objet d'une réglementation minutieuse, en vue de sauvegarder la sécurité du voisinage, la santé des ouvriers qu'elles emploient ou des clients qui l'achalandent? Est-ce que, par exemple, le commerce de l'alimentation n'est pas étroitement surveillé? On reconnaît indispensable de poursuivre le fraudeur qui empoisonne les consommateurs, et, au nom de la liberté, on tolérera que la fille publique avarie ses clients? En fait comme en droit, le contrôle de la prostitution est aussi légitime que celui de n'importe quel commerce touchant à l'hygiène publique.

Cette nécessité ne saurait être niée. Mais les abolitionnistes ripostent en alléguant que tout ce qu'on a fait jusqu'ici dans ce but a été illusoire, inefficace, inutilement vexatoire, dangereux même[1]. Quand bien même cette assertion serait exacte, elle prouverait simplement que la pratique est mauvaise, mais non

1. « Les réglementistes, dit M. Augagneur, n'écrivent pas pour déclarer le système régnant suffisant, mais pour en dénombrer les imperfections et les médiocres résultats. »

« En quoi cela prouve-t-il, lui répond le Dr Butte, l'inefficacité de la réglementation actuelle? A mon avis, cela prouve absolument le contraire, puisque de la nécessité qu'il y a d'améliorer un système imparfait découlent naturellement l'utilité de ce système et sa perfectibilité. De ce qu'une loi votée pour améliorer l'état social ne produit pas tous les résultats qu'on voudrait, s'ensuit-il que les législateurs, désireux de faire mieux et de modifier cette loi dans ce sens, soient d'avis qu'il faut la supprimer avant de ne rien faire? Si M. Bérenger qui a fait voter l'admirable loi de sursis venait à s'apercevoir que cette loi modifiée peut donner de meilleurs résultats, s'ensuivrait-il qu'il faudrait nier l'utilité du premier texte? » (*Comm. extrap. des mœurs*, 4 mars 1904.)

le principe défectueux. Nous ne prétendons pas que tout soit pour le mieux dans l'état de choses actuel, et nous ne sommes point chargés de le défendre. Tout au contraire, le nombre formidable des insoumises témoigne qu'il faut réorganiser le régime des mœurs et l'améliorer, mais en maintenant intangible le principe de la réglementation. Si précisément la prostitution clandestine sévit avec tant d'intensité et cause tant de ruines, c'est que les idées, faussement progressistes, d'humanitarisme et de sensiblerie ont pénétré dans le haut personnel de la Préfecture et de la magistrature, et qu'on laisse devenir caduque l'obligation de l'inscription pour toutes les filles.

Nous pouvons poser en principe que la fille insoumise est beaucoup plus dangereuse que la fille soumise. La statistique des armées européennes nous fournit à cet égard un document précieux ; il se passe de commentaires. Suivant que le pays se trouve sous le régime de la liberté ou de la réglementation, le chiffre de la morbidité vénérienne de l'armée est élevé ou faible. En Allemagne, où le contrôle est sévèrement établi, on ne compte que 9 à 4,4 cas de syphilis pour 1.000 dans l'armée (proportion décroissante). En France, où le régime est mixte, en vertu de la tolérance dont jouissent tant d'insoumises, cette proportion était de 6,7 en 1901, de 7,8 en 1904 ; en Italie, où l'on a fait un essai de régime libre, elle est montée de 12 à 102 pour 1.000 ; en Angleterre, après la suppression du *Contagious diseas act*, de 46 à 127. Attribuera-t-on au simple hasard cette concomitance de l'élévation de la morbidité vénérienne et de la liberté de la prostitution[1] ?

1. D'autre part, voici la statistique dressée par le professeur

Autre preuve : l'armée de terre française fournit une morbidité vénérienne totale de 32,80 pour 1.000 ; la marine 76,3 ; les troupes coloniales 87,2. Donc la prostitution libre des pays d'outre-mer est un puissant facteur d'avarie pour nos soldats[1].

L'Angleterre, qui, en 1886, a voulu sacrifier à la liberté individuelle, si chère aux sujets britanniques, la police de la prostitution, a vu aussitôt monter la statistique des syphilisés, soldats ou civils. Le rappel des *Acts* a été une mesure désastreuse pour la santé publique ; depuis cette suppression, la situation de la métropole est devenue pour l'Empire britannique inférieure à celle de ses colonies.

Ailleurs, mêmes causes et mêmes effets : la ville de Moscou, depuis quatorze ans, a supprimé virtuellement la police des mœurs ; l'inscription obligatoire des filles a été abolie. On comptait que celles-

Fournier, de la morbidité vénérienne dans les armées d'Europe :

Allemagne.	5, 7	pour 1000 soldats.
Belgique.	6, 7	—
France et Algérie.	6, 8	—
Bavière.	9 »	—
Russie.	12 »	—
Italie.	13 »	—
Roumanie.	16 »	—
Autriche.	19 »	—
Angleterre.	75 »	—

Dans l'armée coloniale anglaise, la morbidité est dix fois plus forte. (*Revue d'hygiène et de police sanitaire*, avril 1908.)

On voit que, dans tous ces chiffres, le minimum revient à l'armée de l'Allemagne, la nation la plus sévèrement réglementée, et le maximum à l'Angleterre, où la prostitution jouit d'une liberté absolue.

1. Dr Mosy. Conférence sur la prophylaxie des maladies vénériennes dans l'armée, février 1905.

ci se feraient librement et spontanément soigner en cas de maladie. Aussi la direction du service sanitaire a été confiée à un professeur de syphiligraphie qui est en même temps chef de l'hôpital pour les vénériens. Les postes de médecins du dispensaire ne sont confiés qu'à des spécialistes et les installations répondent aux exigences de la science médicale. Eh! bien, le système a donné des résultats déplorables, car les filles isolées ne viennent qu'en petit nombre au dispensaire ; seules, les femmes de maison le fréquentent assez régulièrement. La prostitution de la rue prend à Moscou de plus en plus d'importance[1].

C'est ce système que rêvent d'établir les abolitionnistes : la fille libre, sur le trottoir libre, se rendant spontanément au dispensaire pour se faire soigner en cas d'avarie. Vraiment, il faut une certaine candeur pour supposer que la prostituée, se voyant contaminée, s'abstiendra de tout contact jusqu'à ce que la contagion de son affection ait disparu. La prostitution est son gagne-pain. Beaucoup d'entre elles, le jour où elles n'ont pas de clients, n'ont rien à manger. Va-t-on leur demander, au nom de la solidarité sociale, de mourir de faim quand elles seront touchées par... un accident du travail ? Et quand bien même, ayant quelques sous de côté, elles pourraient chômer sans qu'il en résultât pour elles de graves conséquences, s'imagine-t-on qu'elles ont à un tel point le souci de la santé publique ? C'est bien mal connaître leur état d'esprit et surtout leur amoralité absolue. Pour elles, l'amant de passage, c'est l'adversaire, et c'est sans aucun scrupule que, se sachant syphilisées, elles le syphiliseront. Et puis

1. Dr J. STURMER. 2e Conf. internat. de la prophylaxie de la syphilis à Bruxelles. Cité par le Dr Butte, *op. cit.*

enfin, en admettant qu'on puisse faire fond sur leurs bons sentiments, on oublie que les maladies vénériennes sont d'un diagnostic malaisé, que la femme ignore le plus souvent son mal dans la période de début, éminemment contagieuse, et que seul, le médecin, par ses visites régulières, peut affirmer l'état sain, suspect ou dangereux de la prostituée.

***

Pour toutes ces raisons, trois mesures s'imposent; elles se complètent l'une l'autre. D'abord, l'inscription obligatoire de toutes les prostituées, puis leur visite médicale régulière, leur hospitalisation enfin quand elles sont accidentées. Ce qui n'empêche pas, bien entendu, de respecter les règlements, de ne point brutaliser les filles, mais, au contraire, de tenter leur relèvement. Aussi bien, le système actuel s'inspire de ces trois principes. S'il comporte de graves défectuosités, c'est que la répression de la prostitution clandestine est maladroite, tracassière, que la police des mœurs a acquis un triste renom par ses gaffes sensationnelles et ses brutalités coutumières, qu'enfin la fille a la terreur de l'hôpital où elle est traitée quasiment en prisonnière; et cependant, malgré ses imperfections, le système a donné déjà des résultats précieux, suffisamment pour qu'on en réclame l'amélioration urgente et non pas la suppression. Le dispensaire de salubrité de la Ville de Paris a procédé, de 1872 à 1904, aux opérations suivantes :

1.317.000 visites de filles en maison, sur lesquelles 3.497 étaient syphilitiques. (Faisons remarquer toutefois que ces chiffres portent sur une période de trente-deux ans ; or, au début de cette période, en 1872, le dispensaire a fait 47.870 visites de filles en maison et en a reconnu 261 syphilitiques ; en 1904, 24.320 visites seulement, — car les maisons de tolérance disparaissent d'année en année, — 2 syphilitiques.)

1.443.873 visites régulières de filles en carte, dont 3.190 ont été reconnues malades.

682.287 visites, après rafles, de filles en carte, dont 6.537 syphilitiques.

Enfin, 93.215 arrestations d'insoumises, raflées sur le trottoir, puis visitées, ont amené la constatation de 12.305 syphilitiques.

Donc, conclut le Dr Butte, depuis 1872, 25.520 fois des femmes atteintes d'accidents syphilitiques ont été isolées, soignées, empêchées de communiquer leur affection. L'ensemble de leurs journées d'isolement se monte à 765.870. Si l'on songe que chacune de ces prostituées aurait eu, pendant ce temps, de cinq à six contacts par jour avec des hommes dont beaucoup sont sains, on arrive au chiffre formidable de plusieurs millions d'hommes qui ont, grâce à la surveillance médicale, pu être préservés d'un contact dangereux. Ce bilan nous paraît suffisant pour justifier l'utilité du régime, et ce ne sont point les arguments subtils des abolitionnistes qui pourront détruire cette preuve de fait.

Ainsi donc, ce progrès, — tant réclamé par des hommes de bonne foi, — qui consisterait dans le régime de liberté appliqué à la rue, serait, sous tous les rapports, un recul en arrière. Au point de vue moral, il semblerait enlever à la prostitution son caractère dégradant qu'il convient de lui conserver, car il retient plus d'une femme sur la pente fatale. Au point de vue hygiénique, il serait désastreux, car il diffuserait les maladies vénériennes, déjà suffisamment répandues. Au point de vue social, il ne serait pas moins pernicieux, en favorisant l'éclosion de toutes les tares attachées à la prostitution.

C'est bien ainsi que l'ont compris la majorité des maires des grandes villes près desquels fut instituée une enquête sur la question. 87 ont répondu, dont 8 de villes de 100.000 habitants ; 19 de villes de 40 à 100.000 habitants ; 31 de 20.000 à 40.000 ; 29 de 10.000 à 20.000. Or, 74 maires se sont déclarés partisans des maisons de tolérance ; 13 plus ou moins hostiles. Au reste, voici le résumé de leurs réponses :

Les maisons sont utiles.	14 maires
— nécessaires.	28 —
— indispensables.	32 —
	74 maires

Leur suppression serait funeste, dangereuse, déplorable.	66 maires

MOTIFS INVOQUÉS :

Compromettrait la santé publique.	35 maires
Accroîtrait la prostitution clandestine. . .	21 —
Favoriserait l'accroissement des débits de boissons.	21 —
Multiplierait les souteneurs.	19 —
Nuirait à la moralité publique.	21 —
Développerait le racolage.	9 —
Nuirait aux mineurs.	3 —

La liberté d'association de femmes en vue de la prostitution est considérée comme :

Désastreuse, inadmissible, dangereuse. .	71 maires

Pour les motifs ci-après :

Compromettrait la santé, la moralité, la sécurité publiques.	42 maires
Les maisons se trouveraient reconstituées, sans les mêmes garanties, le tenancier ne disparaissant pas, l'exploitation de la femme ne cesserait pas, elle augmenterait même.	24 maires
Le nombre des souteneurs serait accru. .	11 —
La traite des blanches et surtout des mineures serait favorisée.	9 —
Le vol et l'entôlage se multiplieraient. . .	7 —

Quant aux maires non partisans des maisons de tolérance, ils font des réserves qui méritent d'être signalées. Celui de Saint-Etienne déclare que, si on supprime ces établissements, une réglementation est indispensable. Celui de Bourges réclame la visite médicale hebdomadaire obligatoire. Celui de Cherbourg n'est partisan qu'en principe de la liberté : « En l'état actuel, dit-il, elles sont utiles. Leur suppression présenterait des dangers. On doit redouter la multiplication des souteneurs. » Celui de Rochefort propose la reconnaissance de maisons de rendez-vous, avec contrôle policier. Le maire de Pau croit nécessaire de parquer les filles dans des quartiers réservés. Celui de Chalon-sur-Saône dit que le groupement en vue de l'exercice de la prostitution est inadmissible. Le maire de Vienne se rallie à la triple mesure : inscription, visite, hospitalisation des malades.

C'est donc en opposition complète avec la majorité des maires touchés par le referendum, que la Commission extraparlementaire a proposé la suppression des maisons de tolérance, lesquelles avaient vu à nouveau leur existence légale confirmée par la loi du 3 avril 1903. Plus d'inscription, plus de visite obligatoire, mais répression du racolage s'il s'effectue « par une tenue, des gestes ou paroles obscènes ou contraires aux bonnes mœurs ». Enfin, un article voté sur la proposition de MM. Butte et Bérenger prévoit l'hospitalisation d'office des vénériens condamnés pour racolage.

Mesures insuffisantes, nous n'hésitons pas à le déclarer. Le racolage, déjà trop toléré par la police, se pratiquera effrontément, car nous savons très bien — et les abolitionnistes aussi — que la menace de la répression sera un épouvantail à moineaux. Quant à voir diminuer la prostitution par une éducation meilleure des jeunes filles, par la diffusion de l'enseignement prophylactique... il n'y faut guère compter. La prostitution tient à des causes sociales : ce sont elles qu'il faut atteindre ; ce n'est point par des textes de loi qu'on y parviendra.

Assurément, nous ne mettons en doute la bonne foi de personne, mais qu'il nous soit permis de conclure que le progrès poursuivi par les abolitionnistes sera étrangement pernicieux. Si on doit appeler progrès toute marche imprudente vers un état où la sécurité et la santé publiques sont sacrifiées à la liberté des déchets sociaux, le régime préconisé réalisera cet idéal.

Mais ce n'est point ainsi que nous concevons le progrès. Celui-ci doit apporter plus de bien-être à chacun, tout en assurant le bien-être de tous. En aucun cas, il ne doit faire passer l'intérêt particulier devant l'intérêt général. Déjà, à la faveur du régime actuel, la prostitution clandestine sévit furieusement et développe la criminalité, l'ivrognerie, la paresse. Les maisons de tolérance disparaissent pour faire place aux maisons non surveillées. Le nombre des filles soumises diminue, celui des insoumises augmente. Les souteneurs pullulent. La traite des blanches donne lieu à un odieux trafic. Moins d'indulgence pour les professionnels de la débauche; plus de protection aux honnêtes gens et surtout aux filles guettées par la prostitution : ce serait là un progrès autrement sérieux.

CHAPITRE V

LA CRIMINALITÉ

La criminalité est en progression. Le nombre des attentats contre les propriétés et les personnes augmente, pour ainsi dire, d'année en année. Les Pangloss de la sociologie ont beau s'évertuer à nous prouver que les voleurs et les assassins pullulent moins, ils ne parviennent point à nous donner le change.

Sans doute, Paris est plus sûr au xxe siècle que sous François Ier ou sous Louis XIV. Nous ne prétendons point que sous ce rapport l'état social ne se soit amélioré. Benvenuto Cellini raconte dans ses *Mémoires* comment il fut attaqué au Pont au Change par des bandits à la solde du trésorier du roi qui lui reprirent mille écus d'or que celui-ci lui avait versés quelques instants auparavant. Un siècle plus tard, Rompt-Croissant écrivait (1644) : « J'ai horreur quand il me revient en mémoire que plusieurs personnes dignes de foi m'ont dict pour chose véritable : savoir qu'il a esté tué de nuict, dans les rues de ceste ville de Paris, 372 hommes en trois mois, d'entre la Saint-Rémy dernier et les Roys ensuivant de ceste présente année 1644, et qu'il y en a eu quatorze de tués ledict jour des Rois. » Il évaluait à 800 le nombre des assassinats dans les rues de

Paris depuis la mort de Louis XIII (14 mai 1643) jusqu'au 6 janvier 1644.

Ainsi, si on compare notre époque au bon vieux temps, on voit que nous sommes mieux en sûreté aujourd'hui. Toutefois, il est indéniable que, depuis un demi-siècle, la criminalité progresse. Les statistiques officielles du ministère de la justice en font foi. Cette progression s'accentue davantage chaque année. L'augmentation constante du nombre des crimes et délits commis en France, écrit M. Noulens, député, ne saurait être déniée. Elle est, en moyenne annuelle, de 5.000 infractions depuis 1881, d'après les comptes officiels du ministère de la justice.

En 1835, il est vrai, on comptait pour une population de 33.000.000 d'habitants 4.300 condamnés d'assises et 175.210 condamnés de correctionnelle. En 1904, la population est de 39.000.000 et il n'y aurait plus que 2.047 condamnés d'assises et 104.563 de correctionnelle. Ces chiffres semblent donner raison aux optimistes, mais on ne saurait tabler sur eux, car ils ne présentent que la criminalité réprimée. Il faut faire entrer en ligne de compte les crimes et délits qui n'ont pu être réprimés par la justice; on arrive alors au bilan suivant : pour 1836, 214.153 au total; pour 1904, 504.041. Ainsi, tandis que la population augmentait à peine d'un quart, le nombre des crimes et délits s'accroissait de 140 p. 100 [1].

En 1905, la statistique accuse une nouvelle augmentation. Crimes jugés : la période quinquennale 1901-1905 se signale par une recrudescence à peu près générale de crimes de sang : meurtres, assassinats, parricides, coups et blessures ayant

1. Cité par M. Noulens. *Indulgence et Criminalité. Journal* du 26 août 1908.

entraîné la mort. Comparés à ceux de 1901, les résultats de 1905 accusent dans leur ensemble une augmentation très sensible des crimes qui prennent naissance dans les cabarets, lieux de plaisir, etc. Délits : là encore accroissement général, et le plus notable est celui que l'on constate en matière de coups et blessures : 23.487 en 1904, 26.752 en 1905.

Encore ne s'agit-il là que des affaires qui ont pu faire l'objet d'une répression pénale. Il faut ajouter aux chiffres précédents la statistique des crimes et délits non poursuivis ; elle accuse en 1880 : 55.582 ; en 1901, 96.686 ; en 1904, 105.598 ; en 1905, 107.710.

C'est ce que la littérature officielle du rapport appelle une situation fâcheuse.

Nous dirons, nous, situation inquiétante, car on peut se demander si cette augmentation de la criminalité n'est pas un contre-coup indirect, un choc en retour, pour ainsi dire, du puissant mouvement d'émancipation dont la démocratie française a bénéficié depuis vingt-cinq ans.

Certes, ce n'est pas nous qui nierons le progrès et ses incalculables bienfaits dans le domaine moral comme dans le domaine matériel. Mais les modifications qu'il apporte à l'état social sont plus profondes qu'on ne le pense généralement. Nous avons déjà vu comment il transforme la moralité de l'individu et de la collectivité. Toutes les causes sociales de la criminalité, alcoolisme, prostitution, misère, vagabondage, sont accentuées au lieu d'être atténuées ; cela tient à ce que le progrès dans son ensemble échappe à la direction humaine ; il s'impose ; chacune de ses nouvelles manifestations est accueillie d'enthousiasme, mais on ne songe jamais au prix dont on devra la payer.

La morale utilitariste de notre époque est-elle responsable de cet état de choses ? Assurément, l'utilitarisme social, suivant l'éthique de Jérémie Bentham, peut se substituer avantageusement aux anciennes morales, mais il exige chez chaque citoyen un esprit de sacrifice qui n'est guère de mode aujourd'hui. C'est l'égoïsme individuel qui domine en souverain dans les consciences contemporaines. C'est lui, nous l'avons vu, qui est un des principaux facteurs de la dépopulation, de la prostitution (par l'état d'infériorité où la femme est maintenue, grâce à l'égoïsme des hommes), du malaise économique, des crises politiques. Peut-être doit-on l'accuser, en partie, de l'état actuel de la criminalité.

Il appartient à l'État de substituer son initiative à celle de l'individu ; c'est à lui de prévoir les conséquences des conditions modernes de la vie, à canaliser, pour ainsi dire, le flot mouvementé de tous les efforts particuliers, à imposer, sous forme de lois obligatoires, les sacrifices que l'égoïsme de chacun se refuse à consentir.

Ce n'est pas que l'ancienne morale, basée sur la crainte des châtiments futurs, ait retenu dans le devoir plus d'individus que le scepticisme contemporain. L'histoire de la criminalité aux siècles passés le prouve amplement. Mais, encore une fois, le développement insolite de la criminalité moderne tient à des causes sociales que le progrès a été impuissant à détruire, dont il a parfois favorisé le développement.

En premier lieu, l'alcoolisme, soit acquis, soit héréditaire. Nous empruntons au Dr Louis Rénon[1] les chiffres suivants qui précisent l'influence de l'alcoolisme comme facteur criminel : on compte

1. Dr Louis Rénon. *Les maladies populaires.* L'alcoolisme

53 alcooliques sur 100 assassins, 57 sur 100 incendiaires, 70 sur 100 vagabonds, 90 sur 100 détenus pour coups et blessures. Ce dernier chiffre montre surabondamment combien l'alcool exaspère les passions violentes de l'individu, annihile sa faculté de jugement, arme son bras pour des motifs insignifiants. Voici une autre statistique établie par le greffier de l'ancienne prison de Sainte-Pélagie et citée également par le Dr Rénon : elle compte 70 p. 100 d'intempérants chez les voleurs, escrocs et faussaires, 88 p. 100 pour les homicides et consorts, 53 p. 100 chez les satyres et autres individus condamnés pour outrages à la pudeur, 79 p. 100 chez les vagabonds, 57 p. 100 chez les incendiaires[1]. Autre preuve : dans la Corse, département où l'on boit peu, un condamné pour 1.500 habitants ; dans la Seine-Inférieure, où on boit le plus, un condamné pour 138 habitants !

Encore ne s'agit-il là que d'alcooliques proprement dits. Il faut ajouter à cette liste les héréditaires, ceux qui naissent irrémédiablement tarés par l'alcoolisme de leurs parents, misérables dégénérés qui, fatalement, viennent grossir l'armée du crime, car le champ de leur conscience morale est si étroit qu'à peine ont-ils la notion du bien et du mal.

La prostitution est, elle aussi, un grand facteur de criminalité. Le souteneur n'a, en effet, qu'un médiocre souci de la personnalité humaine. Il ne fait aucun cas de la vie d'autrui et, quoique très lâche, il s'expose fréquemment dans ces batailles rangées d'apaches qui ont pour heureux résultats de débarrasser la rue d'un ou deux malandrins. Le souteneur est, lui aussi, un rétréci de la conscience. Aussi peut-

1. Cf. *Le Correspondant*, du 25 mars 1897, art. de M. Maurice Vanlaer.

on dire, avec le Dr Ferester, que la prostitution est « un agent criminogène puissant », soit que les filles, soit que leurs souteneurs jouent un rôle actif dans le crime et le délit.

Du reste, ce sont là des notions suffisamment connues pour qu'il soit inutile d'insister. Il était bon, toutefois, de les rappeler, parce que l'alcoolisme et la prostitution sont, nous l'avons vu, fâcheusement influencés par le progrès ; dans ces conditions, on conçoit que la criminalité subisse le même mouvement ascensionnel, et ainsi est-elle en relations étroites avec lui.

Cependant, le problème est plus complexe. Il existe d'autres facteurs du crime ou, tout au moins, des causes adjuvantes. L'une, — et non des moindres, — c'est la difficulté toujours croissante de la lutte pour l'existence, c'est cette redoutable loi économique de l'offre et de la demande qui contraint au chômage nombre d'individus fortement enclins déjà à la paresse. La carrière d'apache s'ouvre devant eux : ils y trouvent plus d'avantages qu'à l'atelier ou à la fabrique. Sans doute, ne deviennent-ils pas d'emblée des malfaiteurs. Mais une fois descendus les premiers degrés de l'échelle, ils versent facilement dans le banditisme.

Un autre facteur, c'est le vagabondage des enfants, que M. Etienne Flandin appelle l'école primaire du délit. Conséquence fatale de la vie ouvrière : le père part le matin, rentre le soir ; la mère, le plus souvent, travaille hors de la maison ; elle est ménagère, blanchisseuse, employée, etc. ; les enfants restent seuls à la maison. Sans doute, l'école, les classes de garde, les cantines scolaires leur offrent une protection quotidienne, mais, pour qu'ils en profitent, il faut que leurs parents tiennent la main à ce qu'ils y soient assidus. Combien ne s'en occupent pas du tout ! Sans doute encore, la loi donne à l'État le droit absolu, lui confère le devoir strict de veiller sur la fréquentation de l'enfant à l'école. Obligation dérisoire. Rien ne serait plus facile que ce contrôle. L'enfant absent est-il malade, a-t-il une excuse valable ? Automatiquement, il conviendrait de s'en informer. Ne le trouve-t-on ni à l'école, ni chez ses parents ? Où est-il ? Une police exercée devrait le rechercher sans délai.

Mais non. A Paris, les maires d'arrondissement, à qui l'instituteur signale des absences réitérées, adressent à la famille des avertissements, mais sans sanction. La plupart du temps, l'enfant qui vagabonde reste insensible aux remontrances.

L'école buissonnière conduit l'enfant au pire destin. Il a des fréquentations d'abord douteuses, puis franchement mauvaises. Il apprend qu'il est une profession lucrative, où l'on ne se donne que la peine de parader devant ses camarades : celle de souteneur. Comment ne pas regretter que, dès maintenant, sans qu'il soit nécessaire de mettre la main aux lois, la police ne cueille pas sur le trottoir les petits errants, les mendiants, les minuscules *regrattiers* qui vendent aux passants des fleurs ou des légumes ? Pourquoi jamais ne voit-on un agent interroger un enfant sur son absence de l'école, le ramener au domicile paternel ou à l'instituteur ?

Mais la police ne se doute pas que mieux vaut prévenir que réprimer. Elle semble ignorer que la rue est l'école des apaches. Là, se fait, à toute heure de la journée, le recrutement de la redoutable armée dont le nombre ne cesse de croître et qui rajeunit sans cesse ses cadres. Les chefs de bandes sont des jeunes gens de seize à vingt ans.

Chose singulière, nous trouvons encore ici une conséquence imprévue du féminisme moderne. Celui-ci s'est traduit par une extension considérable du travail féminin. Beaucoup de mères qui, autrefois, restaient dans leur intérieur, s'occupaient de leurs enfants, sont aujourd'hui poussées à augmenter les revenus du ménage par un labeur extérieur ingrat, peu rémunérateur et exclusif. Le féminisme leur a ouvert de nombreux ateliers, des fabriques, des comptoirs, des bureaux : elles s'y précipitent, oubliant ainsi le plus sacré de leurs devoirs, la surveillance de leurs enfants.

Il n'est pas jusqu'à la presse qui ne soit en partie responsable de la criminalité contemporaine, par la publicité ridiculement importante qu'elle accorde aux exploits des apaches. La presse, en effet, s'est singulièrement transformée en ces dernières années, surtout la presse populaire, dont les journaux sont entre toutes les mains. Ce n'est pas seulement son format qui s'est modifié, mais aussi le ton général de la feuille qui accorde au crime la place d'honneur. Tel incident de la voie publique, attaque nocturne, querelle de souteneurs, qui, voici vingt ans, était rapporté à la quatrième page des journaux quotidiens (au temps où les quotidiens n'avaient que quatre pages), prend aujourd'hui les proportions d'un événement considérable. Le crime illustré, telle est la rubrique sensationnelle de quelques journaux qui exploitent adroitement les sentiments du public à cet objet ; le paysan, le bourgeois, l'ouvrier ont pris, grâce au développement de ce reportage, un goût tout particulier pour les drames qui ensanglantent quotidiennement notre société. Cette curiosité est doublée d'une crainte folle de l'apache, de sorte que cette littérature spéciale a eu pour effet de semer la terreur dans le public ; elle est instigatrice de la peur.

Les criminels et assassins de tous bords sont encouragés par cette publicité insolite donnée à leurs exploits. N'en doutez pas, ils sont les grands hommes du jour. Tout au moins, ils marchent de pair avec les vedettes de l'actualité.

Ecoutons Lombroso dans son portrait du criminel : « Au lieu des affections de famille et des affections sociales qui, chez les criminels, sont complètement éteintes ou se présentent à l'état d'équilibre instable, on voit dominer d'autres passions peu nombreuses, mais extrêmement tenaces. Et d'abord, entre autres, l'orgueil ou, pour mieux dire, un sentiment excessif de leur valeur personnelle, sentiment que nous voyons croître chez les hommes en raison inverse du mérite... La vanité des criminels est supérieure à celle des artistes, des littérateurs, des femmes galantes. »

On connaît des exemples fameux de cette vanité : Lacenaire, par exemple, plus ému par la critique qu'on avait faite de ses vers que par sa condamnation à mort. Mais ce qu'il ne faut pas oublier, c'est que le criminel tire surtout vanité de son crime. L'ancien forçat Vidocq écrivait : « Au début, les criminels cherchent à atténuer leur crime ; une fois qu'ils ont avancé dans cette voie funeste, ils s'en font une gloire. » Il ajoutait, en homme qui s'y connaissait : « Dans la société, on redoute l'infamie ; dans une masse de condamnés, on ne rougit que d'une chose : c'est de n'être pas infâme ; le plus grand éloge que l'on puisse faire de l'un d'entre eux consiste à dire de lui : c'est un escarpe. »

Ce suprême orgueil du mal, déjà signalé dans les *Livres saints*, a dicté aux criminels des actes inouïs ·

c'est un assassin de 19 ans qui massacre une famille entière et donne pour prétexte : « Eh bien ! mes camarades de classe verront aujourd'hui s'ils avaient raison de prétendre que je ne ferais jamais parler de moi ! » C'est un simple filou qui, passant devant les assises, est au désespoir de n'avoir pas à se glorifier d'un crime de sang, et s'accuse de forfaits imaginaires pour se faire bien voir de ses camarades.

Etant donnée cette vanité exaspérée, on comprendra que les criminels contemporains ont été admirablement servis par les mœurs de la presse qui chante leurs hauts faits. Ces assoiffés de réclame n'ont même plus besoin d'écrire leurs mémoires comme autrefois Lemaire, Vidocq, Cosimi, Mme Lafarge et Collet ; les journaux les écrivent pour eux, et même, si c'est nécessaire, les spécialistes de ce reportage, puissamment imaginatifs, ajoutent des détails horrifiants pour la suprême gloire de l'apache.

Il y a plus encore : la psychologie du criminel nous apprend qu'il attache la plus grande importance à la représentation par l'image de son acte, si atroce soit-il ; ce besoin de laisser un souvenir iconographique de son crime, l'assassin le trouve entièrement satisfait par les dessins des quotidiens : artistes et photographes se font ses auxiliaires en popularisant ses traits et immortalisant ses forfaits.

Aussi bien, n'est-ce pas d'aujourd'hui que l'on peut constater cette tendance de la presse à donner au crime une réclame exagérée et dangereuse. Tous les aliénistes du siècle dernier, Esquirol notamment, ont signalé le mal que cette publicité ainsi entendue peut causer. *L'Evénement* du 11 juin 1874 montrait déjà comment elle exaltait la prédisposition des criminels et développait leur extraordinaire faculté d'imitation : « A la lecture de ces faits divers, on est frappé de la similitude qu'on retrouve dans les moyens d'exécution. Il n'y a rien qui doive étonner. Un homme, que ses antécédents prédisposent aux affections nerveuses, peut renfermer dans les replis les plus profonds de son âme des passions terribles qui n'attendent qu'une occasion pour se faire jour. La lecture d'un, deux faits divers racontés avec les détails les plus succincts suffit pour faire éclater d'une manière irrésistible des passions jusque là comprimées. Il lira d'abord, sans y attacher la moindre importance, le récit du crime. Cette idée se représentera à lui, finira par s'imposer et, bientôt, malgré lui, fatalement, il accomplira un crime en calquant ses coups sur ceux dont le journal lui a dévoilé la justesse. »

Et, avec non moins de bon sens et de logique, Moreau de Tours concluait, devant la recrudescence d'assassinats déjà signalée en juillet 1876 : « Oui, nous devons dire : *Mea culpa*. Car si une bonne fois nous consentions à faire le silence, à laisser sur ces infamies le voile qui devrait les recouvrir, si l'assassin savait que son crime sera expié comme il a été commis, dans la honte et dans l'ombre, peut-être ne s'exalterait-il pas tant ; peut-être reculerait-il devant l'acte odieux qu'il va accomplir. Au contraire, habitué à lire chaque jour les horribles détails dont les journaux sont remplis, familiarisé avec le sang, avec le meurtre, avec d'autres crimes plus hideux encore, s'accoutumant à ces idées, il finit, pour peu qu'il ait le cerveau obtus ou malade, par faire de ses rêves une réalité, et, un beau jour, c'est lui — l'enfant de 16 ans ou l'homme de 40 — qui fournit aux chercheurs de nouvelles leur pâture quotidienne. »

Depuis plus de trente ans que ces lignes ont été

écrites, cette tendance de la presse n'a fait que s'accentuer, et les prédictions d'Esquirol et de Moreau de Tours se sont réalisées. Tendance qu'il est difficile sinon impossible de combattre : le public veut que son journal lui détaille, avec minutie, le drame du jour. Il lui faut plus encore : à cette pâture quotidienne, il ajoute les mêlos de l'Ambigu et, comme dessert, les pièces judiciaires plus ou moins littéraires. C'est au point que le vol, le crime, l'attentat à la pudeur ont pris, dans l'ordre de ses préoccupations, une place d'honneur ; ainsi s'émousse son goût pour les discussions artistiques, politiques ou sociales ; ainsi travaille-t-il à faire de l'apache, de l'assassin ou du satyre un être plus intéressant qu'un grand penseur ou qu'un savant de génie.

***

Ces différents facteurs de criminalité que nous venons d'analyser rapidement sont étroitement liés à l'évolution sociale. Pour les annihiler ou, tout au moins, les diminuer, il faudrait modifier cette évolution, la diriger aussi bien par l'intervention de l'Etat en matière d'alcoolisme, de prostitution, de chômage, de paupérisme, de vagabondage, etc., que par une orientation nouvelle de l'esprit public ; on voit donc combien le problème est complexe et qu'il ne se résout pas en une formule plus ou moins concise et élégante [1].

1. Certaines lois édictées pour le bien de tous et pour apporter plus de justice sociale ont des conséquences indirectes fâcheuses, telle la loi sur l'apprentissage qui impose au patron une responsabilité très lourde. Résultat : les patrons ne veulent plus d'apprentis à leur atelier ou à leur usine, et les enfants, à l'âge de 14 ans, ne trouvant pas d'emploi, vagabondent dans la rue, cette école des apaches.

Mais d'autres agents interviennent également, notamment le système de répression, autrement dit la défense de la société contre les malfaiteurs. Cette défense est confiée à un organisme à deux rouages : la police et la justice.

La police, qui a pour devoir d'arrêter les malfaiteurs, a-t-elle suivi le progrès et est-elle à la hauteur de sa mission ? Un simple examen suffira à nous convaincre que, malgré quelques pas en avant, elle s'est laissée distancer. L'un de nous a déjà publié à ce sujet des documents probants [1]. Sur 1.023 assassinats commis en 1904, 613 n'ont pu être poursuivis, soit 58 p. 100. Selon M. Hennion, aujourd'hui directeur de la Sûreté générale, dans la même année de 1904, 103.000 faits de nature à mettre la justice en mouvement (crimes et délits) sont restés impunis.

Statistique effrayante, on en conviendra, et qui ne peut qu'encourager les voleurs et assassins à persévérer dans la voie presque sûre où ils se sont engagés. Aussi, le rapport sur l'administration criminelle de 1905 dit textuellement : « L'augmentation du nombre des malfaiteurs qui parviennent à se soustraire aux investigations de la justice constituerait, si elle persistait, un péril menaçant pour la sécurité publique. »

Cette situation inquiétante relève de deux sortes de causes : d'une part, l'organisme défectueux de la police, avec les conflits administratifs de ses divers organes, etc. [2] ; d'autre part, l'impuissance de ceux qui doivent veiller sur la sécurité publique, à s'adapter au progrès avec autant d'aisance et de souplesse que les malhonnêtes gens.

1. Cf. Pierre Baudin. *La Vie de la Cité (Justice et Police).*
2. Voir à ce sujet ouvrage cité, où ces faits ont été étudiés en détail.

Ce n'est point qu'il faille proclamer la faillite de la police et de son auxiliaire, la médecine légale. Celle-ci, notamment, a fait de précieuses conquêtes, ne serait-ce que l'identification des prévenus par l'anthropométrie. Mais l'expertise médico-légale est souvent incertaine, trop souvent aussi, fausse. Qu'on se souvienne de la seconde affaire Weber, où les grands chefs de la médecine légale proclamèrent, contre l'évidence et contre les conclusions sensées de deux médecins de province, la mort naturelle du petit Bavouzet que l'ogresse avait étranglé ! On sait de quel prix fut payée cette erreur !

Le cas n'est point isolé et on peut poser, en principe, que la société était en droit d'attendre davantage, pour sa sécurité, des progrès de la science médicale.

En outre, les criminels ont une adresse incomparable à faire servir à leurs projets les découvertes les plus récentes. Imagine-t-on des outils perforants d'une rare puissance ? Les cambrioleurs les emploient pour percer des murailles et dévaliser des magasins de bijouterie. Découvre-t-on un anesthésique ? Il est utilisé par les voleurs au chloroforme. Etablit-on des explosifs nouveaux ? Ils servent à la confection des bombes. Isole-t-on des alcaloïdes jusqu'alors inconnus ? Les empoisonneurs les adoptent aussitôt[1]. On pratique aujourd'hui l'escroquerie au téléphone, le chantage à la photographie, le braconnage en automobile, etc. Les voleurs et les assassins ont abandonné leurs vieux procédés, attaques à main armée, vol à l'américaine, etc., pour se moderniser. Certes, il ne faut point adopter dans leur ensemble les conclusions pessimistes de Tarde,

1. Cf. Dr Cabanès et Nass. *Poisons et sortilèges*, 2e série.

accusant l'instruction et l'éducation sociales de favoriser la criminalité. Mais on peut dire que les malfaiteurs sont à l'affût de tout ce qui peut les perfectionner dans leur art.

Quant à la police, elle s'essouffle à poursuivre les nouvelles manifestations de la criminalité. En dehors de la contribution que la médecine légale peut lui apporter, elle ne trouve, dans les découvertes modernes, rien qui puisse favoriser son action. Chez elle tout est intelligence, tout est flair et ruse ; elle n'emprunte rien au progrès. Aussi, les la Reynie du XVIIe siècle, les Sartines du XVIIIe étaient-ils aussi heureux dans leurs recherches que les plus fins limiers de la police contemporaine. Si encore ceux-ci, lorsque le succès couronne leur entreprise, se voyaient aidés par le deuxième rouage de préservation sociale, par la justice répressive !

Mais il s'en faut. Ces collaborateurs ne s'entendent pas toujours très bien. Tout le monde sait, par exemple, que les grandes rafles policières où sont ramassés souteneurs, récidivistes, interdits de séjour, contumaces, vagabonds, insoumises et autres déchets de la rue parisienne, ont pour épilogue une mise en liberté à peu près générale de tous ces individus. Aussi n'ont-ils plus aucune frayeur de cette opération de désinfection. Une nuit passée au Dépôt, et ils sont rendus à leurs occupations [1].

Mais ce n'est là qu'un conflit de peu d'importance. Quand on aborde la question de la répression pénale des crimes et délits se dresse aussitôt le pro-

1. Le vagabondage spécial ne peut être réprimé qu'autant que l'inculpé a été pris en flagrant délit de recevoir de l'argent des mains de la fille. Le souteneur et son amie en sont quittes pour régler leur compte chez eux ou chez le marchand de vins.

blème si controversé de la responsabilité humaine. Le délinquant, le voleur, l'assassin sont-ils responsables et la société peut-elle, en toute justice, les punir ? Ou, au contraire, ne sont-ils que des fous, et, dans ce cas, ne doit-on pas seulement les soigner ? Ou bien sont-ils des demi-fous (Grasset) auxquels convient un traitement mixte ? Discussions ardentes, passionnées qui ne sont qu'une modalité nouvelle de la vieille question du déterminisme et du libre arbitre, et qui dominent toute la criminalogie moderne.

Nous ne reviendrons pas à notre tour sur ce sujet[1] Nous ne ferons qu'une seule remarque : c'est que cette question n'a rien à voir avec la question pénale et qu'elle doit demeurer dans le domaine de la psychologie pure.

On part, en effet, d'un principe absolument faux. On dit : « La peine doit être proportionnée à la responsabilité du délinquant. » Cela, c'est, pour ainsi dire, de la justice métaphysique. Les religions l'ont si bien compris que la plupart reconnaissent un jugement *post mortem* où Dieu pèsera les âmes dans une balance qu'il est le seul à posséder.

Là n'est pas le rôle de la justice humaine. Celle-ci ne doit se soucier que de préservation sociale. Sans doute ne faut-il plus qu'elle applique l'ancien adage : *Summum jus, summa injuria.* Sans doute est-il nécessaire qu'elle tienne compte des contingences, des conditions qui ont pu déterminer le délinquant. Sans doute, enfin, doit-elle faire la part de l'état cérébral de celui-ci et démêler si elle est en présence d'un dément ou d'un homme raisonnable. Mais elle n'a point à envisager le problème d'une

1. Cf in *Vie de la Cité*, la polémique de M. Pierre Baudin et du Dr Grasset.

façon générale et à aborder la psychologie pure. Il est bien évident que l'homme qui tue n'est point dans l'état d'esprit de l'homme qui lit son journal les pieds sur les chenêts de son foyer ; que le passionné, dont la colère arme la main, se trouve dans une exaltation anormale ; que l'escroc, genre Thérèse Humbert, est un mythomane ; l'apache, un dégénéré ; le satyre, un détraqué. Il est bien évident que Soleillant est un aberré et Brierre un monstre à face d'homme. Et puis après ? Est-ce un motif de ne pas sévir contre eux et de ne pas se mettre à l'abri de leurs méfaits ?

Les partisans du déterminisme criminel ont souvent raison dans les prémisses de leur raisonnement, mais leur conclusion n'est nullement logique. Sous prétexte que les malfaiteurs ont des cerveaux obnubilés, il convient de ne leur faire nulle peine, même légère ? La société leur doit des soins, plus de soins même qu'aux autres citoyens parce que ce sont des malades ?

Nous retrouvons ici la conséquence des théories humanitaires, — si peu en rapport avec la morale nietzschéenne à la mode, — et qui se traduisent par une sollicitude égale pour tous les déchets sociaux quels qu'ils soient, d'où qu'ils viennent. Sous cette influence, à laquelle n'échappe point la justice du xxe siècle, nous avons vu s'abaisser singulièrement l'échelle des peines répressives.

Il suffit de parcourir dans un quotidien la rubrique des tribunaux pour se rendre compte de l'indulgence des juges correctionnels, principalement en matière de coups et blessures, d'attaques nocturnes, d'exploits d'apaches en général. Quelques mois de prison pour un coup de couteau, tel est le tarif habituel. D'une part, les circonstances atténuantes, la loi de sursis, — cette admirable loi qui devient décevante par l'abus qu'on en fait, — d'autre part, l'adoucissement du régime pénitentiaire contribuent à transformer notre système répressif en épouvantail à moineaux. Le bagne lui-même passe, chez les apaches, pour un séjour agréable ; en tout cas, la relégation, — une erreur des criminalistes du XIXe siècle, — trop rarement prononcée contre les récidivistes, est, à leurs yeux, un voyage d'agrément. « Beaucoup de bons citoyens, déclare M. Lépine, croient que les condamnés à la relégation ne reviennent plus en France ; 50 p. 100 de ces relégués sont à Paris. »

Il n'est pas niable que la manière douce triomphe actuellement dans les chambres correctionnelles et dans l'administration pénitentiaire ; l'humanitarisme et la sensiblerie s'y sont lentement diffusés. Le relèvement des coupables par l'indulgence et le pardon, tel est le principe, actuellement en vigueur, de notre appareil judiciaire.

Principe éminemment altruiste, nous n'en disconvenons pas, mais qui, dans la pratique, aboutit aux plus fâcheux résultats : « Le système d'atténuation générale des peines, écrit M. Noulens, n'a donné que des déceptions à ceux qui en ont été les promoteurs. Ils avaient cru, par la loi de pardon, arrêter le développement de la criminalité chez les jeunes gens. Les comptes de la justice criminelle nous apprennent que, sur 5.782 détenus des maisons centrales, 3.083, soit plus de 60 p. 100, ont moins de 20 ans. Pour arrêter les progrès de la récidive, on avait institué la libération conditionnelle et créé des œuvres de patronage en tel nombre qu'il est aujourd'hui plus facile pour un libéré de trouver du travail que pour un honnête homme, et, cependant, sur 108.819 condamnés criminels ou correctionnels à l'emprisonnement, 73.538, c'est-à-dire 70 p. 100, sont des récidivistes, d'après les statistiques de 1904. »

Reconnaissons, au reste, qu'il fallait quelque naïveté aux humanitaires de notre époque pour escompter l'amélioration et le relèvement des malfaiteurs.

La peur du gendarme, qui, en définitive, est le plus puissant facteur de moralisation, disparaît de jour en jour. Assurément, il faut à nos philosophes, bercés de chimériques utopies, un levier social plus noble et plus raffiné ; ils voudraient le trouver dans la dignité de la personne ; ce faisant, ils ont, comme beaucoup de penseurs, le tort de modeler à leur image l'humanité entière.

Sans doute, une réaction se produira contre la sensiblerie à la mode ; elle se manifeste déjà dans les jurys parisiens et provinciaux. Elle sera d'autant plus violente que la manière douce était dissolvante. Molière n'a-t-il point dit :

Les hommes la plupart sont étrangement faits,
Dans la juste nature on ne les voit jamais...
Et la plus noble chose, ils la gâtent souvent
Pour la vouloir outrer et pousser trop avant.

CONCLUSIONS

Le progrès est-il donc un vain mot ? Et les pessimistes ont-ils raison de le nier ? L'heure est venue, après cette rapide revue de la rançon qu'il exige, de nous prononcer en pleine connaissance de cause.

Eh bien, disons-le hautement : en dépit des tares sociales qu'il est impuissant à vaincre, en dépit qu'il augmente les difficultés de la lutte, le progrès s'avance ; il est réel.

Le progrès émancipe l'esprit, le fait pénétrer plus avant dans le mystère de la connaissance et nous arrache à l'animalité.

Il soulage autant que possible l'humanité de la tyrannie des lois naturelles : il soumet les éléments à sa volonté.

Mais ces gains, dans l'ordre scientifique, moral, politique, social, sont partiellement compensés par des pertes : d'une part, il y a le livre des recettes ; de l'autre, celui des dépenses. Or, les dépenses sont inférieures aux recettes, et le progrès ne fait pas, ne fera pas faillite.

Cependant, il convient de ne jamais perdre de vue la rançon que nous lui devons. Celle-ci est payée surtout avec ce que nous pouvons appeler les forces morales de l'humanité, tandis qu'une évolution progressive améliore sans cesse les conditions de notre vie pratique.

Pour beaucoup de gens, le progrès n'est qu'une marche continue vers le bien-être. Il faut avouer, du reste, que ses récentes manifestations, aussi bien en politique qu'en science ou en industrie, tendent surtout à donner aux générations contemporaines plus de liberté, plus d'aisance, plus de luxe.

Mais le véritable progrès revêt d'autres formes : il doit aussi développer, dans l'âme de l'individu, comme dans la masse du corps social, les vertus nécessaires à un utilitarisme bien compris : la bonté, la fraternité, la solidarité, l'honnêteté. Ce sont les sources mêmes du bonheur. Les grandes conquêtes des XIXe et XXe siècles se transformeraient rapidement en déroutes si elles devaient avoir pour conséquences de les épuiser. Aujourd'hui comme hier, le meilleur moyen d'être heureux est de pratiquer l'altruisme bien entendu.

Or, il est incontestable que le progrès moderne a surtout jusqu'ici provoqué l'épanouissement de l'égoïsme, et d'un égoïsme mal compris, car il porte en lui des germes morbides. Sous son influence, la notion du droit s'exalte chez l'individu, tandis que fléchit celle du devoir. Aussi bien, il suffit de jeter un coup d'œil sur la société contemporaine pour constater que chaque classe, chaque corporation, chaque individu proclame, réclame son droit : droit à la vie, à l'amour, à la liberté, au travail, à l'oisiveté, au bien-être, au luxe. L'avènement des démocraties a déterminé une explosion d'ambitions plus ou moins légitimes, cependant que se ruent dans la mêlée sociale pauvres contre riches, travail contre capital, déshérités contre parvenus, et jamais la loi du plus fort n'a été plus souverainement triomphante, alors que les tribunes publiques retentissent des mots sonores de solidarité et de fraternité.

Par contre, dans cette exaspération de l'égoïsme, dans cette ardente convoitise des trésors offerts par le progrès, chacun oublie son devoir, chacun fait servir à son intérêt particulier les nouvelles acquisitions si chèrement payées ; sous couleur de syndicat, l'ouvrier décrète la grève obligatoire, le patron pratique le trust et l'accaparement ; sous prétexte de liberté, la famille se disloque, la femme ne veut plus d'enfants : pour « paraître », le riche se ruine, le travailleur s'épuise, l'enfant du bourgeois, poussé vers des carrières encombrées, est destiné à d'amères désillusions. Les passions, les instincts sont surexcités, et la volonté, ce frein puissant qui pourrait retenir tant de malheureux entraînés sur la pente fatale, la volonté chancelle.

Car bien des maux, dont souffre la société du xx° siècle, ont leur source dans les maladies de la volonté et dans leurs nombreux dérivés : alcoolisme, ambitions démesurées, névropathie croissante, besoin de paraître, surmenage de toutes sortes. Seule, la volonté de puissance persiste non point au sens où l'entendait Nietzsche, mais dans un but purement égoïste, avec des moyens inférieurs.

La justice n'y trouve point son compte. Entendons par là non seulement la souveraineté du droit, mais la notion plus haute de justice sociale, appelant tous les hommes au banquet de la vie et ne tolérant point que des parias en soient exclus.

Au lieu et place de cette justice, que trouvons-nous ? Népotisme, intrigues, suprématie de l'argent, triomphe des puissants, déroute des faibles.

Toutefois, notre époque est certainement plus douce aux indigents et aux malades que le temps passé : l'assistance sous toutes ses formes, s'est largement développée et une grande compassion s'est manifestée en faveur des victimes irresponsables de l'état actuel. On ne saurait nier cette évidence. Mais est-on bien sûr d'avoir ainsi pratiqué le véritable et sincère altruisme ?

Venir en aide aux malheureux, c'est bien. Secourir non plus les déchets sociaux, mais ceux qui s'usent à la peine, qui travaillent sans trêve pour un salaire insuffisant à nourrir leur famille, ce serait encore mieux. Plus de justice dans la répartition des charges et des gains, voilà le vrai altruisme. Mais l'élévation des salaires provoque aussitôt une augmentation des denrées nécessaires à la vie, une aggravation des charges communes.

En outre, chez beaucoup d'âmes sensibles, l'altruisme s'est transformé en sensiblerie fâcheuse : sollicitude pour le criminel, pour la prostituée, pour l'alcoolique, tandis qu'on abandonne à lui-même l'individu vigoureux et laborieux qui n'a de secours à attendre de personne. Et c'est ce dernier qui, en fin de compte, devient la véritable victime, le paria délaissé.

Evidemment, il serait injuste de rendre le progrès entièrement responsable de cette situation. Il s'adapte tant bien que mal aux conditions nouvelles de l'existence. Il suit son évolution. La société, dans sa course vers l'avenir, subit une déformation caractéristique ; ses classes moyennes sont repoussées vers les classes extrêmes ; c'est ainsi qu'aux Etats-Unis, on est très riche ou très pauvre, mais on n'est point le petit propriétaire, l'artisan aisé, le rentier modeste ; entre la ploutocratie et le prolétariat, rien. C'est aux conquêtes économiques du progrès que la république américaine doit cet état social vers lequel tendent les pays civilisés et raffinés.

Est-ce donc que les sociétés trop cultivées soient

menacées de déchéance et de mort, comme ces individus suralimentés et surmenés qui s'intoxiquent et abrègent leurs jours en croyant, au contraire, se préparer une verte vieillesse ? Est-ce que les races, au fur et à mesure qu'elles se perfectionnent, hâtent leur disparition ?

On serait, après ce rapide examen, disposé à le croire. Les civilisations antiques, égyptienne, grecque, romaine, ne sont-elles pas mortes de raffinement ?

On peut espérer que ce ne sera pas là le sort de nos sociétés contemporaines. Sans doute, elles traversent une crise dure et pénible, mais aussi il faut leur donner le temps de s'adapter, de se transformer. Quand on réfléchit aux étapes formidables que la nôtre a parcourues depuis cent ans, on s'étonne qu'elle ne soit pas plus épuisée à courir de ce train. C'est que son intelligence s'adapte peu à peu à sa nouvelle manière de vivre. Encore enivrée de la liberté conquise, des découvertes merveilleuses du dernier siècle, elle est comme l'enfant qui, échappé des lisières, aspire à jouir de la clarté et de la clémence des choses, mais s'élève graduellement à la connaissance. L'adulte s'épargne et refrène ses instincts. Les sociétés fatiguées font place aux sociétés neuves. L'Humanité se renouvelle. Elle tend à gouverner sa vie toujours mieux, c'est-à-dire sous la discipline d'une volonté plus exercée et plus libre.

FIN

TABLE DES MATIÈRES

Paris. — Typ. Ph. Renouard, 19, rue des Saints-Pères. — 2090.